지금 이대로
완전하다

지금 이대로 완전하다

김기태 지음

나를 있는 그대로 사랑하게 하는
아주 특별한 **도덕경** 강의

침묵의 향기

차례

이 책의 저자인 김기태와 나의 인연은 깊다. 그가 영남대학교 철학과에 입학하면서부터 우리의 인연은 시작되었다. 즉, 나와 사제(師弟)의 인연이 맺어진 것이다. 그때 이후 오늘에 이르기까지 그와 나는 늘 가까운 사이로 지내 왔다. 가정적으로 불우하여 아버지의 정에 목말라 있던 그는 내게 "아버지처럼 모시고 싶다."는 말을 자주 할 만큼 우리는 남다른 사이였다. 그런 관계인지라, 김기태를 이해하고 말하는 데는 나도 남 못지않은 위치에 있다고 할 수 있다. 그러한 그가 이 책을 출판하려 한다면서 내게 '추천의 글'을 청해 왔다.

한마디로 말해서 이 책은 손쉽게 구해 볼 수 없는 값진 책이라고 할 수 있다. 그것은 도덕경(道德經)이라는 책이 불후의 고전이라는 뜻에서가 아니다. 그 책이 김기태라는 사람에 의하여 해설되었다는 뜻에서다.

진리의 샘은 다함이 없다. 그리고 모든 사람을 위해 열려 있다. 사람들은 누구나 자유로이 이 진리의 샘에서 진리의 물을 퍼 갈 수 있지만, 결국은 자기가 가진 그릇만큼만 퍼 갈 수 있을 것이다. 위대한 고전은 진리의 샘에 비유할 수 있으나, 그 해설이란 해설자의 그릇만큼 해설하기 마련이다.

거리의 책방에 나가면 도덕경 해설서는 어디에서나 손쉽게 구해 볼 수 있다. 그런데 이 김기태의 도덕경 해설서가 그렇듯 값진 책이 될 수 있는 까닭은 무엇인가? 그 까닭을 이해하기 위해서는 저자인 김기태라는 인물에 대해서 좀 더 소상하게 알 필요가 있다.

학생 시절의 김기태는 좀 순진하고 말이 적고 공부에 충실한 학생이었다. 졸업을 앞두고 "김 군은 졸업 후 어쩌려고 하나? 대학원에 진학할 생각은 없는가?" 하고 물었더니, "글쎄요, 여러 가지 생각 중입니다." 하고 명확한 대답이 없었다. 그 후 대학원 응시자의 명단에 김 군의 이름은 없었고, 졸업 후에도 한참이나 그 행방을 알 수 없었다. 나중에 전해 들은 바에 의하면, 대관령 목장에 일하러 갔다는 것이다.

1년 뒤에 불쑥 나타난 그는 과연 그동안 대관령 목장에서 쇠똥을 치우면서 묵언(默言)으로 보냈다고 했다. 멀쩡한 사람이 그 누구와도 말하지 않고 외양간에서 묵묵히 쇠똥만 치우고 있으니, 관리자의 눈에 이상하게 비쳤던 모양이다. 뭔가 수상한 사람이 아닌가 하고 의심하여 여러 가지 조사를 해 보았으나 별다른 혐의가 없고, 또 상당한 자격을 갖추고 있음을 알게 되자 사무직 근무를 권하더란다. 그러나 그는 끝내 거절하고 외양간에서만 1년을 채우고 내려왔다는 것이다.

그 무렵 마침 대구 정화여자고등학교에서 윤리 선생 공채가 있었기에 정보를 제공했더니, 그 공채에 응하여 다행히 교사로 채용되었다. 얼마간 교직 생활에 열정을 쏟는 듯하더니, 1년이 좀 지난 어느 날 불쑥 찾아와서 하는 말이, 사표를 내야겠다는 것이다. 그는 "저 자신에 대한 확신도 없이 주제넘게 남을 가르친다는 것이 위선적이고 자기기만인 듯하여 도저히 더이상 계속할 수 없습니다."라고 얘기했다. 하늘의 별 따기 같이 어려운 직장을 헌신짝 버리듯 하는 것이 안타까워 여러 가지로 말려 보앗으나 막무가내였다. 앞으로의 계획을 물었더니 지리산에 들어간다는 것이다. 그리고 그는 사라졌다.

약 2년 후 그는 다시 나타났다. 그동안 지리산 깊은 골짜기의 빈집을 손보아 그곳에서 살면서 책도 읽고 명상도 하고, 또 그곳에서 흔히 만날 수 있었던 수도자들과 대화도 하면서 지냈다고 한다. 그는 어느 정도 마음의 안정을 얻은 듯 오랫동안 그를 따르며 기다리던 여인과 결혼하여 가정을 꾸몄다. 그리고 대구 영남일보 신문사 교열부 계약 사원으로 취직하여 나름대로 단란한 신혼 생활을 보내는 듯했다.

그러나 얼마 가지 않아 새로이 전개된 인생에 대한 회의가 다시 그를 엄습한 듯했다. 그는 교열 기자직을 팽개치고 공사판 노동자로 뛰어들었다. 그 무렵은 내가 국선도 수련에 열중하던 때였는데, 새벽 다섯 시에 도장에 나가다 보면 도시락만 댕그러니 들고 공사판으로 향하던 그를 종종 만나곤 했다.

그 후 또 한참 동안 소식이 없더니, 어느 날 밝은 얼굴로 찾아왔다. "이제 그렇게 목마르게 구하던 바를 얻었습니다. 이제 제 구도(求道)의 길에 종지부를 찍었습니다. 알고 보니 그 깨달음의 세계라는 것이 바로 이 현실 이외의 아무것도 아니었습니다." 그의 말에 따르면, 그는 그동안 경북 상주의 어느 조그만 암자에서 수도(修道)를 했다는 것이다. 수도는 뜻같이 이루어지지 않고 답답한 마음은 한이 없어 깨달음이 아니면 차라리 죽어야겠다고 생각하고, 가져갔던 쌀과 돈을 몽땅 버리고 그날로 단식에 들어갔다는 것이다. 그리하여 16일 만이라던가, 어느 날 갑자기 시원하게 마음이 내려앉고 눈앞이 환하게 열리더란 것이다. 그런데 그렇게도 갈망하던 그 신비로운 깨달음의 세계가 바로 이 현실 그대로일 뿐 아무런 별다른 것이 아니더란 것이다.

이것이 김기태가 걸어온 인생의 과정이요, 수도의 역정이다. 이때 이후 그는 남을 일깨우고 가르치는 일에 열중하고 있다. 인연이 닿는 대로, 모임이 이루어지는 대로 논어(論語)도 강의하고 중용(中庸)도 강의하고 도덕경도 강의해 왔다. 나도 그의 도덕경 강의록 일부를 읽어 보았다. 과연 분명한 깨달음의 흔적이 있었다. 그의 도덕경 강의는 어느 해설서에서나 볼 수 있는 문자 풀이에 그치는 것이 아니었다. 생생하게 살아 있는 삶의 지혜를 전달하고 있었다. 이것은 어떤 도덕경 주석서에서도 찾아보기 힘든 살아 있는 말들이었다.

나는 이즈음 김기태를 '김 도사'라고 부른다. 그리고 그에게 말했다. "이제 김 도사는 나의 스승일세. 김 도사의 그 깨달음으로 나의 미혹을 깨우쳐 주게."라고. 한퇴지의 사설(師說)에, 스승이란 나이와 지위의 높고 낮음에 관계없이 도를 깨달은 자가 스승이 될 수 있다고 하였으니, 이제 김기태는 뭇사람의 스승이 될 수 있는 사람이라고 나는 생각한다. 이 책 한 권을 허심탄회하게 읽어 보면 김기태가 과연 스승이 될 수 있는 사람임을 알게 될 것이다.

2003년 6월
영남대학교 명예교수
철학박사 이완재

이 책이 침묵의 향기에서 출간된 지 어언 15년의 세월이 흘렀다.

그 오랜 세월 변함없이 이 책을 사랑해 주시는 독자들께 깊은 감사를 드린다.

이번에 재개정판을 내면서 원고를 다시 처음부터 꼼꼼하게 읽으며, 도덕경 원문 번역을 좀 더 정확하게 다듬었고, 그것을 해석하고 설명해 나가는 데에도 독자가 더 잘 이해할 수 있도록 문맥과 표현을 한결 편안하고 자연스럽게 고쳤다. 뿐만 아니라 노자가 우리에게 전해 주고자 하는 그 뜻이 좀 더 쉽고 분명하게 와닿도록 마음을 다해 그 내용을 보완하고 추가했다.

이 책이 새로운 모습으로 다시 세상에 나올 수 있도록 도와주신 모든 분께 감사드린다.

2023년 어느 화사한 봄날에

이 책이 세상에 나온 지도 벌써 많은 시간이 흘렀다. 그런데 2쇄가 나오고 난 이후 출판사의 사정으로 책이 절판되어 무척 안타까운 마음이었는데, 이렇게 좋은 인연을 만나 다시 개정증보판을 내게 되어 너무나 기쁘고 감사하다.

책을 다시 내면서 처음의 원고를 많이 손보고 또 고쳤다. 우선 17장까지이던 분량을 22장까지 늘렸고, 부득이한 경우를 제외하고는 누구나 읽기 쉽도록 대다수 한자를 우리말로 고쳤다. 어려운 말이나 개념들도 쉽게 풀어 썼으며, 감정이 앞선 나머지 어쩌면 독자들을 숨 가쁘게 했을지 모를 부분들도 많이 누그러뜨려 부드럽게 썼다. 무엇보다도, 이 책이 말하고자 하는 바가 글이나 문자에 갇히지 않고 우리네 삶과 우리 자신 속에서 더욱 선명히 발견되고 일렁일 수 있도록 그렇게 정성을 다해 썼다.

이 개정증보판이 다시 세상에 나올 수 있도록 물심양면으로 도와주신 많은 분께 진심으로 감사를 드리며, 책의 출판을 흔쾌히 허락해 주신 침묵의 향기 김윤 사장님께도 깊이 감사드린다.

2007년 3월

지금 이대로
완전하다

참 감사하다.

이 책이 출판되어 다양한 독자를 만나는 가운데 그들에게 조금이나마 도움이 되고 싶은 바람이 실현되어 참 기쁘고 감사하다.

돌이켜 보면 내겐 그저 감사할 일밖에 없다.

내면의 괴로움을 견디다 못해 헤매고 또 헤맨 많은 세월 동안 만났던 사람들이 내게 베풀어 준 은혜도 감사하건만, 마침내 모든 방황에 종지부를 찍고 난 이후에 만난 많은 사람도 얼마나 큰 은혜들을 내게 베풀어 주었는지! 그들이 아니었으면 내가 어떻게 이 도덕경을 비롯한 주옥같은 경전들을 읽을 수 있었겠으며, 깊고도 아름다운 영혼의 울림들을 함께 나눌 수 있었겠는가. 더구나 이제 이렇게 한 권의 책으로 출판됨에 있어서랴. 그렇기에 이 모든 감사함은 정녕 모두의 것이다.

나는 이 책을 통하여 우리 모두가 목말라하고 그리워하는 '그 무엇'에 관하여 이야기를 나누어 보고 싶다. 조금만 깊이 우리 내면을 들여다보면, 지금까지 참 많이도 애쓰며 몸부림치며 삶에서 진정 소중한 무언가를 이루고 성취하기 위해 노력해 왔건만, 아직도 채워지지 않은 가슴과 이루지 못한 꿈 앞에서 문득 길을 잃어버린 듯한 막막함을 발견한다. 이젠 어디로 가야 하며 또 무엇을 해야 하나……

그러나 어디로도 갈 필요가 없고, 아무것도 할 필요가 없다. 우리는 '길[道]'을 잃어버리지 않았기 때문이다. 삶은 언제나 그리고 오직 '지금'에서만 펼쳐지는데, 지금이 바로 길이요, 있는 그대로의 우리 자신이 더할 나위 없이 분명한 길이기 때문이다. 그렇기에 우리는 결코 길을 잃어버릴 수 없다. 그동안 우리의 마음이 늘 과거나 미래로 달려가고, 우리의 눈이 있는 그대로의 자신을 돌아보지 않았기에 마치 길을 잃어버린 듯할 뿐이다. 이제 그 마음을 돌이켜 지금으로 돌아오기만 하면 누구나 이 진실을 발견할 수 있다.

도덕경은 결코 공허한 도(道)와 덕(德)을 얘기하고 있는 책이 아니다. 도덕경이 우리에게 말해 주고자 하는 모든 것은 이 평범한 우리네 삶과 일상과 지금 이대로의 우리 자신을 떠나 있지 않다. 더 정확하게 말하면, 우리네 삶과 일상과 우리 자신이 바로 도이다. 그렇듯 진리는 언제나 지금 이 순간 바로 여기에 있다. 단지 우리가 그것을 보지 못하고 깨닫지 못하기에 누리지 못하고 있을 뿐이다. 나는 이 책을 통하여 바로 이런 진실을 나누고 싶은 것이다. 나는 단순히 도덕경을 해설한 것이 아니다. 오히려 지금 여기에서 언제나 펼쳐지고 있는 우리네 삶의 관점에서 도덕경을 풀었다.

아이러니하게도 우리는 자기 자신이 누구인지를 잘 모른다. 삶의 매 순간 '나'로서 살아가지만, 그 '나'란 늘 모호하고 막연하여 혼란스러울 때가 많다. 그것은, 오랜 시간에 걸친 삶의 경험들을 통하여 형성되고 쌓

16

여 온 기억과 이미지로서의 '나'를 자기 자신이라고 생각하기 때문이다. 그러나 그 '나'는 진정한 나가 아니다. 진정한 나는 그러한 시간과 경험의 한계 안에 갇히는 존재가 아니다.

진정한 나를 알게 되면 비로소 모든 것이 있는 그대로 보이고, 삶의 모든 의문과 갈증도 영원히 끝이 난다. 마침내 우리 영혼에는 쉼이, 우리 삶 속에는 평화가 깃들게 된다. 그 속에는 진정한 사랑과 상생(相生)도 함께 있다.

나는 독자들이 이 책을 읽어 나가는 동안 '진정한 나'가 아닌 모든 허망한 것들이 눈앞에서 시원하게 걷히고, 있는 그대로의 자기 자신이 밝게 보일 수 있도록 정성을 다했다. 정말 그렇게 되기를 바란다. 나 한 사람의 영혼이 진정으로 자유로워지면, 자유는 결코 나 한 사람에게만 국한되는 것이 아니기 때문이다.

끝으로, 이 책이 출판될 수 있도록 도와주신 많은 분께 진심으로 감사드리며, 원고를 마감하는 여러 날 동안 평소 자신들의 놀이터처럼 재밌게 놀아 주던 아빠에게 방해가 될까 봐 그 많은 시간 동안 멀찍이 있어 준 사랑하는 내 아들딸에게도 고마운 마음을 전한다.

2003년 6월

| 내가 걸어온 구도의 길

아래의 글은 내 인생의 모든 방황이 끝나고 난 뒤인 1994년 10월경에 쓴 글이다. 함께 공부하던 사람들이 글을 써 보라고 해서 쓴 것인데, 결과적으로 내가 걸어온 구도(求道)의 길을 정리하는 글이 되었기에 여기에 싣는다.

마침내 모든 방황에 종지부를 찍다!

마침내 모든 방황에 종지부를 찍다! 마침내 삶의 모든 헤맴에 종지부를 찍다! 이 얼마나 기막힌 말이며, 이 얼마나 꿈같은 일인가. 얼마나 많은 세월 동안 나는 스스로도 이해할 수 없는 내면의 갈증에 시달리며, 그로 인하여 고통받으며 살아왔던가. 얼마나 간절하게 자유하고 싶었고, 영원히 목마르지 않는 샘물을 찾아 얼마나 자주 먼 길을 떠나야만 했던가. 그러나 이제는 그 모든 것이 끝났다. 마침내 나는 쉼을 얻은 것이다.

스무 살을 넘기면서부터 시작된 나의 방황은 늘 '떠남'의 연속이었다. 그 '떠남'은 언제나 느닷없이 찾아오는 내면의 갈증과 고통에서 비롯되었는데, 어느 날 갑자기 그 고통이 휘몰아쳐 올 때면 나는 모든 것을 접어 둔 채 또다시 어디론가 떠나야만 했다. 그렇게 "이번에는, 이번에는……!" 하며 영원히 변치 않는 '그 무엇'을 찾아 떠나고 또 떠나 본 세월이 10여 년. 그러나 그때마다 나는 더 척박해진 가슴과 더 허전해진 발걸음만을 끌며 집으로 돌아오곤 했다. 아, 나의 이 고통을 덜어 줄 이는 없는가, 나의 이 갈증을 풀어 줄 이는 없는가…….

언제나 알 수 없는 형태로 다가왔던 그 고통과 갈증은 내가 스물여덟 살이 되던 해 어느 날엔가도 그렇게 나를 찾아왔다. 그때 나는 대학 졸업을 눈앞에 두고 있었는데, 과연 어떻게 사는 것이 참답게 사는 것인지를 몰라 고민하고 있었다. 그러던 어느 날 우연히 한 친구와 그 문제를 두고 오랜 시간 얘기를 나누고 있었는데, 얘기를 나누던 그 어느 한 순간 예의 그 고통과 갈증이 찾아와 또다시 나를 사로잡아 버린 것이다. 그리하여 나는 바로 다음 날부터 탄광에 들어가기 위해 벽보를 훑고 있었고…….

군 복무를 마치고 복학한 뒤의 어느 날엔가도 그랬다. 그때도 한 학우와 인생과 인간에 관해 텅 빈 강의실에 앉아 서로 열변을 토한 적이 있는데, 얘기를 마치고 돌아서는 순간 문득 나를 사로잡아 버린 그 어떤 설명할 수 없는 아픔에 나는 곧바로 휴학계를 쓴 것이다. 그러고는 감포로 내려가 그 해가 다 가도록 공사판의 막일을 하며 스스로를 짐스러워했었다.

탄광에 들어가려던 계획은 뜻하지 않게도 나를 대관령 목장으로 데려다주었고, 거기에서 1년여를 젖소와 함께 살았다. 새벽 4시부터 시작된 그곳에서의 생활은 무척 고되고 힘들었지만, 끝없이 펼쳐진 풀밭과 눈이 시리도록 푸른 하늘과 순박한 소들의 모습에 깊이 감동하며 산 나날들이기도 했다. 그러나 그 감동은 나의 궁극에의 갈증을 조금이라도 적셔 주었던가?

무언가 썩지 않는 삶의 보람을 찾아 다시 길을 떠나야겠다고 생각하고 있을 무렵, 대구에서 연락이 왔다. 대구 정화여자고등학교에서 윤리 교사를 채용한다는 것이다. "이것이야말로 참으로 보람 있는 일이 아닌

가. 아직 순수한 아이들에게 인간과 인생과 '느낄 줄 아는' 가슴에 대해서 얘기해 줄 수도 있고⋯⋯." 그렇게 생각하며 서둘러 대관령 목장을 내려와 설레는 마음으로 시작한 교사 생활. 그러나 아이러니하게도 이것만큼 나를 괴롭고 고통스럽게 한 일도 없었다.

나 자신이 너무나 많은 방황 속에서 살아왔기에 아이들과 함께하는 이 교사 생활만큼은 정말 잘 해낼 수 있으리라 생각했고, 그 속에서 아이들과 함께 마음을 나누며 '인간으로 사는 보람'을 배울 수 있으리라 믿었는데, 그 믿음은 오래가지 못했다. 날이 갈수록 내 속에는 기껏해야 몇몇 경험과 읽은 책들, 주워들은 한줌의 지식밖에는 없다는 것을 알게 되었고, 정작 아이들에게 말해 줘야 할 '그 무엇'에 대해서는 티끌만큼도 알고 있지 못하다는 사실을 깨닫게 된 것이다. 이 자각만큼 나를 절망케 한 것은 없다. 나는 결국 또다시 사표를 내고 지리산 깊은 산 속으로 들어가 버렸다.

그렇게 시작된 지리산에서의 고독한 7개월은 인생을 처음부터 다시 시작해 보려는 다짐과, 오랜 세월 동안 나를 지치게 하고 힘들게 했던 알수 없는 갈증과 고통을 해결해 보려는 노력의 연속이었다. 인생과 진리에 관한 책이면 무엇이든 찾아 읽었고, 나름대로 도를 깨달았다는 사람들을 찾아 밤새워 얘기도 나누었다. 그들이 가르쳐 준 방법으로 수행을 해 보기도 하고, 그것도 부족하면 지리산의 그 크나큰 가슴에 안겨 울부짖기도 했다. 그러는 동안 나 자신과 인생에 관해 미처 알지 못했던 많은 것을 새롭게 알게도 되었지만 단지 그뿐, 나는 아직 자유하지 못했고 갈증 또한 여전했다. 그리하여 나의 '떠남'은 계속되어야 했다.

지리산에서 내려온 나는 곧바로 경기도 포천에 있는 한 수도원으로 삭발 수행을 하기 위해 떠났다. "진리를 얻을 수만 있다면, 영원히 변치 않는 그 무엇을 얻을 수만 있다면 무엇인들 아까우랴!" 삭발을 담당한 수도원의 한 형제에게 머리를 내놓으면서 나는 그렇게 중얼거리고 있었다. …… 그러나 그 후에도 나의 어지러운 방황은 계속돼 경산에서의 자취 생활과 속리산 자락의 자그마한 암자에서의 단식, 수도원 토굴에서의 금식 기도 등으로 이어졌고, 급기야는 아무도 몰래 배를 타기에 이르렀다. 그러는 동안 결혼도 했고 수차례 막노동도 해 보았지만, 그 어느 것도 나의 느닷없는 고통과 갈증을 잠재울 수는 없었다.

부산에서 출발하여 제주도와 추자도, 홍도 근해를 오르내리며 계속된 나의 선원 생활은 참으로 힘들고 괴로운 것이었다. 처음 한동안은 멀미 때문에 물도 제대로 마실 수 없었고, 고기가 많이 잡히는 날이면 이틀이고 사흘이고 먹지도 못하고 눕지도 못한 채 일을 계속해야 했다. 그러다가 또 갑자기 바람이 휘몰아칠 때면 이번에는 삼킬 듯이 달려드는 파도와도 싸워야 했다. 가도 가도 끝이 없는 그 망망대해는 나에게 또 얼마나 큰 고독감을 안겨 주었던가.

그러던 어느 날 아내로부터 걸려 온 뜻밖의 전화 한 통화로 나는 항해 도중에 배를 내렸고, 동대구역으로 마중 나온 아내는 나보다도 더 지쳐 있었다. 그러나 어찌하랴, 이 타는 듯한 갈증이 해소되기 전에는 나는 결코 쉴 수가 없는 것을……!

자, 이번에는 또 어디로 가야 하는가. 도대체 내가 찾고자 하는 것이 무엇이기에 이토록 끝날 줄을 모르는가. 내게 있어 직장은 아무래도 좋았다. 공사판에서 막노동을 하건 배를 타건 그 밖의 무슨 일을 하건 그건 아무래도 좋았다. 중요한 것은 오직 하나, 영원히 목마르지 않는 '그 무엇'뿐이었다. 그리하여 다시 찾은 곳이 빵 공장이었다. 그 무렵 나는 주로 내면에서 일어나는 생각과 외부에서 오는 자극, 몸의 움직임 등을 '단지 바라보기만 하는' 수행법을 행하고 있었는데, 모든 의식을 다만 내부로만 향해 있었기에 그곳에서의 하루 12시간씩 격주 2교대의 고된 일도 내겐 다만 좋은 공부거리일 뿐이었다. 모든 생산 라인이 자동화되어 있어 일하는 자신도 온전히 기계가 되어야 하는 상황에서도 항상 깨어 있으려 노력했고, 어떻게든 확연한 공부의 진척에만 마음을 쏟고 있었다. 그렇게 생활하던 것이 2개월여. 그러다가 또 일자리를 옮긴 곳이 이번에는 신문사였다.

편집국 교열부 계약사원…… 참 별걸 다 해 본다 싶었지만, 이 일을 계기로 나는 더이상 떠돌아다니는 방황은 하지 않게 되었다. 우선 신문사의 일 자체가 내게는 일이라는 느낌보다는 도시락을 싸 들고 매일 도서관에 가는 기분이었고, 근무 시간 후에는 자신을 돌아보며 고요히 명상할 수 있는 시간적 여유가 있었기 때문이다. 그래서 퇴근만 하면 조용한 교회나 성당을 찾아 앉아 있기도 하고, 신문사에서 가까운 법당을 찾아 고요히 내면을 바라보기도 했으며, 거기에서도 무언가 미흡함을 느끼면 이번에는 근교의 산을 찾아 밤늦도록 명상에 잠기기도 했다. 그러면서 틈만 나면 공부에서 몇몇 성취를 이루었다는 사람들을 찾아 그들의 말에 귀를 기울이기도 했다. 그러나…… 그럴수록 무언가 손에 잡힐 듯 잡힐 듯 견딜 수 없는 갈증만 더해 갔고, 그것은 올해로 접어들면서 절정에 달

했다.

　급기야 50일 단식을 결심했다. 내가 구하는 것은 오직 하나뿐이었는데 그 하나가 없으니 도무지 할 수 있는 일이란 아무것도 없었고, 그 하나에 대한 열망만으로 몸살을 앓을 지경이었으니 어찌하겠는가, 또다시 떠날 수밖에……. 나는 사표를 내고, 주위의 만류도 뿌리친 채 이제는 마지막이 될 '떠남'을 실행했다. 그랬던 것이 지난 1994년 4월 30일이었고, 떠나간 곳은 경북 상주에 있는 자그마한 암자였다.

　오직 진리에 대한 열망만으로 온몸이 불타는 듯했고, 더구나 그 '하나'만을 위해 직장과 처자식마저 버려두고 떠나왔기에 이것저것 생각할 것도 없이 곧바로 단식에 들어갔고, 떠나올 때의 그 일념으로 단식하며 고요히 명상하기만 하면 진리는 저절로 그 찬란한 모습을 내 앞에 나타낼 줄 알았다. 그리하여 나는 마침내 위로부터 내리는 능력을 입고, 살아 있는 동안 마땅히 해야 할 일, 곧 진리를 증거하는 일을 할 수 있게 되리라 생각했다.

　그러나 어찌 된 영문인지 시간이 흐를수록 마음은 더욱더 산만해져 갔고, 나중에는 주체할 수 없을 만큼 도무지 단 한 순간도 마음을 집중할 수가 없게 되어 버렸다. 급기야 이래서는 안 되겠다 싶어 이번에는 음식을 먹으면서, 일어나는 생각과 마음의 움직임을 놓치지 않으려고 애썼고, 그 고통 속에서 다시 단식을 시도했다. 그러나 이마저 오래지 않아 실패하기에 이르렀고, 도를 이루기 위한 나의 실제 수행력의 부족함 앞에 절망했다. 아, 진리를 얻기 위한 무한대의 수고와 책임은 다만 그것을 얻고자 하는 자만의 몫인가…….

"자, 이제는 여기에서 죽자. 이제는 정녕 달리 더 어떻게 해 볼 방법도 기력도 없고, 더구나 진리 없이 평생을 고통받으며 사느니 차라리 이렇게 단식하다 죽는 것이 나으리라. 천지의 주재(主宰)시여, 은혜를 베푸소서. 제가 원하는 것은 오직 당신뿐임을 주께서 아시나이다. 주여, 은혜를 베푸소서……."

이렇게 죽기를 각오하고 세 번째 단식을 준비해 갔다. 이번에는 앞의 두 번의 실패를 거울삼아 서두르지 않고 차근차근 모든 것을 준비해 갔다. 호주머니에 남아 있던 몇 푼의 돈도 내버렸고, 단식이 끝났을 때 먹으려고 남겨 두었던 쌀도 버렸다. 그러면서 마음으로는 이렇게 거듭거듭 다짐했다. "죽으면 죽으리라……."

그러나 보라! 일은 전혀 뜻밖으로 결론이 나고 말았다! 나는 이미 진리 안에 있었다! 아니, 나만이 아니라 모든 사람, 모든 존재가 이미 진리 안에 있었고, 단 한 순간도 그것을 떠난 적이 없었다! 내가 그토록 애타게 찾아다닌 진리는 저만치 먼 곳에 있는 것이 아니었고, 그것을 얻기 위해 이토록 피나는 노력이 필요한 것도 아니었다. 정말 너무나 어처구니없게도 나는 이미 처음부터 진리 안에 있었기에 이렇듯 애쓰고 노력하여 진리를 얻으려던 나의 모든 노력은 처음부터 불가능을 전제로 한 것이었으며, 그것은 이미 진리 안에 있으면서 진리를 찾으려는 어리석음 이외의 아무것도 아니었다.

이럴 수가……! 아니, 도대체 이게 어찌 된 일인가. 그 무엇과도 비견될 수 없는 진리를 얻기 위해서는 모든 것을 버려야 하며, 심지어 목숨마저 내놓을 각오로 열심히 수행해야 한다고 믿고서 그렇게 달려왔고, 그러면서도 일체 경계가 사라진 밝은 깨달음의 경지가 쉽게 나타나 주질 않아 내 수행력의 부족함 앞에 몇 번이나 절망하며 안타까워했었는데, 더구나 이번에는 정말 마지막이라 생각하고서 달려들었다가 두 번씩이나 단식에 실패한 참담한 마음이었는데, 이렇듯 지치고 일그러진 이 모습 이대로가 이미 완전하다니, 이 모습 이대로가 이미 진리라니!

아니, 이젠 이 말도 합당치가 않다. '완전'이니 '진리'니 하는 이 말도 설 수가 없구나. 여기는 그 어떤 '이름'도 붙여질 수 없는 자리가 아닌가? 그 냥 있는 그대로일 뿐 아무것도 아니지 않은가. 이럴 수가! 언어 이전의 세계는 무언가 큰 깨달음을 얻고 난 이후에 그 깨달음 속에서나 나타나는 무엇이 아니라 깨달음과는 무관한, 깨달음과 수행과 체험 이전의 지금 이대로가 아닌가. 그냥, 어쩔 수 없이, 이름하여 번뇌요 이름하여 보리(菩提)였지 번뇌도 보리도 아닌, 그냥 있는 그대로가 아닌가. 아, 모든 것이 있는 그대로였다! 새로이 깨달을 무엇도, 얻을 무엇도 없는!

그리하여 나는 마침내 모든 방황에 종지부를 찍었다! …… 아니, 그러고 보니 이젠 이 말도 성립되지 않는구나. 나는 지금까지 단 한 번도, 단 한 순간도 방황한 적이 없지 않은가. 그런데 어디에다 종지부를 찍는단 말인가? 허허, 도대체 이게 어찌 된 일인가……?!

지금 이대로
완전하다

1장

우리의 일상,
여기에 도(道)가 있다

다시 말하면, 우리가 매일매일 되풀이하는 이 평범하기 짝이 없는

우리의 일상, 바로 여기에 도가 있다는 말이다.

이것은 사실이며, 진리는 그토록 가까이, 바로 우리 곁에 있다.

다만 안타깝게도 우리의 눈이 어두워 그것을 보지 못할 뿐이며,

마음이 닫혀 있어 그것을 깨닫지 못할 뿐이다.

도덕경 1장

도를 도라고 말하면 참된 도가 아니요,

이름을 이름이라 하면 참된 이름이 아니다.

이름 없음이 천지의 처음이요,

이름이 붙여지면서 만물이 있게 되었다.

그러므로 '함'이 없으면 언제나 그 오묘함을 보지만,

무언가를 자꾸 '하려고' 하면 그 가장자리만 보게 된다.

이 둘은 같은 것인데, 다만 이름이 있고 없고의 차이가 있을 뿐이다.

이 둘이 같음을 일컬어 신비롭다 하니,

신비롭고 또 신비로워 모든 오묘함의 문이 된다.

道可道 非常道, 名可名 非常名.

無名 天地之始, 有名 萬物之母.

故常無欲以觀其妙, 常有欲以觀其徼.

此兩者同, 出而異名.

同謂之玄, 玄之又玄, 衆妙之門.

도덕경은 전체 81장으로 되어 있다. 그 가운데 처음 시작하는 이 1장은 도(道)에 관한 일종의 '선포의 장'이라고 할 수 있다. 말하자면, "나는 이제부터 도를 말하고자 한다. 도란 '이것이다.' 하고 말할 수 있는 것은 아니지만, 그렇다고 전혀 말할 수 없는 것도 아니다. 그리하여 언어나 문자에 담을 수 없는 도를 나는 이제부터 언어나 문자를 통하여 드러내 보이고자 한다.

　그런데 주의 깊게 자기 자신을 돌아보며 가만히 귀 기울여 보면, 언어를 통할 수밖에 없으나 언어에 갇히지는 않는 그 무엇이 넘실거리며 분명하게 전해져 오는 것을 느낄 수 있을 것이다. 도는 곧 지금 여기에서의 우리네 삶을 떠나 있지 않은 바, 언어 너머의 그 무엇이 그렇게 제대로 들려오기만 하면 우리 자신과 삶은 조금씩 '근본적인 변화'를 맞기 시작하여, 마침내 우리를 자유케 할 것이다. 도란 그렇게 단순히 지식적인 무엇이 아니라, 우리 자신을 근본부터 송두리째 뒤바꿔 놓는 강한 힘과 직접성을 가지고 있다.* 그러므로 이제 나와 함께 이 책을 통하여 우리 자신과 삶이 진정 자유로울 수 있는 길로 들어가 보지 않으려는가?" 하고 노자는 지금, 우리에게 말하고 있는 것이다.

도(道)는 곧 진리를 가리킨다. 진리의 다른 이름이 곧 도이다. 그것은 참된 것, 영원한 것, 변치 않는 것을 가리킨다. 그런데 그것은 어떤 모양이나 형상을 하고 있지 않으며, 시간의 연속선상에도 있지 않다. 그것은 언제나, 너무나 뜻밖에도, '지금 이 순간' 바로 '여기'에 있다. 다시 말하면, 우리가 매일매일 되풀이하는 이 평범하기 짝이 없는 우리의 일상, 바로 여기에 도가 있다는 말이다. 이것은 사실이며, 진리는 그토록 가까이, 바로 우리 곁에 있다. 다만 안타깝게도 우리의 눈이 어두워 그것을 보지 못할 뿐이며, 마음이 닫혀 있어 그것을 깨닫지 못할 뿐이다. 그렇기에 노자는 자신의 이야기를 시작하는 첫머리에서 다시 우리에게 이렇게 말하고 있는 것이다.

"눈을 떠라. 진리는 멀리 있지 않다. 지금 이 순간 이 자리, 우리의 일상, 우리의 삶 바로 여기에 도가 있고 진리가 있다. 우리는 언제나 진리 안에서 살고 있으며, 단 한 순간도 그것을 떠난 적이 없다. 아니, 좀 더 정확하게 말하면, 우리 자신이 이미 진리이며 도이다. 왜 이를 깨닫지 못하는가? 진리를 알기 위해 무언가를 할 필요는 조금도 없다. 오히려 끊임없이 무언가를 함으로써 진리에 도달하려는 그 마음만 쉬어라. 그리하

---

* 성경에도 이를 웅변하는 다음과 같은 구절이 있다.
"하나님의 말씀은 살아 있고 활력이 있어 좌우에 날 선 어떤 검보다도 예리하여 혼과 영과 및 관절과 골수를 찔러 쪼개기까지 하며……."(히브리서 4:12) "진리가 너희를 자유롭게 하리라."(요한복음 8:32)

면 스스로 알게 되리니, 진리가 무엇이며 도가 무엇인지를. 그런데 그렇게 알고 보면, 그것은 진리라 할 것도 도라 할 것도 없기에, 이름하여 진리라 하며 일컬어 도라 한다는 것을……."

도를 도라고 말하면 참된 도가 아니요.

사실이 그렇다. 도는 그 어떤 말이나 개념으로도 규정되지 않으며, 그 어떤 언어로도 정확히 표현되거나 설명되지 않는다. 왜냐하면 도는 언어 이전 혹은 언어 너머에 있기 때문이다. 또한 도는 그 어떤 모양이나 형상도 하고 있지 않다. 따라서 "이것이 도이다."라고 하거나 "이러저러한 것이 진리다."라고 말할 수 있는 것은 아무것도 없다. 사실이 그러한데도, 이렇게 말하면 도 혹은 진리는 우리의 현실과는 너무나 동떨어진 아주 먼 나라 이야기쯤으로 들리거나, 아주 높은 차원의 무엇이어서 평범한 사람들은 감히 다가갈 엄두조차 낼 수 없는 것으로 여겨질지도 모른다.

그러나 전혀 그렇지 않다. 그러한 표현들은 단지 도가 우리의 인식의 차원이 아니라는 것을 말하고 있을 뿐, 도의 실재성은 언제나 지금 이 순간 바로 여기 우리 눈앞에 있다. 그런데 그렇게 훤히, 지금까지 단 한 번도 감추어진 적이 없고 단 한 순간도 드러나 있지 않은 적이 없는 도를, 참으로 묘하게도, 단지 우리가 보지 못하고 알지 못하고 있을 뿐이다. 이는 참 기가 막힌 말인데, 나는 앞으로 이 책을 통하여 이를 명백히 밝히고, 우리 눈앞을 가리고 있는 그 알 수 없는 막을 분명히 걷어 내어 우리 자신을 자유케 하고자 한다.

이름을 이름이라 하면 참된 이름이 아니다.

이 말도 마찬가지다. 이 세상에 존재하는 그 어떤 것도 변치 않는 자신의 고유한 이름을 가진 것은 아무것도 없다. 어떤 이름도 붙여진 이름일 뿐, 그 이름이 곧 본래 그 사물의 고유한 이름은 아니라는 말이다. 예를 들면, 우리들의 분주한 삶 가까운 곳에서 언제나 우리를 가만히 굽어보고 있는 저 산을 한번 보자. 그 '산'이라는 이름은, 그것의 본래 이름이 '산'이어서 우리가 '산'이라고 하는가, 아니면 우리가 '산'이라고 이름 붙인 것인가? 너무나 파랗고 푸르러 그것을 가만히 바라보고 있는 것만으로도 괜스레 가슴이 설레는 저 아름답고 눈부신 하늘은 또 어떤가? 그것이 정녕 '하늘'이어서 우리가 '하늘'이라고 부르는가, 아니면 '하늘'이라고 이름 붙인 것인가?*

만약 산이니 하늘이니 하는 이름들이 우리가 붙인 이름이라면, 그 이름들을 한번 떼어 내 봐도 좋으리라. 그렇게 각 사물에서 우리가 붙인 이

---

* 이 점에 관해서는 성경 창세기에서도 다음과 같이 말하고 있다.
"여호와 하나님이 흙으로 각종 들짐승과 공중의 각종 새를 지으시고, 아담이 무엇이라고 부르나 보시려고 그것들을 그에게로 이끌어 가시니, 아담이 각 생물을 부르는 것이 곧 그 이름이 되었더라. 아담이 모든 가축과 공중의 새와 들의 모든 짐승에게 이름을 주니라."(창세기 2:19~20)
그런데 이때의 아담은 성경 창세기에나 나오는 그 태초의 사람이 아니라, 오늘을 살고 있는 바로 우리 자신을 가리킨다. 요즘에도 학계에 보고되지 않은 어떤 별이나 곤충 혹은 식물을 새롭게 발견하면, 대개 그 형상이나 소리 혹은 최초 발견자의 이름을 따서 그 이름을 붙이지 않는가? 몇 년 전에도 세계 최초로 어떤 소행성을 발견했다며, 그 이름을 '세종별'로 했다는 기사를 어느 신문에선가 읽은 적이 있다. 그와 같이 우리는 지금도 끊임없이 이름을 붙이고 있다. 다른 많은 경전도 마찬가지지만 성경은 이와 같이 태초나 혹은 오래전의 어떤 이야기가 아니라, 바로 지금 여기에서 살아가고 있는 우리 자신에 관한 얘기다. 그렇듯 경전의 시점은 언제나 현재다.

름을 떼어 냈을 때, 거기에는 무엇이 남는가? 거기에는 그 어떤 이름도 갖다 붙일 수 없는, 본래 이름이 없는 어떤 대상만 남는다. 그렇지 않은 가? 그러면 이제 우리는 그것을 무엇이라고 해야 할까? 그것은 무엇일까? …… 모른다. 우리는 그것이 무엇인지를 모른다. 참으로 아이러니하게도 우리가 바로 조금 전까지 '산'이라 하고 '하늘'이라 했던 그것에서 우리가 붙인 이름을 떼어 내고 나니, 오호라, 우리는 그것이 무엇인지를 모른다. 그냥, 굳이 말하자면, 이름 붙일 수 없고 알 수 없는 무언가가 거기에 그렇게 있을 뿐이다. 그런데 비단 산과 하늘뿐이겠는가? 이 세상에 존재하는 모든 것이 사실은 이름이 없다.

그와 같이, 노자가 말하고 있는 이 말의 참뜻과 시점은 태초나 아득한 옛날에 있는 것이 아니라, 바로 지금 여기에서 우리가 늘 경험하고 있는 이 너무나 구체적인 것들 속에 있는 것이다.

이름 없음이 천지의 처음이요,

지난 1991년 4월, 나는 7개월 동안의 지리산 토굴 생활을 청산하고, 곧바로 경기도 포천에 있는 어떤 수도원으로 들어가기 위해 다시 짐을 꾸리며 이것저것 준비하고 있었다. 그때는 정말이지 하루하루가 견디기 힘들었고, 타는 듯한 내면의 갈증으로 인해 어디론가 끊임없이 떠나곤 했었다. 그렇게 이곳저곳 떠돌아다니는 데 필요한 비용은 주로 공사판의 막일을 해서 번 돈으로 충당했는데, 내 나이 서른한 살 때의 봄빛 가득한 4~6월 석 달 동안에도 나는 수도원으로 들어가기 위해 땀을 흘리며 막노동을 하고 있었다.

철근을 옮기고 벽돌을 지고 나르며 공구리(콘크리트)를 치는 동안에도 나는 끊임없이 내 안을 들여다보려고 애썼고, 점심을 먹고 난 뒤 모두가 즐기는 짧은 낮잠 시간에도 나는 홀로 공사판의 한쪽 구석에 고요히 앉아 내면으로 침잠하며 '나는 누구인가?'를 되뇌었다.

그렇게 절박한 마음으로 하루하루를 살던 어느 날, 여느 때처럼 점심을 먹고 난 뒤였는데, 그날따라 유난히도 답답해 오는 가슴을 어쩌지 못해 하며 나는 공사 현장 인근에 있는 작은 공터로 잠시 바람을 쐬러 나갔다. 그때가 아마 5월 중순쯤이었던 것으로 기억하는데, 햇살은 눈부시게 반짝이고 있었고, 상쾌하게 불어오는 봄바람을 맞은 만물은 자기 안에서 솟구쳐 나오는 온갖 생명력으로 한껏 부풀어 있었다.

텅 비어 잡초만 무성하리라 생각했던 공터는 이웃 주민들이 가꾸어 놓은 아기자기한 텃밭들로 어떤 정겨움마저 품고 있었고, 나는 뜻하지 않게 마주하게 된 그 작은 평화로움에 나도 모르게 살포시 풀밭 위에 앉아 그 하나하나에 따뜻한 눈길을 주고 있었다. 그렇게 무심코 앉은 자리 바로 앞에는 자그마한 파밭이 정성스레 가꾸어져 있었고, 제법 자란 줄기 위로 하얀 파꽃들이 여기저기 터질 듯 피어 있었다. 그때 마침 어디선가 노랑나비 한 마리가 팔랑거리며 날아와 그 하나의 파꽃에 마악 앉으려 하고 있었는데, 바로 그 순간, 나는 나도 모르게 소리를 지르고 말았다.

"어, 저건……, 저건 파가 아니다!"

"저건 파가 아니다!"

그랬다, 그것은 파가 아니었다. 내가 지금까지 파라고 믿어 왔던 그것은 파가 아니었다. 참으로 희한하게도, 바로 그 순간, 내가 무심히 바라보고 있던 그 파에서 '파'라는 이름이 딱 떨어져 나갔다. 파라는 대상과 '파'라는 이름은 아무런 연관이 없었던 것이다. '파'라는 이름은 단지 우리가 붙인 이름일 뿐, 내 눈앞에 보이는 그것은 파가 아니었다. 그렇게 하나의 대상에서 하나의 이름이 떨어져 나가니, 바로 다음 순간, 내 눈앞에 펼쳐진 모든 대상에서 모든 이름이 한꺼번에 다 떨어져 나가 버렸다. 오, 이럴 수가!

"그렇구나! 이 세상에 존재하는 모든 것은 본래 이름이 없구나!*

모든 것이 본래 이름이 없는, 그냥 '그것'일 뿐이구나……!"

나는 그 순간의 전율을 지금도 잊을 수 없다.

이름이 있고 없고의 차이는 단순한 것 같지만, 조금만 더 깊이 들여다보면 거기에는 참으로 많은 것이 담겨 있음을 알 수 있다. 파라는 대상에서 '파'라는 이름을 떼어 내고, 본래 이름 없는 그것을 그것 자체로서 바라보게 되면, 우선 우리는 그것이 무엇인지를 알지 못하기에 좀 더 주의 깊고 섬세하게 바라보게 되지 않을까? 말하자면, 이름을 통해서는 조금도 우리의 주의를 끌지 못하는 그냥 단순한 파에 지나지 않지만, 이름을 떼어 내고 보면 우리는 그것을 무어라고 해야 할지 몰라 좀 더 가까이 다가가 바라보게 될 테고, 그러면 그 좁혀진 거리만큼 그 섬세한 구조와 모

---

* 딸애가 네 살인가 다섯 살 때쯤이었을 것이다. 녀석은 아빠가 집으로 돌아오기만 하면 기다렸다는 듯 아빠 무릎 위에 달랑 올라앉아서는 사진으로 된 그림책을 펼치며 언제나 이렇게 묻곤 했었다. "아빠, 이건 뭐야?"

그러면 나는 녀석의 고사리손이 가리키는 사진들을 보며, "응, 이건 수박, 그건 진달래, 그건 해바라기, 저건 고양이, 이건 말, 그건 개, 그건 하늘, 이건 구름, 저건 물고기, 그건 사자……" 그렇게 끝없이 아이에게 대답해 주곤 했다.

어린아이가 바라보는 세계에도 이름이 없다.

양과 빛깔과 향기가 비로소 우리 눈에 들어오기 시작할 것이다. 마치 처음인 듯한 그 새로운 발견에 스스로 놀라며 살며시 그것을 손으로 만져 보는 데까지 이르게 되면, 우리는 마침내 그 존재의 신비로움에 전율하게 되지 않을까?

우리가 매일 아침 마시거나 씻는 물도 마찬가지다. '물'이라는 우리에게 익숙한 이름을 조금 옆으로 밀쳐놓고, 잠시만이라도 찬찬히 그것을 바라보라. 그리고 가만히 만져 보라. 그러면 하필 그런 투명함과 밀도와 질감을 가진 그것이 여기 이렇게 존재할 수 있다는 것이 정말 신기하지 않은가? 하다못해 길가에 아무렇게나 피어 있는 민들레 한 송이만이라도 그 낮은 키만큼 우리 자신을 낮추어 가만히 들여다보라. 그 노란 꽃잎과, 무어라 형용할 길이 없는 그 자태와, 동그랗게 솜사탕처럼 부풀어 있다가 한 줄기 바람이 불어올 때마다 춤을 추듯 하늘로 날아오르는 그 꽃씨들의 눈부신 축제와…….

나는 이보다 더 큰 기적을 알지 못한다. 어디 그뿐인가? 우리 주변에서 흔히 보는 나무와 돌과 새와 흙과 별들에게서, 온갖 풀들에게서, 태양과 햇살에게서 그 이름들을 떼어 내고 가만히 그것을 바라보고 느껴 보라. 그러면 문득 이 세상은 온통 신비와 기적 같은 것으로 가득 차게 되지 않는가. 세상은 갑자기 이토록이나 아름답고 넉넉하며 눈부신 무엇이 되지 않는가. 그리고 그 한가운데에 그 모든 것과 함께 또 하나의 신비와 기적으로 살아 있는 '나'는 그러기에 얼마나 누릴 것이 많고 가진 것이 많은가. 이름 하나 떼어 내고 나니 세계는 이토록이나 다른 모습으로 우리에게 다가와 있구나!

이번에는 우리의 눈을 우리 '안' 곧 내면으로 돌이켜 보자. 우리 안에도 무수히 많은 '이름'이 있기 때문이다. 언제나 펼쳐지고 있는 '지금'의 이 삶 속에서 우리는 순간순간 얼마나 많은 생각과 감정과 느낌을 경험하는 가. 어느 날 아침 문득 눈을 떴을 때 괜스레 기분이 좋고 편안한 가운데 어떤 설명할 수 없는 기쁨 같은 것이 올라와 설레는 마음으로 집을 나설 때도 있지만, 어느 날은 또 이유를 알 수 없는 불안과 두려움으로 가슴을 조이며 안절부절못할 때도 있지 않던가. 누구를 만나 무슨 이야기를 하 더라도 그저 재미있고 즐거울 때가 있지만, 때로는 상대방의 말 한마디 에 화가 치밀고 몸짓 하나에 미움이 솟구쳐 스스로도 어찌할 수 없을 만 큼 커져 버린 그 감정에 사로잡혀 몇 날 며칠을 괴로워하게도 되지 않던 가. 또 어느 순간엔 '이렇게 살아도 되나?' 하는 생각이 들 만큼 삶에 아 무런 문제가 없고 그저 만족스럽고 감사하기만 할 때도 있지만, 다음 순 간 예기치 않게 찾아온 어떤 일로 인해 온 가슴을 차지해 버린 근심과 걱 정과 꼬리에 꼬리를 무는 생각과 지독한 외로움으로 잠 못 이루며 온 밤 을 하얗게 지새우는 때도 있지 않던가. 그렇듯 우리네 삶과 마음은 우리 의 뜻이나 계획과는 상관없이 언제나 흔들리고 출렁거린다.

어디 그뿐인가. 사람들과의 관계를 힘들어하며 겉으로는 아무렇지 않 은 듯 행동하지만 속으로는 끊임없는 긴장과 눈치와 불안 속에서 순간순 간을 버티듯 살아가는 사람들도 있고, 늘 무기력하고 우울한 자신을 못 견뎌 하면서 살아 있다는 것 자체를 짐스러워하는 사람도 있으며, 어릴 적 따뜻하게 보호받거나 사랑받지 못함으로 말미암아 가슴 깊은 곳에는 남모르는 결핍감과 열등감과 수치심을 간직한 채 수많은 날을 아프게 살 아가는 사람들도 있다. 아, 매일매일 되풀이되는 우리네 이 일상 속에서 우리 한 사람 한 사람이 긍정적으로든 부정적으로든 때마다 만나고 치르고 경험하게 되는 온갖 생각과 감정과 느낌을 낱낱이 다 열거해 보자면 하늘을 종이 삼고 바다를 먹물 삼아도 부족하리라.

그런데 여기, 정말로 기쁜 소식이 하나 있다. 파는 파가 아니라 단지 '파'라고 이름 붙여진 무엇일 뿐이었듯이, 우리 안에서 경험하는 그 모든 것도 단지 이름 붙여진—어릴 적 엄마 아빠에게서 끊임없이 들어서건, 그 후의 모든 시간 속에서 반복적으로 학습되고 교육받아서건, 언어를 통하여 사물을 인식할 수밖에 없는 인간의 한계 때문이건—무엇일 뿐이라는 것이다. 그렇지 않은가? 그런데 그 단순한 사실이 왜 그렇게도 기쁜 소식일까?

파에서 '파'라는 이름을 떼어 내고, 산에서 '산'이라는 이름을 떼어 내고, '하늘'에서 '물'에서 '민들레'에서 그리고 '돌'과 '나무'와 '새'에게서 각각 그 이름을 떼어 냈을 때, 갑자기 그 하나하나는 '무엇'이라고 말하거나 표현할 수 없는 신비와 기적과 오묘함으로 우리 앞에 다가와 있지 않던가. 마찬가지로, 우리 안에서 순간순간 경험되는 온갖 감정, 느낌, 생각에 대해서도 하나하나 그 이름을 떼어 냈을 때, 어떤 일이 우리 앞에 펼쳐질까? 갑자기 우리는 전혀 다른 우리 자신을 경험하게 되지 않을까?

기쁨에서 '기쁨'이라는 이름을 떼어 내 보라. 그러면 그것은 무엇인가? 슬픔에서 '슬픔'이라는 이름을 떼어 내고 화에서 '화'라는 이름을 떼어 내면, 그것은 또 무엇인가? 우리가 늘 힘들어하며 거부하고 저항하고 밀쳐 내는 감정인 미움과 불안과 두려움과 외로움과 무기력에서 각각 그 이름을 떼어 내고, 우리가 언제나 더 갖고 싶어 하고 더 오래 누리고 싶어 하는 편안함과 즐거움과 당당함과 만족감과 평화로움에서 순간순간 그것들을 경험할 때마다 하나씩 그 이름을 떼어 내 보면, 이름이 사라진 그것

40

들은 정녕 '무엇'일까?

노자가 도덕경을 시작하는 첫머리에서 "도를 도라고 말하면 참된 도가 아니요, 이름을 이름이라 하면 참된 이름이 아니다."라고 했듯이, 이름을 떼어 낸 그것들이 '무엇'인지는 어떤 말로도 담아낼 수 없고 제대로 표현할 수도 없지만, 그래도 굳이 말해 본다면, 뜻밖에도 그 하나하나는 우리가 그토록 애타게 찾아다니고 목마르게 구하던 도(道)—이것을 달리 말하면 '진리' 혹은 '본성'이라고도 하고, '불성(佛性)' 혹은 '공(空)'이라고도 하며, 모든 것의 근원이요 바탕인 '하나(Oneness)' 혹은 '참나(眞我)'라고도 하고, '영원한 생명' 혹은 그냥 '그것'이라고도 하지만, 이 또한 단지 '이름'들일 뿐이다—의 작용이요, 나타남이며, 그 찰나찰나의 순수한 드러남이다. 그 어느 것 하나도 예외 없이!* 다시 말하면, 우리가 이 평범한 일상 속에서 늘 경험하는 우리 안과 밖의 모든 것은—우리 자신도 포함해서—놀랍게도 진리의 현현(顯現)이라는 말이다. 그렇듯 우리는 지금 이 순간 이대로 이미 도(道)로서 살고 있으며, 진리로서 존재하고 있다. 단 한 순간도 예외 없이!

이보다 더 기쁜 소식이 어디에 있는가? 삶의 굽이굽이마다 늘 한결같지 못해 쉽게 흔들리고 출렁거리는 자신이 싫어서, 일상의 아무것도 아닌 순간들 속에서도 남모르는 마음의 고통과 괴로움에 자주자주 묶이고 갇히는 자신이 너무나 힘들어서 영혼의 참된 자유와 해방을 찾아 그토록 오랜 세월 애쓰며 몸부림치며 살아왔건만, 그러나 아직도 이루지 못한 그 꿈과 채워지지 않은 가슴을 안은 채 얼마나 더 오래 이 마른 길을 걸

---

* 이를 불교에서는 '번뇌 그대로가 보리(菩提, 깨달음)'라고 말하기도 하고, '색(色)이 곧 공(空)'이라고도 하며, '중생이 바로 부처'라고 표현하기도 한다.

어가야 하는지 그저 아득하기만 했건만, 아! 지금 이 모습 이대로가 진리라니! 우리가 이미 '그것'이라니! 영혼의 진정한 자유와 해방은 우리의 노력을 통해 얻을 수 있는 무엇이 아니라 본래부터 주어진 것이었다니! 우리는 이미 그 자리에 도달해 있다니! 그리고 오직 이것만이 진실이라니! 이럴 수가……. 그렇기에 노자는 애틋하게 다음과 같이 우리에게 말하고 있는 것이다.

그러므로 '함'이 없으면 언제나 그 오묘함을 보지만,
무언가를 자꾸 '하려고' 하면 그 가장자리만 보게 된다.

우리가 이미 '그것'이면, '그것'을 얻기 위해 우리가 할 수 있는 일은 무엇인가? 우리가 이미 '그 자리'에 있다면, 그곳에 도달하기 위해 우리가 노력해야 하는 일은 무엇인가? 우리가 이미 호흡보다도 더 쉼 없이 진리로서 살고 있다면, 진리를 깨닫기 위해서 우리가 해야 하는 일은 무엇인가? …… 아무것도 없다. 진실로 아무것도 없다. 그렇다면, 이 진실 앞에서 그래도 우리가 해야 하는 일이 하나 있다고 말한다면, 그것은 무엇일까? 그것은 오직 '멈추는' 것이다. 멈추고, 지금 여기로 돌아오는 것이다.

초라한 자신을 못 견뎌 하며 그 메마른 가슴을 무언가로 채우려 하던 그 끊임없는 노력을 멈추고, 단 한 순간만이라도 그 초라함 속에 그 메마름 속에 온전히 있어 보라. 그렇게 하는 것이 많이 아프고 힘들겠지만, 그래도 진실로 멈출 수 있다면, 그때 비로소 알게 될 것이다. 초라함 속에는 초라함이 없고, 메마름 그것이 바로 충만함이라는 것을. 가슴속 깊은 곳에 남모르는 열등감과 수치심을 숨겨 놓은 채 행여나 그것이 들킬까 봐, 혹여나 남들이 눈치챌까 봐 노심초사하며 어떻게든 그것으로부터 벗어나고 달아나고 극복하려던 그 모든 애씀을 멈추고, 그것들이 지금 자신 안에 있음을 진실로 인정하고 시인해 보라. 바로 그 순간 너무나 놀랍게도, 그토록 그리워하던 자유와 해방이 어느새 자신에게 다가와 있음을, 열등감과 수치심 바로 그 속에 그 무엇도 염려할 필요가 없는 평화가 가득 들어 있음을 스스로 분명하게 보게 될 것이다.

우리가 늘 힘들어하면서 내내 거부하고 저항하고 밀쳐 내기만 하는 미움과 불안과 두려움과 무기력과 불편함과 시기와 질투도 마찬가지다. 잠시만이라도—정말 잠시만이라도!—거부와 저항을 멈추고 그것들을 자세히 살펴본다면, 그 모든 것은 결코 우리를 괴롭게 하거나 우리에게 상처 줄 수 없다는 사실과 함께, 오직 그것으로부터 벗어나고 달아나고 회피하려는 그 마음 때문에 스스로 고통받고 있었다는 것을 문득 발견하게 될 것이다.

이 단순한 진실에 눈을 뜨는 것이 바로 깨달음이다. 그것은 마치 잠시도 가만히 있지 않고 늘 흔들리고 출렁거리는 파도 하나하나가 사실은 그 어느 것 하나도 예외 없이 몽땅 미동도 하지 않고 고요하기 그지없는 바다라는 사실에 눈을 뜨는 것과 같다. 그러므로 그저 멈추라. 거부와 저항과 내침이 아니라 오직 받아들임으로, 매 순간 있는 그대로의 자기 자신으로 돌아오라. 우리가 언제나 발을 딛고 있는 지금 여기가 바로 우리가 그토록 애타게 그리워하던 본향(本鄕)이기 때문이다.

또 편안함과 즐거움과 만족감과 기쁨이 일상 속에 가득히 흐르거든 그저 그 순간순간을 마음껏 누리고 즐겨라. 얼마나 감사한 일인가! 삶은 본래 그런 것이다. 그러나 그것이 어느 순간 조금씩 사라져 갈 때, 애써 붙잡으려 하지 말고 그냥 제 갈 길을 가도록 내버려 두라. 마치 한 그루 나무가 그 품으로 날아 들어온 새들에게 선선히 둥지를 내주고, 어느 순간 훌쩍 날아가 버릴 때는 그들이 다시 돌아오기를 기다리지 않듯이 말이다. 아무 염려할 것이 없다. 바다—모든 것의 근원인 '하나'—는 움직이지 않고 언제나 지금 여기에 있기 때문이다.

그렇게 우리가 온전히 멈추었을 때 이 삶은, 이 세계는, 그리고 이 평범한 일상은 우리에게 어떻게 다가올까? 노자가 "그러므로 '함'이 없으면 언제나 그 오묘함을 본다."고 말하고 있듯이, 모든 것은 갑자기 난생처음 만나는 신비로움으로, 기적으로, 눈부심으로, 완전함으로—이 또한 '이름'이지만—우리에게 다가온다. 사실, 이 삶과 세계와 일상은 본래 그러했고, 또 늘 변함없이 그러했다. 그런데도 우리는 그 오랜 세월 동안 이 진실을 왜 그렇게도 까마득히 몰랐을까? 그 이유는 오직 하나, 무언가를 끊임없이 '하려고' 했기 때문이다. 그 '함'을 통하여 자신이 원하고 바라던 바대로 삶을 이루려고 했기 때문이다. 그 어느 한 순간도 예외 없이 이미 완전하게 이루어진 '한 바탕' 위에서 말이다. 이 얼마나 아이러니한가! 이를 두고 옛사람들은 "물 속에서 물을 찾고, 진리를 버리고 진리를 구하며, 머리 위에 머리를 얹으려고 한다."라고 말해 왔던 것이다.

이름이 붙여지면서 만물이 있게 되었다.

그러나 또한 우리는 이름이 없이는 단 한 순간도 살아갈 수가 없다. 이름이 있어야만 우리는 사물을 인식하고 판단하며 분별할 수가 있고, 그를 통하여 인간으로서 삶을 살아갈 수가 있는 것이다. 그러므로 본래 이름 없는 각각의 사물에게 이제 하나하나의 이름을 붙여 보자. 이미 오래 전부터 우리가 각 사물에 붙여서 불러 오던 이름들이 있으므로, 이제 그 이름들을 그대로 붙이면 된다. 그리하여 본래 이름 없는 무엇에 '산'이라는 이름이 붙으면서 그것이 산이 되었고, 이름 없는 어떤 것에 '하늘'이라는 이름이 붙으면서 그것이 우리에게 하늘이 되었으며, 무엇인지 모르지만 언제나 파랗게 일렁이는 그 무엇에 '바다'라는 이름이 붙으면서 그것이 바다가 되었다. 그렇게 이름들이 붙여지면서 만물이 우리에게 인식 가능한 대상이 된 것이다. 다시 말하면, 우리가 지금까지 실제요 진실이라고 믿어온 '나'와 삶과 세계는 사실은 허구의 '이름'을 통하여 비추어진 그림자일 뿐이요, 꿈과 같은 것이라는 말이다.

또 우리 안의 것들에 대해서도 신명 나게 이름을 붙여 보자. 우리가 이름을 붙이고자 하는 그 대상들은 사실 실체가 없는 것들이기에 우리는 즐겁게 그렇게 할 수 있는 것이다. 뭔지 모르게 가볍고 경쾌하게 올라오는 무엇에 '기쁨'이라는 이름을 붙이고, 좀 무겁고 젖어 있는 듯한 느낌의 무엇에 '슬픔'이라는 이름을 붙이며, 왠지 모르게 스산하고 메마른 듯한 무엇에 '어색함' 혹은 '안절부절못함'이라는 이름을 붙여 보자. 고요하고 잔잔하며 따뜻이 이완되는 느낌으로 다가오는 무엇에는 '편안함' 혹은 '평화로움'이라는 이름을, 가슴이 조여 오는 듯 답답하고 숨마저 막혀 와서 어찌할 줄을 모르게 되는 순간의 무엇에는 '불안' 혹은 '두려움'이라는 이름을, 그리고 따뜻한 봄날 얼었던 땅이 풀리며 아지랑이가 피어오르듯 까닭 없이 부풀어 오르는 마음에는 '설렘'이라는 이름을 붙이고, 힘 빠지고 축 늘어지며 손가락 하나 까딱하기 싫은 느낌을 주는 무엇에는 '무기력'이라는 이름을 탁 붙여 보자. 그밖에도 우리가 붙일 수 있는 이름은 얼마나 많은가!

　그런데 이렇게 일상 속에서 늘 경험하게 되는 우리 안의 것들에 신명 나게 이름을 붙여 나가다 보니, 갑자기 우리네 삶은 너무나 풍요롭고 넉넉한 무엇으로 다가오지 않는가? 왜냐하면 순간순간 일어나는 그것들은 각각 모양과 빛깔과 향기와 맛이 다 다른데, 그 다양한 것들을 매일 매 순간 돈 없이 값 없이 먹고 마시며 마음껏 누리고 있으니 말이다. 마치 흐르는 시냇물에 띄워진 자그마한 표주박이 여기저기 걸리고 부딪히면서도 아무런 걸림 없이 춤을 추며 자유롭게 떠내려가듯이 우리는 이미 이 일상 속에서 그렇게 살고 있으니 말이다.

　이 둘은 같은 것인데, 다만 이름이 있고 없고의 차이가 있을 뿐이다.

　그렇지 않은가? 다만 이름이 있고 없고의 차이가 있을 뿐이지, '하나'가 아닌가? 이 '하나'가 지금 이 순간 얼마나 다양하게 우리 안과 밖에서 쉼 없이 펼쳐지고 있는가.

　이 둘이 같음을 일컬어 신비롭다 하니,
　신비롭고 또 신비로워
　모든 오묘함의 문이 된다.

　둘이면서 동시에 하나인 이 신비로움과 오묘함을 어찌 다 말로 할 수 있겠는가. 일상이라는 이름으로 매 순간 펼쳐지고 있는 우리네 삶이 그렇다는 말이다. 그렇듯 우리는 이미 '모든 오묘함의 문' 안에 들어와 있으며, 단 한 순간도 밖으로 나간 적이 없다. 그럼에도 이 '문'에 대해 계속 말을 하는 것은 오직 그 진실을 드러내기 위함이다. 노자가 다음 장에서 하는 말에 또 즐겁게 귀를 기울여 보자.

오직 분별심이
진실을 가린다

목련꽃은 그냥 피었다가 그냥 질 뿐인 것을, 우리가

아름답다 하기도 하고 또한 추하다 하기도 할 뿐인 것이다.

다시 말하면, 아름다움과 추함이라는 것도

사실은 다만 우리 마음 안에서의 분별이요 구별일 뿐이지,

사물에 있는 것은 아니라는 말이다.

도덕경 2장

세상 사람들 모두가 아름다움을 아름다움이라고 알지만,

이는 아름다움이 아니다.

세상 사람들 모두가 좋은 것을 좋은 것이라고 알지만,

이는 좋은 것이 아니다.

그러므로 '있다'고 하기에 '없다'는 것이 생기고,

'어렵다'고 하기에 '쉽다'는 것이 이루어지며,

'길다'고 하기에 '짧다'는 상대도 만들어진다.

'높다'고 하기에 '낮다'가 있고,

'음'과 '소리'는 서로 어울리며,

'앞'과 '뒤'는 서로 따른다.

그렇기에 성인은 '함'이 없는 자리에서

말 없는 가르침을 행하고,

무슨 일이 일어나든 마다하지 않으며,

온갖 것을 이루지만 자기 것으로 여기지 않는다.

하되 했다는 의식이 없고,

공(功)을 이루되 거기에 머물지 않는다.

오직 어디에도 머물지 않기에 영원할 수 있는 것이다.

天下皆知美之爲美, 斯惡已. 皆知善之爲善, 斯不善已.

故有無相生, 難易相成, 長短相形, 高下相傾, 音聲相和, 前後相隨.

是以聖人處無爲之事, 行不言之敎, 萬物作焉而不辭,

生而不有, 爲而不恃, 功成而不居.

夫唯不居, 是以不去.

　1장이 도에 관한 일종의 '선포의 장'이었다면, 이 2장은 우리의 가치관과 신념을 한 번 뒤흔들어 놓는 장이라고 할 수 있다. 말하자면, 2장의 시작부터가 그렇듯이, "우리가 아름답다고 아는 그것이 정말로 아름다운 것일까? 우리가 좋은 것이라고 여겨서 갖고 싶어 하고 누리고 싶어 하는 그것이 정말 좋은 것일까?"라는 상당히 도전적이면서도 근본적인 물음을 우리에게 던지고 있기 때문이다. 나는 이 2장의 뜻풀이를 원효 대사의 유명한 '해골바가지' 이야기로 시작하고 싶다. 왜냐하면, 우리는 어쩌면 이 이야기를 통하여 노자가 이 장에서 하고자 하는 말의 참뜻을 더 깊이 이해할 수 있고, 삶에 관한 하나의 중요한 지혜를 발견할 수도 있을 것이기 때문이다.

　원효는 그의 나이 45세 때 의상과 함께 불법(佛法)을 구하기 위해 당나라로 간다. 그런데 이때는, 그의 나이 34세 때 의상과 함께 불교를 공부하기 위해 요동까지 갔다가 그곳 병사들에게 잡혀 첩자로 몰린 채 여러 날 갇혀 있다가 돌아온 뒤의 두 번째 길로, 이번에는 처음의 실패를 거울삼아 배를 타고 가기 위해 백제 땅의 어느 나루터로 가던 중이었다.

이미 밤은 깊어 칠흑같이 어두운데, 갑자기 큰비마저 내려 원효와 의상은 어떻게든 비를 피할 만한 곳을 찾아 어둠 속을 헤매고 있었다. 그런데 마침 저만치 어둠 속에서 오래된 토굴 같은 것이 어렴풋이 보여 손을 더듬으며 두 사람은 그 안으로 들어가게 되고, 오랜 여행길에 지친 그들은 곧 깊은 잠에 곯아떨어지고 만다. 새벽녘, 잠결에 타는 듯한 갈증을 느낀 원효는 본능적으로 머리맡을 더듬으며 물을 찾게 되고, 문득 손에 잡힌 한 바가지의 물을 단숨에 들이켠다. 아, 얼마나 시원한지! 몇 날 며칠 제대로 먹지도 못하고 쉬지도 못한 채 걷고 또 걸어온 힘든 길이었는데, 그 모든 허기와 피로와 갈증을 단번에 씻어 주니 얼마나 행복하기까지 한지! 원효는 다시 깊은 잠에 빠진다.

얼마나 시간이 흘렀을까. 이윽고 사물을 분간할 수 있을 만큼 날이 밝았을 때 원효는 눈을 떴다. 그런데 이게 어찌 된 일인가! 방금까지 토굴이라고 생각하고 누워 있던 자리 여기저기에 사람의 뼈가 널려 있고, 주위는 음습하기 그지없지 않은가? 순간, 원효는 소름이 쫙 끼치는 공포를 느끼며 급히 주위를 둘러본다. 아, 여기는 토굴이 아니라 너무나 오래되어 움푹 파인 무덤이 아닌가! 원효는 어젯밤 한 치 앞을 내다보기 어려운 캄캄한 어둠과 피로 속에서 착각을 일으켰던 것이다.

그때 문득 아직 물기가 채 마르지 않은 해골바가지 하나가 눈에 들어오고, 그것을 보는 순간 원효는 어젯밤 자신이 그토록 시원하게 마신 물이 사실은 해골바가지의 썩은 물이었다는 것을 알게 된다. 그와 동시에 견딜 수 없는 구토와 고통으로 데굴데굴 구르게 되고, 그렇게 데굴데굴 구르던 그 어느 한 순간 문득 원효는 '깨달음'을 얻는다. 그러고는 이렇게 외친다.

마음이 일어나니 온갖 법이 일어나고,
마음이 사라지니 토굴과 무덤이 둘이 아니구나!
또한 삼계(三界)가 오직 마음이며,
만법이 오직 식(識)이로다.
마음 바깥에 법이 없으니
어찌 따로 구하겠는가?
나는 당나라로 가지 않겠노라.

이후 원효의 삶은 완전히 달라진다. 그 일이 있고 난 뒤 곧 의상과 헤어져 신라로 돌아온 그는 그야말로 그 무엇에도 걸림이 없는 삶을 살게 되는 것이다. 이전에는 귀족적이며 단아하기까지 하던 그가 갑자기 저잣거리 속으로 들어가 무애박을 두드리며, "모든 것에 걸림 없는 사람이 한 길로 생사를 벗어났도다!"라는 구절로 노래를 지어 부르면서, 음주와 가무와 잡담 가운데에서 불법을 전하는가 하면, 요석 공주와 동침해 설총을 낳기도 하고, 이전에는 '자기 말로는 글 한 줄 쓰지 못하던 그가 200권이 넘는 책을 저술하기도 한다. 그야말로 종횡무진 대자유의 삶이 물씬 느껴지는데, 도대체 무슨 일이 '해골바가지 사건' 때 있었기에 그의 삶이 그토록 달라진 것일까?

우선 해골바가지의 썩은 물이라는 하나의 대상을 두고 보인 원효의 반응을 한번 들여다보자. 그는 전혀 상반된 두 가지 반응을 보이는데, 하나는 너무나 시원하게 벌컥벌컥 그 물을 마시면서 마치 하늘에서 내린 감로수인 양 지극히 행복해하는 모습이며, 다른 하나는 마치 독약이라도 마신 듯 견딜 수 없는 구토와 고통을 느꼈다는 것이다. 그런데 참 재미있는 것은, 원효가 그렇게 하늘에서 내린 감로수를 마신 듯 행복해할 때도 해골바가지의 물은 여전히 해골바가지의 물이었고, 못 마실 것을 마신 양하며 견딜 수 없는 구토와 고통으로 데굴데굴 구를 때도 해골바가지의 물은 여전히 해골바가지의 물이었다는 사실이다. 다시 말해, 해골바가지의 물이라는 사물 자체는 똑같았는데도, 원효는 그 동일한 대상을 두고 전혀 다른 상반된 반응을 보였다는 것이다.

그렇다면 원효가 보인 그 상반된 반응의 원인은 해골바가지의 물 자체에 있었는가, 아니면 다른 무엇, 이를테면 원효의 마음—이름하여 분별심(分別心)—에 있었는가? 그것은 분명 원효 자신의 마음에 있었다. 그렇지 않은가?

원효가 새벽녘 잠결에 그 물을 마시면서 분명 깨끗한 물임을 확인하고 마신 것은 아니지만, 평소의 습관대로 그것이 깨끗한 물일 것이라는 무의식적인 분별이 내면 깊이 깔려 있었기에 해골바가지의 썩은 물을 마시면서도 편안할 수가 있었고, 반면에 아침에 일어나 그 물을 보며 더럽다고 분별하니 그 동일한 대상이 이번에는 견딜 수 없는 구토와 고통을 일으키는 것으로 다가왔던 것이다. 즉, '깨끗하다' 혹은 '더럽다'라는 것은 해골바가지의 물 자체에 있었던 것이 아니라 전적으로 원효의 마음이 지어낸, 원효의 마음 안에서의 분별이요 구별일 뿐이었다는 것이다.

그런데도 원효는 처음에는 그 사실을 미처 깨닫지 못한 채 자신의 눈에 들어온 해골바가지의 물 자체가 실제로 더럽다고 느끼고는 견딜 수 없는 구토를 일으키다가, 다음 순간 문득, 바로 그 물을 새벽녘에는 그토록 시원하게 마시지 않았던가 하는 생각이 들자, 모든 것이 다만 마음이 지어내는 구별이요 분별일 뿐 아무것도 아니라는 것을 확연히 깨닫게 된 것이다. 그러고는 마음이 지어낸 그 모든 허구적인 분별과 무게와 집착에서 벗어나, 비로소 모든 것을 있는 그대로 바라보게 되면서 마침내 자유하게 되었고, 그 깨달음이 그의 삶을 근본에서부터 뒤바꿔 놓았던 것이다.

세상 사람들 모두가 아름다움을 아름다움이라고 알지만,
이는 아름다움이 아니다.

노자가 이 장에서 말하고자 하는 것도 바로 이것이다. 즉, 모든 상대적인 분별과 구별과 무게는 결국 우리 마음이 지어낸, 우리 마음 안에서의 허상이요 허구일 뿐이지 결코 사물에 실재하는 것이 아니라는 것이다.[*] 이를테면, 세상 사람들 모두가 아름다움을 아름다움이라고 알지만, 이 '아름다움'이라는 것도 사실은 가만히 들여다보면, 결국 우리 마음 안에서의 분별이요, 구별이요, 개념일 뿐이지 사물 자체가 '아름다운' 것은 아니라는 말이다.

예를 들어, 봄에 화사하게 목련꽃이 필 때 우리는 그것을 보며 아름답다고 탄성을 지르기도 하지만, 곧 그것이 힘없이 툭! 하고 져 버리면 그

---

[*] 이것이 바로 원효가 말하는 일체유심조(一切唯心造)다.

허망히 떨어져 누운 꽃잎을 보면서 이번에는 추하다고 한다. 그러나 이
때도 마찬가지로, 목련꽃은 그냥 피었다가 그냥 질 뿐인 것을, 우리가 아
름답다 하기도 하고 또한 추하다 할 뿐인 것이다. 다시 말하면, 아름다움
과 추함이라는 것도 사실은 다만 우리 마음 안에서의 분별이요 구별일
뿐이지, 사물에 있는 것은 아니라는 것이다.

　　세상 사람들 모두가 좋은 것을 좋은 것이라고 알지만,
　　이는 좋은 것이 아니다.

　좋은 것과 나쁜 것이라는 것도 마찬가지다. 사실, 우리는 무엇을 두고
'좋은 것'이라 하며, 무엇을 '나쁜 것'이라고 하는가? 살다 보면 분명 우
리에게 좋은 것이며 복이었던 것이 더 큰 고통과 상실과 불행을 가져다
준 적이 어디 한두 번이던가? 또한 더할 나위 없는 불행과 나쁜 것으로
만 여기던 바로 그것으로 인해 (많은 고통과 아픔을 치러 내고 난 뒤의 일이
겠지만) 우리는 뜻밖에도 우리의 영혼이 질적으로 성숙하는 계기가 되어,
진정으로 모든 것에 감사할 줄 아는 삶을 살게도 되지 않던가? 그렇다면
과연 무엇이 좋은 것이며, 무엇이 나쁜 것인가? 도대체 그 경계선이라는
것이 그렇게 뚜렷이 있던가? 그것 또한 마음이 지어낸 허구의 분별이 아
닌가?
　그렇다고 해서 좋은 것도 없고 나쁜 것도 없다고 말하려는 것이 아니
다. 우리네 삶이란 더 '입체적인' 무엇일 수 있다는 것이다. 만약 우리의
평면적이고 경직된 마음이 그어 놓은 '좋은 것'과 '나쁜 것'이라는 기준과
틀로 세상과 사람을 바라본다면, 그 무게만큼 삶의 전체성과 입체성은

사라지고, 세계 또한 그렇게 둘로 나뉘어 보일 것이다. 그러나 분명한 것은, 우리 눈에 보이는 것처럼 세계는 그렇게 둘로 나뉘어 있지 않다는 것이다.

그러므로 '있다'고 하기에 '없다'는 것이 생기고,
'어렵다'고 하기에 '쉽다'는 것이 이루어지며,
'길다'고 하기에 '짧다'는 상대도 만들어진다.
'높다'고 하기에 '낮다'가 있고,
'음'과 '소리'는 서로 어울리며,
'앞'과 '뒤'는 서로 따른다.

그런데 있음과 없음, 어려움과 쉬움, 길고 짧음, 높고 낮음, 앞과 뒤라는 것도 우리네 삶과 일상 속에서는 그 각각이 서로 엄연히 다른 것으로 경험된다. 그렇지 않은가? 그러나 '있음'에 집착한 만큼 그것의 상실인 '없음'이 더욱 우리를 아프게 하고 절망케 하는 것은 아닐까? 만약 있음에 대한 집착의 무게가 없다면, 그 없음이라는 것이 그렇게 큰 상실과 무게와 아픔으로 우리에게 다가올까? 마찬가지로, 삶이라는 것에 많이 집착한 만큼 죽음이라는 것이 우리에게 더 큰 두려움으로 다가오는 것이 아닐까? 만약 그러한 집착이 없이 다만 주어지는 삶을 하루하루 열심히, 감사하며 사랑하며 산다면, 그 사람의 마음에 죽음이라는 것이 그렇게 무겁고 두려운 무엇으로 자리 잡고 있을까? 그는 때가 되면 선선히 그 삶의 자리를 죽음에게 내주지 않을까? 그러면서 살아 있는 동안 경험했던 모든 것에 깊이 감사하며 그 하나하나에 따뜻한 눈길을 보내게 되지 않을까? 그렇다면 사실, 그에게는 우리가 일반적으로 생각하는 그런 무거운 의미의 죽음이란 없는 것이다.

이는 결국 사실의 문제가 아니라 마음의 문제다. 그렇지 않은가? 만약 우리가 있는 그대로의 사실에 대한 그 모든 분별과 무게와 집착이 결국은 우리 마음이 지어낸 환영(幻影)이요 허구임을 깨달아, 마음이 만들어 내는 그 모든 허상에 더이상 매이거나 끌려다니지 않게 된다면, 있음과 없음, 많고 적음, 어려움과 쉬움, 길고 짧음, 지위가 높고 낮음, 앞서거니 뒤서거니 하는 등 그 모든 삶의 상황 속에서도 아무런 걸림 없이 자유하게 되지 않을까? 원효가 그 진실을 깨달음으로 말미암아 무언가를 끊임없이 찾고 구하던 삶에서 자유와 지혜와 평화와 사랑을 끊임없이 나누는 삶으로 돌아섰듯이, 마침내 우리도 모든 것을 분별하면서도 그 모든 분별에 매이거나 물들지 않는, 진정 자유로운 삶을 살게 되지 않을까? 만약 그렇다면, 이제 더이상 우리를 구속할 수 있는 것은 아무것도 없는 것이다.

그렇기에 성인은 '함'이 없는 자리에서

무슨 일이 일어나든 마다하지 않으며,
온갖 것을 이루지만 자기 것으로 여기지 않는다.
하되 했다는 의식이 없고,
공(功)을 이루되 거기에 머물지 않는다.

노자가 말하는 성인(聖人)이란, 우리가 일반적으로 이해하는 것처럼,

지혜와 학식과 인품과 덕망이 뛰어나 모든 사람의 우러름을 받는 사람만을 가리키지는 않는다. 오히려 그렇기는커녕 모든 것을 둘로 나누어 보는 분별심이 내려진 상태에서 다만 모든 것을 있는 그대로 볼 줄 아는 눈이 열린 사람을 가리킨다. 이런 사람은 세상 사람의 우러름을 받기보다는 너무나 평범하여 잘 드러나지 않는 경우가 많다.

마음이 만들어 내는 허구와 환영에서 깨어난 그 사람은 아름다움과 추함, 좋은 것과 나쁜 것, 있고 없음, 어려움과 쉬움 등의 모든 차별 속에서도 단지 '차별'만을 보는 것이 아니라 그 모든 차별 속에 언제나 평등하게 있는 '하나'—파도 한 방울 한 방울이 그대로 바다이듯이—를 또렷이 본다. 그래서 그는 그저 존재할 뿐 '함'이 없다. 아름다움과 추함으로 나누지도 않고, 좋은 것에 집착하거나 나쁜 것을 버리지도 않으며, 있을 땐 있음을 살고, 없을 땐 그저 없음을 산다. 그의 마음 안에는 어려움도 없고 쉬움도 없으며, 높고 낮음도 없고, 앞과 뒤라는 것도 없기에 매 순간 있는 그대로 살 뿐 애씀이 없다. 모든 것이, 모든 순간이 지금 이대로 완전하다는 것을 그는 분명히 알기 때문이다.

모든 분별과 분리가 사라진 그의 마음에는 설명할 수 없는 평화와 자유와 지혜와 사랑이 가득하다. 그 가득함으로 인해 그는 저절로 무언가를 '한다.' 마음에 고통과 괴로움이 있는 사람들과는 그 아픔과 상처를 나누고, 기쁨과 즐거움이 있는 사람들과는 함께 기뻐하고 춤추면서, 자기 안에 가득한 지혜와 사랑으로써 사람들 안에 똑같이 있는 그 지혜와 사랑을 일깨운다. 그 '함'에는 끝이 없다. 그러면서도 그에게는 '한다'는 생각이 없다. 그렇기에 공(功)이라는 것도 없다. 그러니 어찌 거기에 머무른다거나 혹은 자기 것으로 여길 수 있겠는가? 그는 그저 그렇게 존재할 뿐이다.

말 없는 가르침을 행하고,

이때 '말 없는 가르침'이란 단순히 말이 없는 침묵의 가르침만을 뜻하지는 않는다. 모든 것을 둘로 나누어 보는 분별심을 내려놓지 못하고 아직 그러한 생각과 지식 속에 있는 사람이 말 없는 침묵을 지키고 있다 하더라도 그것은 여전히 시끄러운 소음에 불과하며, 그 한 마음이 내려지고 모든 것을 다만 있는 그대로 볼 줄 아는 사람이라면 아무리 많은 말을 할지라도 그것은 한마디도 하지 않은 것과 같은 것이다. 그러므로 말 없는 가르침이란 단순히 말을 많이 하는지, 하지 않는지에 있지 않다. 지금 여기에서 '말 없는 가르침'을 얘기하는 노자가 이후 81장까지 5천여 자의 말을 거듭거듭 한 것이나, 석가모니가 금강경을 설한 말미에 자신은 한마디도 하지 않았노라고 말한 것 등은 모두 진정한 의미의 '말 없는 가르침'이 무엇인지를 가리켜 보여 주는 것이라 하겠다.

오직 어디에도 머물지 않기에 영원할 수 있는 것이다.

오직 매 순간 있는 그대로 존재하는 것, 그것이 영원을 사는 것이다. 지금 이 순간이 곧 영원이기 때문이다.

더 나은 사람이 되려는
노력을 그쳐라

우리가 그토록 찾고자 하고 목말라하는 완전한 자유, 진리, 깨달음은

너무나 뜻밖에도 지금 여기, 바로 이 순간 이 자리,

우리가 진리와 깨달음과 완전을 얻기 위해 길을 떠나려 하는

바로 그 자리, 너무나 부족하고 불완전해 보이는

지금의 이 '나'와 이 '현재' 속에 완전하고도 올올이 있다.

도덕경 3장

현(賢)을 높이지 않으면
백성들이 다투지 않게 되고,
얻기 어려운 재화를 귀하게 여기지 않으면
백성들이 도둑이 되지 않으며,
욕심낼 만한 것을 보이지 않으면
백성들의 마음이 어지럽지 않게 된다.
그러므로 성인의 다스림은
그 마음을 비우게 하고 그 배를 채우며,
그 뜻을 약하게 하고 그 뼈를 튼튼히 하며,
언제나 백성들로 하여금 '안다'는 것이 없게 함으로써
무언가를 '하고자' 하는 마음을 멈추게 하여,
무릇 '아는' 것을 가지고 감히 나서지 못하게 한다.
'함'이 없으니, 다스려지지 않는 바가 없구나.

不尚賢, 使民不爭. 不貴難得之貨, 使民不爲盜.
不見可欲, 使民心不亂. 是以聖人之治,
虛其心, 實其腹, 弱其志, 强其骨, 常使民無知無欲,
使夫知者不敢爲也. 爲無爲則無不治.

　이 3장은 일반적으로 노자가 통치자의 윤리를 밝혀 놓은 장이라고 말해지고 있다. 그리하여 "다스리는 자가 현자(賢者)를 높이지 않으면 백성들도 각자 자신만의 존재와 삶의 가치에 눈을 뜨게 되어 다만 열심히 자기 자신의 삶을 살 뿐 현자와의 비교 속에 자신을 두지 않게 되고, 임금이 먼저 얻기 어려운 재물을 귀하게 여겨 그것을 더 많이 가지려고 애쓰지 않으면 백성들도 그 마음을 본받아 스스로 마음을 깨끗하게 하며, 다스리는 자가 그 마음을 비워 욕심을 내려놓으면 백성들의 마음도 저절로 안정되고 질서 잡혀 어지럽지 않게 된다……" 등으로 푼다. 그래서 통치자가 먼저 모범을 보이고 청렴하면 백성들도 그를 본받아 온 나라가 태평하게 되니, 모름지기 다스리는 자는 그러해야 한다는 것이다.

　사실, 그렇게 읽어도 맞다. 그러나 단순히 그렇게만 읽으면 이 장은 지금 이 순간 여기에서 이 글을 읽고 있는 '나'와는, 우리 각자 자신과는 아무런 상관이 없는 글이 되고, 그러면 노자가 말하고자 하는 참뜻을 크게 놓쳐 버리고 만다. 경전은 그렇게 읽어서는 안 된다. 경전은 전적으로 어느 누구도 아닌, 바로 지금 이 순간의 '나'와 '마음'에 관해 밝혀 놓은 책이기 때문이다. 다시 말해, 경전에 나오는 글들은 모두 다 '나'를 두고 한 말이며, 지금 이 순간의 '나'와 직접적이고 실제적인 관련이 없는 글은 경전 속에 없다는 말이다. 그래서 옛사람들도 한결같이 "마음을 돌이켜 자신을 비추어 보지 않으면 경전을 읽음이 무익하다."고 말해 왔던 것이다.

그러므로 눈은 경전을 향하되 마음으로는 자기 자신을 보아야 한다. 그랬을 때 경전은 '나'를 비추는 거울이 되고, '나'를 밝히는 훌륭한 스승이 될 수 있는 것이다. 도덕경도 결국 마음 밝히는 책이다.

나는 이러한 맥락으로 이 3장을 풀고 싶다. 어떻게? 다만 이 글을 우리 자신 안으로, 우리 내면으로 가져가 읽기만 하면 된다. 그러면 뜻밖에도 이 3장은 우리를 진리로, 자유로 인도하는 분명하고도 친절한 안내자가 된다. 사실, 이 3장이, 특히 맨 처음에 나오는 '불상현(不尙賢)'이라는 세 글자가 이후 81장까지의 도덕경 전체를 관통하는 핵이다. 그리하여 이 '불상현'의 참뜻이 우리 자신과 삶 속에 그대로 이루어지기만 한다면, 우리에게는 일생일대의 존재의 비약이 일어나 마침내 우리 영혼에는 쉼이, 우리 삶에는 평화가 깃들게 된다. 지금까지의 삶의 모든 방황과 메마름이 영원히 끝나고, 마침내 우리는 자유하게 될 것이라는 말이다. 그러므로 이제 이 3장을 읽어 가는 동안 '불상현'의 참뜻이 곧바로 우리 자신의 삶에 이루어질 수 있도록 그렇게 한번 읽어 보자.

현(賢)을 높이지 않으면

백성들이 다투지 않게 되고,

이렇게 시작되는 이 3장을 우리 안으로 가져가 우리 내면의 이야기로 읽으면 통치자는 '나' 곧 우리 각자 자신이 되고, 백성은 '내 안의 백성들'이 된다. 내 안에도 백성들이 참 많은 것이다. 이를테면, 미움, 사랑, 분노, 자비, 게으름, 성실, 기쁨, 슬픔, 불안, 당당함, 두려움, 편안함, 교활함, 야비함 등등, 이름하여 오욕칠정이라 하기도 하고 번뇌라고도 하는 '내 안의 백성들'이 얼마나 많은가? 그렇게 이 글을 우리 내면의 이야기로 읽었을 때, 불상현(不尙賢)의 '현(賢)'은 무수히 많은 내 안의 백성들 가운데 '더 나은 것'들을 가리키는 말이 된다.

조금만 주의 깊게 우리 안을 들여다보면, 우리의 내면은 언제나 둘로 나뉘어 있음을 알 수 있다. 즉, 부족하고 못난 자신보다는 모든 면에서 당당하고 자신감 넘치는 사람이 되고 싶고, 남들에게 비난이나 욕을 듣기보다는 인정과 칭찬과 사랑을 받는 존재가 되기를 원하며, 게으르기보다는 늘 성실한 사람이 되고 싶고, 무지하기보다는 지혜롭고 싶고, 너무나 쉽게 짜증 내면서 작은 이기심에 매달리는 자신보다는 넉넉하고 여유로우며 품이 넓은 사람이 되고 싶고, 미움보다는 사랑을, 분노보다는 자비를, 교만보다는 겸손을, 혼란보다는 확신을, 번뇌보다는 보리(菩提)를, 깨닫지 못한 중생보다는 깨달은 부처가 되기를 우리는 내면 깊이 원하고 있는 것이다.

다시 말하면, 우리는 부족하고 초라해 보이는 현재의 자신보다는 미래의 '더 나은 나'—이것이 바로 내가 말하는 '현(賢)'의 의미다—가 되고 싶은 것이다. 그래서 할 수만 있다면 많은 수고와 희생을 치르더라도 우리는 그런 사람이 되기를 원하고, 또한 그렇게 되기 위하여 부단히 노력하고 애쓰는 것이 진정 인생을 참답게 사는 길이라고 믿고 있다. 그리하여 우리의 모든 노력과 관심은 언제나 다음과 같은 방향으로 흐르게 된다.

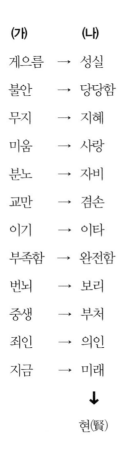

(가)		(나)
게으름	→	성실
불안	→	당당함
무지	→	지혜
미움	→	사랑
분노	→	자비
교만	→	겸손
이기	→	이타
부족함	→	완전함
번뇌	→	보리
중생	→	부처
죄인	→	의인
지금	→	미래

↓

현(賢)

그렇지 않은가? 우리에게는 언제나 (가)보다는 (나)가 더 나아 보인다. 그래서 삶의 매 순간 언제나 (가)보다는 (나)를 더 높이면서, 또한 (나)에 삶의 가치와 의미를 더 많이 부여하면서 (나)의 사람이 되기 위해 애쓰며 살고 있지 않은가? 오직 그렇게 하는 것만이 자신과 삶의 가치를 높이고, 궁극적으로는 자기완성으로 나아가 마침내 완전한 자유에 이르는 길이라고 믿고서 말이다. 즉, 우리가 살아가는 삶의 방식과 방향은 대개 언제나 (나)를 높이는 '상현(尚賢)'의 형태를 띤다. 그렇지 않은가?

그러나 그 일이 마음먹은 대로 그리 잘 되던가? 애틋하게 (나)의 사람이 되기 위해 몸부림쳐 보지만, 그 애틋함만큼이나 다시 목마르지 않고 흔들리지 않는 마음의 평화가 쉽게 찾아와 주던가? 그렇기는커녕 오히려 바람에 나는 겨와 같이, 결국 채워져 있지 않은 자기 내면의 허허로움과 메마름만을 거듭거듭 목격하게 되지 않던가? 그리하여 영원히 끝날 것 같지 않은 존재의 이 자기분열감과 쉼 없는 영혼의 갈증 앞에서 또다시 절망하게 되지 않던가?

그러나 불상현(不尚賢), 바로 여기에 길이 있다! 삶의 깊디깊은 방황과 그 모든 허허로움에 종지부를 찍고, 다시는 목마르지 않고 메마르지 않는 삶을 살 수 있는 길이 바로 여기에 있다. 불상현! '현(賢)'을 높이지 말라! 그리하여 (가)를 버리고 (나)로 가려고 하는 그 마음을 멈추라. 우리는 언제나 (가)를 버리고 (나)를 추구하는 '상현(尚賢)'을 통하여 삶의 완성과 자유로 나아가려 하지만, 그렇게 '현'하려 해서는 결코 그 자리에 갈 수가 없다. '현'하려 하는 한, 결코 '현'을 이룰 수가 없는 것이다. 그러한 노력으로는 결코 우리 자신의 완성과 영혼의 해방을 이룰 수가 없다.

그러면 어떻게 해야 하는가? 진실로 말하건대, '현'할 수 있는 유일한 방법은 '현'하고자 하는 그 마음을 버리고, '현'을 향한 그 끊임없는 노력을 멈추는 것이다. '현'하고자 해서는 결단코 그 자리에 갈 수 없다는 것을 깊이 이해하고, (나)를 향해 가던 그 발걸음을 돌이켜 (가)로 돌아오는 것이다. 그리하여 (가), 곧 '있는 그대로의 자기 자신'과 '현재'에 머무르는 것이다. 믿기지 않겠지만, 진리는 언제나 지금 여기 이 있는 그대로의 것 속에, 곧 (가)의 자리에 있기 때문이다.*

우리가 그토록 찾고자 하고 목말라하는 완전한 자유, 진리, 깨달음이란 저기, '나' 바깥의 어딘가에, 더구나 끊임없이 애쓰고 노력하지 않으면 다가갈 수 없는 먼 미래에 있는 무엇이 아니다. 그것은 너무나 뜻밖에도 지금 여기, 바로 이 순간 이 자리, 우리가 진리와 깨달음과 완전을 얻기 위해 길을 떠나려 하는 바로 그 자리, 너무나 부족하고 불완전해 보이는 지금의 이 '나'와 이 '현재' 속에 완전하고도 올올이 있다.

따라서 우리가 진리를 얻기 위해 해야 할 일은 아무것도 없다. 오히려 끊임없이 무언가를 함으로써 진리에 이르려는 그 한 마음만 쉬어라. 그러면 바로 그때 우리에게는 전혀 뜻밖의 존재의 비약과 영혼의 해방이 찾아와, '나'를 포함하여 내가 서 있는 지금 이 자리가 바로 진리의 자리이며, 어느 자리인들 진리 아님이 없음을 알게 된다. 진리는 단 한 순간도 '나'를 떠난 적이 없음을 그때 비로소 알게 되어, 마침내 자유하게 되는 것이다.

그러므로 우리가 정작 버려야 할 것은 (가)가 아니라, (가)를 버리고 (나)로 가려는 바로 그 마음이다. 사실, (나)는 온갖 욕망과 두려움과 생각과

---

* 이것이 진정한 의미의 회개(悔改)다. 회개란 울고불고하면서 자신의 잘못을 뉘우치고 반성하는 것이 아니라, '가던 길을 돌이키는 것'이다. 예수는 말했다. "회개하라, 천국이 가까이 있느니라."(마태복음 3:2)라고. 그렇듯 천국은 언제나 지금, 여기에 있다.

남들 위에 군림하고자 하는 욕구가 짜깁기해 만들어 놓은 허구일 뿐이다.

우리는 너무나 오랫동안 '마음'이라는 것에 속아 왔다. 마음이라는 놈은 언제나 어느 때나 '나'와 사물을 있는 그대로 보지 못하게 하고, 항상 상대적인 분별과 구별 속에서만 그것을 바라보게끔 일찍부터 우리를 조건 지어 왔던 것이다. 말하자면, 원효에게서 볼 수 있었듯이, '더럽다' '깨끗하다'는 것은 전적으로 원효의 마음이 지어낸, 원효의 마음 안에서의 분별이요 구별일 뿐 사물 자체에 있었던 것이 아닌데도, 마치 그것이 실제요 사실인 양 마음이라는 놈은 언제나 우리를 속여 왔던 것이다.

마찬가지로, 부족함이니 완전함이니 하는 것도, 선(좋은 짓)이니 악(나쁜 짓)이니 하는 것도, 생(生)과 멸(滅), 번뇌와 보리, 중생과 부처라는 것도, 또한 앞에서 말한 (가)와 (나)의 현격한 구별과 거리라는 것도 사실은 모두가 마음이 지어낸, 마음 안에서의 환영이요 허구일 뿐 '나'와 삶과 세계 속에 실재하는 것이 아니다. 그런데도 우리는 그 마음이라는 것에 속아 그 모든 것이 실제요 사실인 양하며 끊임없이 (가)를 버리고 (나)로 가려고만 하니, 그 깊디깊은 어리석음을 어찌할꼬? 다만 모든 것을 둘로 나누어 보는 그 한 마음(분별심)만 내려지면 그만인 것을!

(가)를 버리고 (나)로 감으로써 자기완성을 이루려고 하는 그 마음이 얼마나 큰 착각이요 허구인지를 보여 주는 이야기가 성경에도 있다. 창세기에 나오는 유명한 '선악과의 비유'가 그것인데, 이제 그 절묘한 이야기를 통하여 우리 마음의 뿌리 깊은 착각을 한번 드러내어 보자.

"여호와 하나님이 지으신 들짐승 중에 뱀이 가장 간교하더라. 뱀이 여자에게 물어 이르되, 하나님이 참으로 너희에게 동산 모든 나무의 열매를 먹지 말라 하시더냐. 여자가 뱀에게 말하되, 동산 나무의 열매를 우리가 먹을 수 있으나 동산 중앙에 있는 나무의 열매는 하나님의 말씀에 너희는 먹지도 말고 만지지도 말라. 너희가 죽을까 하노라 하셨느니라. 뱀이 여자에게 이르되, 너희가 결코 죽지 아니하리라. 너희가 그것을 먹는 날에는 너희 눈이 밝아져 하나님과 같이 되어 선악을 알 줄 하나님이 아심이니라. 여자가 그 나무를 본즉 먹음직도 하고 보암직도 하고 지혜롭게 할 만큼 탐스럽기도 한 나무인지라. 여자가 그 열매를 따 먹고 자기와 함께 있는 남편에게도 주매 그도 먹은지라. 이에 그들의 눈이 밝아져 자기들이 벗은 줄을 알고 무화과나무 잎을 엮어 치마로 삼았더라. 그들이 그날 바람이 불 때 동산에 거니시는 여호와 하나님의 소리를 듣고 아담과 그의 아내가 여호와 하나님의 낯을 피하여 동산 나무 사이에 숨은지라. 여호와 하나님이 아담을 부르시며 그에게 이르시되, 네가 어디 있느냐. 이르되 내가 동산에서 하나님의 소리를 듣고 내가 벗었으므로 두려워하여 숨었나이다. 이르시되 누가 너의 벗었음을 네게 알렸느냐. 내가 네게 먹지 말라 명한 그 나무 열매를 네가 먹었느냐."(창세기 3:1~11)

이것은 태초에 인간이 선악을 알게 하는 나무 열매를 따 먹은 뒤, 자신에게 본래 있던 평화와 자유와 기쁨 등 모든 것을 잃어버리고 하나님의 동산에서 쫓겨나는 이야기다. 그런데 자세히 보면, 이 이야기는 정확히 오늘을 살아가고 있는 우리 자신의 이야기다.

맨 첫 구절에 나오는 뱀은 우리가 익히 아는, 그 기어 다니는 뱀을 가리키는 것이 아니다. 그것은 우리 '내면의 뱀' 곧 우리의 '생각(분별심)'을 가리킨다. 우리의 이 생각(분별심)은 얼마나 간교한가? 있지도 않은 환영과 허구를 마치 실제요 사실인 양 우리를 속이며 끊임없이 끌려다니게 하니 말이다. 그렇게 이 뱀을 우리 '내면의 뱀'으로 읽었을 때, 선악과 얘기는 대번에 시간을 초월하여 지금 이 순간 이 자리, 바로 우리 자신에 관한 이야기가 된다. 사실, 우리도 매일 매 순간 얼마나 자주 이 선악과를 따먹고 있는지!

우선 뱀이 하와를 유혹하는 과정을 통하여 이 놀랍고도 기가 막힌 선악과의 비유 속으로 들어가 보자. 창세기 2장 16~17절을 보면, 여호와 하나님이 아담에게 선악과를 따 먹지 말라고 당부하는 대목이 나온다. "여호와 하나님이 그 사람에게 명하여 이르시되, 동산 각종 나무의 열매는 네가 임의로 먹되 선악을 알게 하는 나무의 열매는 먹지 말라. 네가 먹는 날에는 반드시 죽으리라." 그런데 하나님의 이 말씀이 3장에서 뱀의 유혹을 받은 하와의 입을 통해서는 약간 다르게 대답되어 나온다. 즉, "동산 중앙에 있는 나무의 열매는 하나님의 말씀에 너희는 먹지도 말고 만지지도 말라. 너희가 죽을까 하노라 하셨느니라."(창세기 3:3)라고.

"반드시 죽으리라."라는 하나님의 말씀이 하와에게서는 어느새 "죽을까 하노라."로 바뀌어 있는 것이다. 참 미묘한 차이지만, 그 작은 틈을 비집고 뱀이 유혹해 들어온다. 그것도 아주 단호하게! 그렇듯 우리 '내면의 뱀' 곧 우리의 '생각(분별심)'은 조금의 빈틈도 없이 단호하고도 분명하게, 그리고 너무나 그럴듯한 모양으로 우리를 집어삼켜 버리는 것이다.

그래서 뱀이 뭐라고 대답하느냐 하면, "너희가 결코 죽지 아니하리라. 너희가 그것을 먹는 날에는 너희 눈이 밝아져 하나님과 같이 되어 선악을 알 줄 하나님이 아심이니라."(창세기 3:4~5)라고 한다. 아니, 이 보잘 것없는 존재가 하나님과 같이 된다니! 그러니 이런 유혹에 넘어가지 않을 사람이 없는 것이다. 그 너무도 확신에 찬 뱀의 말을 듣고 하와가 문득 선악과를 보았을 때, 선악과는 "먹음직도 하고 보암직도 하고 지혜롭게도 할 만큼 탐스러운 열매"로 하와의 눈에 들어온다. 정말 그것을 먹는 날에는 뱀의 말대로 자신의 눈이 밝아져 하나님처럼 될 것 같이만 보였던 것이다. 그래서 하와는 망설임 없이, 어쩌면 커다란 기대와 설렘마저 갖고서 그것을 따 먹는다.

그런데 (가)를 버리고 (나)로 가려는 지금 우리의 눈에도 (가)보다는 (나)가 얼마나 '먹음직도 하고 보암직도 하고 지혜롭게도 할 만큼 탐스러워' 보이는가. 그래서 얼마나 (나)를 열망하며 (나)의 사람이 되기를 갈망하는가. 그뿐만 아니라 뱀이 하와에게 "너희가 그것을 먹는 날에는 너희 눈이 밝아져 하나님과 같이 되어……"라는 말로 유혹했을 때 하와가 망설이지 않고 선악과를 따 먹었듯이, 우리도 똑같이 우리 '내면의 뱀'에 속아 "내가 (나)에 이르러 (나)의 사람이 되는 날에는 진정 지혜롭고 자유롭게 되어 지금보다는 훨씬 더 나은 존재가 되리라!"라며 얼마나 큰 확신을 가지고 (가)를 떠나 (나)로 가고 있는가. 이 태초의 이야기가 얼마나 지금 우리의 모습과 닮아 있는가.

그런데 정말 그렇게 되었던가? 정말 뱀의 말처럼 아담과 하와의 눈이 밝아지고 지혜롭게 되어 하나님같이 되는 존재의 비약이 찾아왔던가? 아니다! 그렇기는커녕 오히려 자신들이 기대하고 바라던 것과는 정반대의 삶이 갑자기 그들 앞에 펼쳐져 버렸다.

아담과 하와가 선악과를 따 먹고 난 뒤에 맨 처음 보인 반응은 자신들이 '벌거벗었음'을 알고 부끄러워하고 두려워하며 무화과나무 잎을 엮어 가리고, 또한 하나님의 낯을 피하여 동산 나무 사이에 숨는다. 오, 이런! 갑자기 그들은 눈이 밝아지고 당당해지기는커녕 선악과를 따 먹기 전보다 훨씬 초라하고 궁색해져 버렸다! 이는 뱀의 유혹을 받기 전인 창세기 2장 25절에 "아담과 그의 아내 두 사람이 벌거벗었으나 부끄러워하지 아니하니라."라고 하던 것과는 너무나 대조적인 모습이 아닌가?

그런데 가만히 보면, 이것은 정확히 (가)를 떠나 (나)로 가려고 하는 우리 자신의 모습이 아닌가. 우리도 끊임없이 (가) 쪽에 있는 자신을 부끄러워하고, 그런 초라한 자신을 남들에게 들킬까 봐 두려워하며 숨기고, 또한 온갖 그럴싸한 것들로 자신을 가리고 있지 않은가. 그런데 무엇보다도, 하와의 눈이 하와를 바르게 인도했던가? 아니다!

마찬가지로, (나) 쪽을 '먹음직도 하고 보암직도 하고 지혜롭게도 할 만큼 탐스럽게' 보아 끊임없이 (가)를 버리고 (나)로 가려고 하는 우리의 믿음과 노력이 과연 우리를 바르게 인도하여 마침내 우리를 자유하게 할까? 아니다! 전혀 그렇지 않다. 그런데도 우리는 태초의 그 어리석음을 지금도 똑같이 되풀이하고 있지 않은가.

그런데 여기, 기가 막힌 구절이 하나 있다. 뭐냐면, 하나님이 아담을 부르시며 "네가 어디 있느냐?"라고 하시자, 아담이 "내가 동산에서 하나님의 소리를 듣고 내가 벗었으므로 두려워하여 숨었나이다."라고 대답하는데, 그 말을 듣고 다시 물으시는 하나님의 말씀이 아주 기가 막히도록 절묘하다. "누가 너의 벗었음을 네게 알렸느냐?"라고 하신 것이다. 상식적으로 보면, "네가 벗은 줄을 어떻게 알았느냐?"라고 해야 할 텐데,

성경에는 이상하게도 '누가'라는 말이 먼저 나온다. "누가 너의 벗었음을 네게……!" 그런데 이 '누가'가 누구인가? 그것은 바로 뱀이 아닌가? 즉, 우리 내면의 뱀인 '생각(분별심)'이 우리로 하여금 벗었음을 부끄럽게 여기고 두려워하게 만든 것이다.

그런데 창세기 2장 마지막 절에 "아담과 그의 아내 두 사람이 벌거벗었으나 부끄러워하지 아니하니라."라고 되어 있는 것처럼, 그들은 선악과를 따 먹기 전에도 벌거벗고 있었고, 따 먹은 후에도 벌거벗고 있었다. '벌거벗었다'라는 사실에는 아무런 변화가 없었는데도, 뱀이 불어넣은 한 생각(분별심)이 일어나니, 조금 전까지 편안하던 그들의 '벌거벗었음'이 대번에 부끄럽고 두려우며 숨기고 싶은 무엇이 되어 버렸다. 그렇다면 '벌거벗었음'이 잘못되었는가, 아니면 그것을 부끄러워하게 만든 그 '생각(분별심)'이 잘못되었는가? 만약 '벌거벗었다'라는 사실 자체가 잘못된 것이라면, 그들은 처음부터 부끄러워해야 했을 것이다. 그렇지 않은가?

이때 '벌거벗었다'는 것은 어떤 가식이나 거짓, 왜곡이나 조작이 없는 '있는 그대로의 우리 자신'을 가리킨다. 그렇다면 '벌거벗은' (가)의 있는 그대로의 우리 자신은 본래 아무런 잘못이 없는데도 그것을 부끄럽고 두려우며 숨기고픈 무엇으로 만든 것은 바로 그 '생각(분별심)'이 아닌가. 그렇듯 우리에게 잘못된 것은 오직 하나, 바로 그 '생각(분별심)'이건만, 오히려 우리는 그 '생각(분별심)'에 속아 그것이 가리키는 대로 끊임없이 (가)를 버리고 (나)로 가려고만 하니, 이 무슨 어리석고도 안타까운 일인가. 그러므로 오직 그 한 '생각(분별심)'만 내려지면 우리는 (가)인 지금 이대로 이미 완전하며, 조금도 묶여 있지 않은 자유로운 존재임을 문득 깨닫게 되는 것이다.

그런데 성경은 놀랍게도 바로 다음 구절에서 그 '깨달음의 길'이 어디에 있는지를 우리에게 분명히 가리켜 보여 주고 있다. 하나님이 아담에게 "누가 너의 벗었음을 네게 알렸느냐?"라고 물었을 때, 아담이 하는 대답과 함께 이어지는 그 뒤의 이야기를 보자. "아담이 이르되 하나님이 주셔서 나와 함께 있게 하신 여자 그가 그 나무 열매를 내게 주므로 내가 먹었나이다. 여호와 하나님이 여자에게 이르시되 네가 어찌하여 이렇게 하였느냐. 여자가 이르되 뱀이 나를 꾀므로 내가 먹었나이다. 여호와 하나님이 뱀에게 이르시되 네가 이렇게 하였으니 네가 모든 가축과 들의 모든 짐승보다 더욱 저주를 받아 배로 다니고 살아 있는 동안 흙을 먹을지니라."(창세기 3:12~14)

보라! 성경은 우리 영혼의 모든 고통과 괴로움과 목마름의 근본 원인이 어디에 있는지를 하와의 입을 통해 분명하게 말하고 있지 않은가. "뱀이 나를 꾀므로 내가 먹었나이다." 아, 뱀이 나를 꾀므로……! 뱀 곧 우리 '내면의 뱀'인 우리의 '생각(분별심)'이 우리를 유혹하여 에덴동산인 (가)—지금 여기 있는 그대로, 진리와 자유와 깨달음이 있는 자리—를 떠나 존재하지도 않는 (나)를 향하여 허망한 발걸음을 내딛도록 하지 않았는가. 그렇기에 하나님도 바로 그 뱀에게 저주를 내리시지 않는가! "여호와 하나님이 뱀에게 이르시되 네가 이렇게 하였으니 네가 모든 가축과 들의 모든 짐승보다 더욱 저주를 받아……."

아, 우리의 '생각(분별심)'이 이렇게 하였으니……! 그러므로 그저 멈추라. 그 허망한 생각(분별심)을 따라 '벌거벗은' 자신을 버리지 말라. 지금 여기 있는 그대로의 (가)에서 움직이지 말라. 단지 그렇게만 하면 된다.*

---

* 승찬 스님도 그의 신심명(信心銘)에서 이렇게 말하고 있다. "지극한 도(道)는 어렵

75

불상현! '현'하려 하지 말라! 지금 여기 있는 그대로의 자기 자신이 아닌 다른 사람이 되려고 하지 말라. 그리하여 만약 (가)를 버리고 (나)로 가려고 하는 그 모든 노력이 우리의 '생각(분별심)'에 감쪽같이 속은 것임을 진실로 깨닫고, 부족하고 불완전하며 보잘것없어 보이는 자신 곧 (가)를 있는 그대로 받아들이고 인정하게 된다면, 그때에도 여전히 부족함이나 불완전 혹은 보잘것없음이라는 것이 남아 있어 '나'를 괴롭힐까? '나'는 여전히 그런 존재일까?

아니, 전혀 그렇지 않다. 그렇기는커녕 뜻밖에도 바로 그 순간 우리에게는 일생일대의 존재의 비약이 일어난다. 지금까지 그토록 '나'를 지치게 하고 힘들게 하던 그 모든 마음의 구속과 무거운 짐에서 영원히 벗어나 마침내 자유하게 되는 것이다. 어떻게 그럴 수 있을까? 예를 들어, 여기 빨간색이 있다고 하자. 그러나 빨간색이 빨간색일 수 있는 것은 빨간색이 아닌 다른 색이 있을 때만 가능하다. 만약 빨간색만 있다면, 우리는 그것을 빨간색이라고 인식할 수 없으며, 나아가 색이라는 개념 자체도 성립할 수 없다. 마찬가지로, 진실로 우리의 내면에서 '현'하고자 하는 마음의 작용이 멈춘다면, 그리하여 부족하고 불완전하며 보잘것없어 보이는 지금 여기 있는 그대로의 자신만 남게 된다면, 그때는 분명하게 알게 된다. '나'는 이미 완전하며, 이미 '현'하며, 이미 이대로가 부처요 깨달음이라는 것을!* 마침내 '나'에게는 다시 목마르지 않고 다시 허기지지 않

지 않으니, 오직 가려서 택하지만 말라. 다만 싫어하거나 좋아하지만 않는다면 막힘 없이 밝고 분명하리라."

* 그러나 위에서 든 예처럼, 빨간색만 있다면 색이라는 개념 자체가 성립할 수 없듯이, 사실 이때는 완전이니 현(賢)이니 부처니 깨달음이니 하는 것도 없다. 다만 이름 하여 그렇다는 것일 뿐이다.

는 영혼의 영원한 쉼과 평화가 찾아오게 되는 것이다.

불상현! 그리하여 진실로 '현'하려 하지 않게 되어, 지금 여기 있는 그 대로의 자신으로 존재할 때, 그토록 오랜 세월 동안 '나'를 괴롭히던 내면의 모든 자기분열은 끝이 난다. 드디어 내 안의 백성들이 다투지 않게 되는 것이다.

얻기 어려운 재화를 귀하게 여기지 않으면
백성들이 도둑이 되지 않으며,
욕심낼 만한 것을 보이지 않으면
백성들의 마음이 어지럽지 않게 된다.

이 구절 또한 우리 안 곧 우리 내면으로 돌려 읽으면, '얻기 어려운 재화'인 (나)를 귀하게 여기지 않으면 우리 마음이 그것을 탐하지 않게 되고, (나)를 '욕심낼 만한 것'으로 보지 않으면 우리의 마음이 어지럽지 않게 된다는 말이다.

그러므로 성인의 다스림은
그 마음을 비우게 하고 그 배를 채우며,
그 뜻을 약하게 하고 그 뼈를 튼튼히 하며,

그러므로 성인의 가르침은 언제나 모든 것을 있는 그대로 볼 수 있게 하는 마음의 눈을 뜨게 하여 스스로 만족할 줄 알게 하고, '현'하고자 하고 또한 '현'해야만 자신의 삶이 의미 있고 가치 있을 것 같아 애타하던 그 모든 노력과 몸짓이 사실은 한바탕 꿈이었음을 깨닫게 하여, 다만 매 순간 있는 그대로의 자신과 삶, 그리고 자신에게 주어지는 하루하루의 현실을 열심히 살아갈 수 있게 하며,

> 언제나 백성들로 하여금 '안다'는 것이 없게 함으로써
> 무언가를 '하고자' 하는 마음을 멈추게 하여,
> 무릇 '아는' 것을 가지고 감히 나서지 못하게 한다.

우리가 경험할 수 있는 것은 오직 순간순간 '지금 일어나는 일'밖에 없다. 실재하는 것은 오직 '지금'밖에 없기 때문이다. 그런데도 우리는 '생각(분별심)'에 속아 과거와 미래도 엄연히 존재하며, 심지어 유일한 '지금' 속에도 분명히 크고 작고, 높고 낮고, 길고 짧고, 선(좋은 것)과 악(나쁜 것), (가)와 (나) 등의 모든 구별과 차별이 실재한다고 '안다.' 그렇게 우리는 스스로 '안다'고 여기기에 끊임없이 무언가를 '하려고'—'현'하려고—하는 것이다. 그러나 그 '앎'은 전적으로 허구요 환영(幻影)이다.

그렇기에 이 진실에 깨어난 성인은 사람들로 하여금 그 오랜 꿈에서 깨어나 지금 여기 있는 그대로의 자기 자신을 바르게 앎으로써 비롯되는 그 무한한 지혜와 사랑에 눈뜨게 하여, 다시 의문하지 않으며, 다시 목마르지 않으며, 스스로 만족하고, 스스로 즐거워하며, 스스로 그러한 삶을 살게 한다.

> '함'이 없으니, 다스려지지 않는 바가 없구나.

그렇듯 '현'하려는 마음이 멈추니, '나'의 삶은 지금 이대로 온통 넘실대는 축복이요, 기쁨이요, 자유요, 사랑이로구나!

있는 그대로 보라

모든 것은 다만 있는 그대로일 뿐이다.

세상이란, 삶이란, '나'란, 진리란 우리가

생각하는 것만큼 그리 복잡하거나 어려운 무엇이 아니다.

그것은 너무나 단순하며 쉬운 것이다.

다만 우리의 생각과 마음이 이 단순한 사실을

있는 그대로 보지 못하게 할 뿐이다.

도덕경 4장

도는 텅 비어 있어 아무리 써도 차지 않는다.
깊구나! 만물의 근원 같네.
날카로움을 꺾고 얽힘을 풀며,
빛을 감추고 티끌과 하나가 된다.
맑도다! 언제나 있는 듯하구나.
내 그가 누구의 자식인지 알지 못하나,
하느님보다 먼저인 것 같네.

道沖, 而用之或不盈. 淵兮, 似萬物之宗.
挫其銳, 解其紛, 和其光, 同其塵.
湛兮, 似或存. 吾不知誰之子, 象帝之先.

도는 텅 비어 있어

도(道)는 텅 비어 있다. 그래서 "이것이 도이다."라고 말할 수 있는 것은 아무것도 없다. 그러나 바로 그러하기 때문에 도라는 것을 더 구체적으로 "이것이다!"라고 가리켜 말할 수도 있다.

그렇다면 "도는 텅 비어 있다."라고 할 때의 도는 구체적으로 무엇을 가리키며, 텅 비어 있다는 말은 또 무슨 뜻일까? 도라는 것이 무엇이기에 텅 비어 있다고 말하는 것일까? 우리는 여기에서 잠시 불교 경전의 심장부라고 할 수 있는 반야심경(般若心經)의 "색즉시공, 공즉시색"* 이라는 구절로 눈길을 한번 돌려 보자. 도는 텅 비어 있다는 말의 참뜻을 밝히는 데는 반야심경의 이 구절을 설명함이 적절할 것 같기 때문이다.

그런데 "도는 텅 비어 있다."는 말과 반야심경에서의 '공(空)'이라는

---

* 色卽是空, 空卽是色. 색(色)이 곧 공(空)이요, 공이 곧 색이다.

말을 달리 한마디로 표현하면, '있는 그대로'라는 말이 된다. 있는 그대로……. 그렇다. 모든 것은 다만 있는 그대로일 뿐이다. 세상이란, 삶이란, '나'란, 진리란 우리가 생각하는 것만큼 그리 복잡하거나 어려운 무엇이 아니다. 그것은 너무나 단순하며 쉬운 것이다. 다만 우리의 생각과 마음이 이 단순한 사실을 있는 그대로 보지 못하게 할 뿐이다. 만약 우리의 눈앞을 가리고 있는 그 한 생각, 한 마음만 내려진다면, 우리는 모든 것의 진실을 밝히 보게 될 것이다.

색즉시공(色卽是空)이라고 할 때의 '색(色)'이란 불교가 이 세상과 인간을 이해하고 설명하는 하나의 방식인 오온* 가운데 하나로서, 일반적으로는 '물질계의 총칭' 또는 '신체'를 가리키는 뜻으로 쓰인다. 그러나 우리는 굳이 이러한 불교적인 설명 방식에 매일 필요는 없다. 그래서 색의 의미를 우리가 이해하기 쉽게 단순화하여, 물질계 또는 신체뿐만 아니라 모든 정신 활동까지를 포함하는 넓은 의미로 사용하자. 다시 말하면, 색이란 인식되거나 감각되는 일체의 것—즉, '나' 바깥의 모든 대상 세계뿐만 아니라 '나'의 이 몸, 그리고 인식 주체로서의 '나'의 모든 정신 작용을 포함하는 것—을 가리키는 말로 이해하자는 것이다. 그렇게 되면 이제 색이란 물질계와 정신계를 총칭하는 말이 되어, 존재하는 모든 것이 곧 색이라는 말이 된다. 이런 의미로 본다면 사실 이 세상에는 오직 색밖에

---

* 오온(五蘊): 존재를 이루는 다섯 가지 구성 요소로서, 정신과 물질을 다섯 가지로 분류한 것이다. 곧 색(色: 물질적 요소. 물질 또는 신체), 수(受: 감정 또는 감각), 상(想: 지각/표상 작용), 행(行: 의지 작용), 식(識: 인식/식별 작용)을 이른다. 온(蘊, skandha)은 집합, 집적(集積)이라는 뜻으로서, 일체의 존재 특히 인간은 여러 가지 요소의 집적으로 이루어진 존재라는 이해에서 비롯된 개념이다. 말하자면, 색은 물질적 요소를, 수-상-행-식의 사온은 정신적 요소를 가리킨다.

없다. 오직 색밖에 없으니 따로 색이라고 할 것도 없다. 그렇지 않은가?[*] 그런데 반야심경에서는 색즉시공─색이 곧 공(空)─이라고 했으니, 이 말에 따르면 이 세상에는 오직 공밖에 없으며, 따라서 존재하는 모든 것이 곧 공이라는 말이다. 오직 공밖에 없으니 따로 공이라고 할 것도 없고……. 아니, 가만! 이렇게 막 나갈 것이 아니라, 하나하나 설명해 보자. 우선 공이라는 것부터.

공(空)이란 글자의 뜻으로는 '텅 비었다', '아무것도 없다'라는 뜻이다. 그 뜻대로라면 이 세상과 '나'는 텅 비어 있으며, 아무것도 없다는 뜻이 된다. 참 적절한 표현이요 멋들어진 말이라는 생각이 든다. 왜냐하면 있는 그대로의 이 세상과 '나'는 정말로 텅 비어 있기 때문이다. (그렇기 때문에 또한 온갖 것으로 가득 차 있다.) 그렇다면 '텅 비어 있다'라는 말은 무슨 뜻일까? 무엇이 텅 비어 있다는 말일까?

단도직입적으로 말하면, 그것은 분별하고 판단하는 우리의 마음이 비어 있다는 말이다. 또한 오랫동안의 경험과 지식과 기억의 집적물(集積物)로서 어떤 형태로든 틀 지어지고 조건 지어진 인식 주체로서의 '나'가 없다는 말이며, 그러한 '나'에 의한 왜곡이 없다는 말이다. 그리하여 모든 것은 다만 있는 그대로 일 뿐이라는 말이다. 이것이 바로 공의 의미다.

앞에서도 잠깐 언급했지만, 이 '나'라고 하는 것은 살아오는 날들 동안의 경험과 지식과 기억의 집적물로서, 그 오랫동안의 경험과 지식과 기

---

[*] 3장에서 예로 든 '빨간색'의 경우처럼, 오직 빨간색밖에 없을 때는 빨간색이라는 개념 자체가 성립할 수 없으며, 나아가 색이라는 개념도 성립할 수 없다.

억으로 인해 어떤 형태로든 틀 지어지고 조건 지어져 있다. 다시 말하면, 내가 원했건 원하지 않았건 간에 나에게는 이미 세상과 '나'를 바라보는 하나의 조건 지어진 '안경'이 씌워져 있다는 것이다. 그런데 이 안경은 언제나 어느 때나 상대적인 규정 속에서 세계를 둘로 나누어 보는 강한 속성을 가지고 있다. 그래서 그것은 항상 나와 너를 가르고, 인식 주체와 대상을 나누며, 부족과 완전을 나누고, 중생과 부처를 따로 두며, 번뇌와 보리, 색과 공을 나눈다.

그렇게 모든 것을 둘로 나누어 놓은 이 '안경'은 계속해서 다음 두 가지 일을 교묘하고도 집요하게 해 나가는데, 그 하나는 그러한 모든 상대적 규정이 '안경' 자체에 속한 것일 뿐 실재하지 않는 허상이요 허구라는 사실을 어느 누구도 눈치채지 못하게 감쪽같이 숨기고는, 세계와 '나'가 실제로 그렇게 둘로 나뉘어 있는 것처럼 보이게 하는 것이며, 다른 하나는 그렇게 둘로 나뉘어 보이는 세계 가운데서 더 좋고 더 나은 쪽만을 끊임없이 추구하게 만들어, 결국 우리로 하여금 그 양편 모두에 항상 끌려다니게 하는 것이다. 그러니 이 '안경'의 교활함과 장난이 얼마이며, 그로 인한 자승자박*과 우리 삶의 에너지 소모는 또 얼마인가.

그리하여 공(空)이란 모든 것을 둘로 나누어 보는 이 안경이 내려지고, 있는 그대로의 세상과 '나'를 바라보는 것이다. 또한 이 안경에 의한 왜곡이 없는, 있는 그대로의 세상과 '나' 자체를 가리키기도 하는데, 모든 이름과 상대적 분별을 떠나 있는 공의 자리에는 그래서 나도 없고 너도 없으며, 부족도 없고 완전도 없고, 중생도 없고 부처도 없고, 번뇌도 없고 보리도 없고, 색도 없고 공도 없다. 그 모든 상대적인 분별이 텅 비어 있

---

* 自繩自縛: 자기가 꼰 새끼줄로 스스로를 묶는다는 뜻.

다. 그리하여 모든 것은 다만 있는 그대로일 뿐인 것이다.

그렇듯 우리 자신과 세상을 있는 그대로 보지 못하게 하던 그 한 생각, 그 한 마음이 내려짐을 일컬어 공(空)이라 하고, 이미 처음부터 그 '안경'과는 무관하게 늘 그렇게 있는 그대로 존재해 왔던 모든 것을 가리켜 도(道)라고 한다.

이러한 사실에 눈을 뜨게 되면, 이제 세상에는 이미 처음부터 도 혹은 진리 아님이 없었음을 알게 된다. 그러니 이 아름다운 봄날 짝짓기를 하기 위해 하늘거리며 창공으로 날아오르는 저 한 쌍의 나비가 곧 도요, 뜰 앞의 잣나무가 곧 도이며, 배고프면 먹고 자고 싶으면 자는 이 '나'가 또한 도인 것이다. 그렇듯 세상에는 도 아닌 것이 없기에 따로 도라고 할 것도 없고, 도라고 할 것도 없기에 그냥 모든 것은 다만 있는 그대로일 뿐인 것이다.

아무리 써도 차지 않는다.

그렇게 모든 것을 둘로 나누어 보던 그 안경을 벗고 '나'를 보니, 오호라! 나는 그냥 나일 뿐 아무것도 아니지 않은가. '나'는 중생도 아니요 부처도 아니며, 언제나 부족하고 못난 존재라고 여기며 괴로워하던 이 모습 이대로가 이미 완전하지 않은가. 그토록 '나'를 지치게 하고 힘들게 하던, 그래서 어떻게든 버리고 싶었고, 버리고 싶었던 만큼 그것은 '나'가 아니라고 애써 부정하고 외면했던 내 안의 많은 것들―이를테면, 탐진치(貪瞋癡)*를 비롯한 미움, 짜증, 우울, 무기력, 이기심, 게으름, 수치

---

* 탐진치(貪瞋癡) : 탐욕, 성냄, 어리석음. 불교에서는 이를 삼독(三毒)이라고 하여,

심, 불안 등등—도 사실은 어찌할 수 없는 번뇌가 아니라, 그 하나하나가 올올이 보리(菩提, 깨달음)가 아닌가! 그리하여 그토록 애타게 찾아다녔 던 '참나*'는 저기, 나 바깥에, 언젠가는 다가갈 수 있으리라 기대하던 먼 미래의 무엇이 아니라, 나는 지금까지 단 한 순간도 참나가 아닌 적이 없 으며, 언제나 참나로서 살아온 것이 아닌가.

그 참나가 그냥 살아가는 삶의 모습을 가리켜 "아무리 써도 차지 않는 다."라고 한다. 아무리 써도 차지 않는다? 즉, 안경이 내려진 '나'는, 부 족이니 완전이니 하는 등의 모든 상대적 규정 속에 있지 않은 '나'는, 이 제는 그냥 아무런 무게 없이 살아가게 된 일상의 삶 속에서 때로 미워하 고 때로 짜증내며, 때로 분노하기도 하고 때로 기뻐하기도 하지만, 그렇 게 온갖 희로애락 속에서 살지만, 그 어느 것 하나에도 물들거나 매이지 않는다는 말이다. 그 모든 순간순간이 언제나 처음 같기만 한 것이다. 그 것은 마치 온갖 것이 오고 가지만 그 어느 것 하나도 간택하지 않고 다만 고요히 비추기만 할 뿐인 거울과 같다고나 할까.

깊구나! 만물의 근원 같네.

맑도다! 언제나 있는 듯하구나.

내 그가 누구의 자식인지 알지 못하나,

'독약처럼 사람들을 해롭게 하고 번뇌하게 하여 깨달음에 장애가 되는 세 가지 마음' 을 일컫는다.

* 진아(眞我), 진정한 나. 있는 그대로의 나. 이 '참나'를 알게 되면 인생의 모든 방황 과 메마름이 영원히 끝이 나고, 자신 안의 '진정한 힘'을 만나 진실로 자유롭고 행복해 진다. 그러므로 이는 '진리'나 '깨달음'과 같은 말이다.

하느님보다 먼저인 것 같네

　도라는 것은, 지금까지의 얘기에서도 알 수 있듯이, 뭐라고 딱 꼬집어 말할 수 없는 참으로 묘한 것이다. 그것은 있다고도 말할 수 없고, 없다고도 할 수 없으며, 만물의 으뜸이니 근원이니 실상이니 해도 단지 이름하여 그렇다는 것일 뿐, 근원이요 실상인 무엇이 따로 있다는 말이 아니다. 뿐만 아니라 도는 시간의 연속선상에도 있지 않다. 도는 시간의 영역에 속한 것이 아니기 때문이다. 그래서 노자도 "내 그가 누구의 자식인지 알지 못하나, 하느님보다 먼저인 것 같네."라고 말을 하지만, 이때의 '먼저'라는 것도 사실은 시간적 개념이 아니다.

　　날카로움을 꺾고 얽힘을 풀며,
　　빛을 감추고 티끌과 하나가 된다.

　어쨌든 그렇게 '안경'이 내려지고 모든 것을 있는 그대로 보게 되면, 그 모든 것을 둘로 나누어 보던 상대적 분별 속에서 끊임없이 끌려다니던 자기분열의 날카로움이 비로소 꺾이게 되고, 영원히 끝날 것 같지 않던 내면의 어지러움과 그 아득한 얽힘이 마침내 풀어지게 된다.
　그런데 어떻게 그렇게 되었는가? 어떻게 '나'에게 그토록 목말라하던 마음의 평화가 찾아왔으며, 꿈에도 그리던 영혼의 쉼이 왔는가? 그것은 안경이 가르쳐 준 분별로써가 아니라, 다시 말해 부족하고 못난 '나'를 못 견뎌 하며 더 많이 채우려 하고 더욱더 완전해지려 함으로써가 아니라, 그냥, 어느 순간 문득 그 안경이 내려지면서, 있는 그대로의 이 '나'가 바로 '참나'임을 밝히 알게 됨으로써 그렇게 된 것이다. 그렇지 않은가?

그렇게 내 안의 부족하고 못난 티끌들과 하나 될 때, 동시에 '나' 바깥의 티끌과도 진정으로 하나가 된다. 이제 거기에는 티끌이란 없고, 오직 '하나'의 상생(相生)만 있다. 이 평범한 일상 속에서 언제나 펼쳐지고 있는 영원한 사랑의 상생만이……!

그냥 놓아두어라

그러니 그냥 놓아두어라. 그냥 매 순간 있는 그대로를 살아라.

그와 같은 끊임없는 간택을 통하여 내가 나를

질서 잡으려 하지 않는다면, 진실로 그렇게

내 안의 백성들을 내버려 두고 아무것도 하지 않을 수만 있다면,

우주적인 생명의 기운이 '나'를 살리고 '나'를 질서 잡으리라.

그리하여 '나'는 비로소 평화롭고 행복하리라.

도덕경 5장

천지는 사랑이 없어서
만물을 지푸라기 개처럼 여긴다.
성인은 사랑이 없어서
백성을 지푸라기 개처럼 여긴다.
하늘과 땅 사이는
마치 풀무나 피리와도 같구나!
텅 비어 있되 다함이 없고,
움직이면 더욱 나온다.
말이 많으면 자주 궁해지나니,
중(中)을 지킴만 같지 못하다.

天地不仁, 以萬物爲芻狗. 聖人不仁, 以百姓爲芻狗.
天地之間, 其猶橐籥乎. 虛而不屈, 動而愈出.
多言數窮, 不如守中.

천지불인(天地不仁)이라, 천지는 인자하지 않아서, 사랑이 없어서……. 아, 노자의 이 아름다운 역설! 삶과 세상과 인간을 훤히 꿰뚫고 있는 노자의 이 서늘한 눈길! 천지는 사랑이 없어서……. 아니다! 세상은 사랑으로 가득 차 있다! 천지는 사랑 덩어리이며, 우주는 곧 사랑이다. 하나님은 사랑이시다(요한1서 4:8). 그리하여 하나님에게는 오직 사랑밖에 없다. 그런데도 우리의 노자는 천지는 사랑이 없다고 말한다. 왜? 그 사랑이 너무나 크고 넓고 깊고 섬세하여 차라리 사랑이 없는 것처럼 보이기 때문이다. 그러나 노자는 안다, 사랑이라는 말조차 설 수 없는 천지의 그 크나큰 사랑을……!

성경에도 이와 비슷한 비유와 역설이 많이 있다. 그중에 하나, 하나님이 모세에게 10계명을 내려 줄 때의 이야기를 한번 해 보자. 출애굽기 20장 1절부터의 말씀.

"하나님이 이 모든 말씀으로 말씀하여 이르시되, 나는 너를 애굽 땅, 종 되었던 집에서 인도하여 낸 너의 하나님 여호와니라. 너는 나 외에는 다른 신들을 네게 있게 말지니라. 너를 위하여 새긴 우상을 만들지 말고, 또 위로 하늘에 있는 것이나 아래로 땅에 있는 것이나 땅 아래 물속에 있는 것의 어떤 형상도 만들지 말며, 그것들에게 절하지 말며, 그것들을 섬기지 말라. 나 네 하나님 여호와는 질투하는 하나님인즉 나를 미워하는 자의 죄를 갚되 아비로부터 아들에게로 삼사 대까지 이르게 하거니와, 나를 사랑하고 내 계명을 지키는 자에게는 천 대까지 은혜를 베푸느니라."(출애굽기 20:1~6)*

'질투하는 하나님'이라⋯⋯ 좋다. 기왕에 이렇게 성경 얘기를 하게 되었으니, 우선 성경에 대한 몇 가지 오해와 그 바른 이해를 위한 나의 조언부터 말해 보고 싶다. 성경은 한마디로 말해, 다른 많은 경전과 마찬가지로, 기가 막힌 책이다. 어떻게 언어 이전의 자리, 언어가 닿을 수 없는 자리를 인간의 언어로 그토록 분명하고 멋들어지게, 그토록 풍부한 비유와 넘치는 이야기들로 가득 채울 수 있는지, 어떻게 그런 깊고도 아름다운 글들이 쓰일 수 있었는지 정말이지 생각할수록 신비롭다. 더구나 이 귀하고 놀라운 책이 우리 가까이, 손만 뻗으면 닿을 자리에 늘 있다는 것은 우리에게 축복이고 기쁨이다.

그런데 안타까운 것은, 이 성경이 성경답게 읽히지 못하고 있다는 것이다. 너무 지나치게 기독교 혹은 가톨릭적 세계 속에서만 이해되고 있고, 너무 일방적으로 그들이 성경에서 찾아낸 그림과 교리가 전부인 양

---

* 하나님이 모세에게 내린 이 '10계명'의 참된 뜻이 무엇인가에 관해서는 필자의 다른 책 『종교 밖으로 나온 성경』(침묵의 향기, 2014)에 잘 나와 있다.

말해지고 있다. 그러나 성경은 그런 책이 아니다. 성경은 기독교 혹은 가톨릭의 전유물이 아니며, 오히려 엄밀히 말하면, 성경은 기독교 혹은 가톨릭으로부터도 자유롭다. 그것은 종교 이전의, 교리 이전의 무엇이다. 성경은 그러한 종교나 교리로 한정될 수 있는 책이 아니다. 이것은 불경과 불교에 대해서도 마찬가지다. 나는 앞으로 이 도덕경 풀이를 통해 가능한 한 자주 성경을 인용하여 기독교나 가톨릭의 그림으로 채색되지 않은 성경 본래의 참뜻을 많이 캐내어 보고 싶다.

'질투하는 하나님'이라…… 사실, 나는 성경에서 이 말씀만큼 하나님의 그 크고 한량없는 사랑을 극적으로 표현한 말이 또 있을까 싶다. 하나님은 알고 있는 것이다, 인간이 진정으로 행복하고 자유할 수 있는 유일한 길은 오직 하나님 자신을 가질 때뿐이며, 그 외의 어떠한 것도 진정으로 그를 행복하게 해 줄 수 없다는 것을……. 그렇기에 하나님은 그토록 애틋하게 사람들이 오직 당신 자신만을 갖기를 원하며, 그토록 간절하게 당신 자신을 사람들에게 내주기를 원하는 것이다. 인간은 오직 하나님을 얻을 때만 비로소 행복하다. 그 하나님이란 다름 아닌 진리이며, 도이며, 불법(佛法)이며, 사랑이며, 참나의 다른 이름인 것을!

천지는 사랑이 없어서
만물을 지푸라기 개처럼 여긴다.

여기에서 '지푸라기 개'라는 것은 '풀이나 지푸라기로 엮어 만든 개'를 뜻하는데, 이는 고대 중국에서 제사를 지낼 때 쓰던 도구다. 고대 중국인들은 제사를 지낼 때 나쁜 귀신이나 기운이 침범하는 것을 막기 위해 풀이나 지푸라기로 개를 만들어 옆에 세워 두었다가, 제사가 끝나면 곧바로 버리거나 태워 버리는 습속이 있었다. 즉, 필요할 때는 만들어 쓰다가 그 소용이 다하면 미련 없이 버려서 조금도 아까워하지 않는다는 의미로 쓰이는 말이다.

그러니까 노자는, 때가 되면 봄이 오고 꽃이 피고 나비가 날고 새가 알을 깨고 나오고 그렇게 모든 것이 생겨났다가, 또 때가 되면 그 모든 것이 자취도 없이 사라져 버리는, 천지의 '스스로 그러한' 질서와 조화의 모양을 당시의 제사 풍습인 지푸라기 개에 비추어 그렇게 표현했던 것이다. 당시의 사람이라면 누구나 지냈던 제사, 그래서 누구도 주의 깊게 바라보지 않았던 너무도 평범한 일상사 속에서 이토록 깊은 도의 작용을 바라보는 노자의 눈길이 놀랍고도 신비롭다.

성인은 사랑이 없어서
백성을 지푸라기 개처럼 여긴다.

앞 장에서도 말한 것처럼 노자에게 성인이란 삶의 진실—있는 그대로—에 눈뜬 사람을 가리킨다. 그런데 천지가 만물을 '스스로 그러한' 대로 맡겨 두어 스스로 그러한 질서와 조화와 균형을 이루도록 하듯이, 성인도 백성들을 스스로 그러한 대로 맡겨 두어 각자 존재의 빛깔대로 각자 생명의 몫을 한껏 살아가도록 내버려 둔다는 것이다.

얼핏 보기에는 그냥 그렇게 무심하게 내버려 둘 뿐 아무것도 하지 않는 이 천지와 성인의 모습은 노자의 표현처럼 마치 사랑이 없는 듯 보이지만, 그 그냥 내버려 두는 가운데 얼마나 각각의 존재가 저마다의 자리에서, 저마다의 모습으로, 가장 자기답게, 자기만의 생명의 빛을 한껏 살아가도록 해 주는지! 아무것도 하지 않으면서도 모든 존재와 모든 생명의 가장 완벽한 조화를 엮어 내는 천지의 이 놀랍고도 아름다운 지혜여, 사랑이여!

그러면 이제부터 잠시 우리의 관점을 달리하여 앞의 얘기를 이렇게 한번 바꾸어 보자. "성인은 사랑이 없어서 백성을 지푸라기 개처럼 여긴다."라는 말을 단순히 성인과 백성과의 관계로만 읽지 말고, 우리 내면의 이야기로 한번 읽어 보자. 그러면 성인은 '나'가 되고, 백성은 '내 안의 백성'이 된다. "천지는 사랑이 없어서 만물을 지푸라기 개처럼 여긴다."라는 말도 마찬가지다. 이것도 우리 내면의 이야기로 읽어 보면, 천지는 '나'가 되고 만물은 '내 안의 만물'이 된다.

이것은 앞서 3장에서도 말한 관점의 전환인데, 이렇게 읽으면 이 글은 갑자기 '나'—우리 각자 자신—에 관한 얘기가 된다. 그리고 이러한 관점의 전환은 이후 81장까지, 아니 모든 경전을 읽을 때도 유효하다. 그렇게 우리의 눈이 내면으로 향해 있을 때 그 어느 한 순간 문득, 이미 진리가 내게 와 있음을, '나'가 곧 진리임을 깨닫게 되는 것이다. 예수도 이렇게 말하고 있다. "바리새인들이 하나님의 나라가 어느 때에 임하나이까 묻거늘 예수께서 대답하여 이르시되, 하나님의 나라는 볼 수 있게 임하는 것이 아니요 또 여기 있다 저기 있다고도 못하리니, 하나님의 나라는 너희 안에 있느니라."(누가복음 17:20~21)

내 안에도 백성들이 참 많은 것이다. 미움, 짜증, 분노, 기쁨, 의심, 게으름, 불안, 우울, 즐거움, 외로움, 무기력, 강박 등등 온갖 생각과 감정과 느낌이라는 백성들이 얼마나 많은가. 그런데 우리는 그 백성들을 어떻게 대하고 있는가? 노자가 말한 천지와 성인처럼 그렇게 그 모든 것을 있는 그대로, 스스로 그러한 대로 내버려 두는가, 아니면 끝없이 끊임없이 그것들을 구별하고 분별하여 어떤 것은 좋다 하며 더 많이 취하려고 하고, 어떤 것은 나쁘다 하며 끊임없이 버리려고 하거나 '더 나은 것'으로 바꾸려고 하는가? 그런데 사실, 우리는 단 한 순간도 가만히 있지를 못하고 지금보다 더 나은 존재가 되기 위해 끊임없이 무언가를 하려 하거나, 또한 그런 모양으로 내 안의 백성들을 들볶고 있지는 않은가?

이제 그만하라. 내 안의 백성들을 그냥 내버려 두라! 미움이 오면 그냥 그 미움 속에 있으라. 짜증이 오면 그냥 그 짜증을 살며, 불안이 오면 그냥 불안하라. 그리고 기쁨이 오면 그냥 기뻐할 뿐 그것을 붙잡으려 하지 말라. 온 것은 가기 마련이니, 어느 순간 홀연히 기쁨이 내게서 떠나가거든 그냥 떠나가게 내버려 두라. 그 어떤 것도 간섭하지 말며 그것을 변화시키려 하지 말라. 오직 있는 그대로의 현재를 살 뿐, '현(賢)'하려 하지 말라. 그냥 그렇게 순간순간을 살라. 그 하나하나의 번뇌가 곧 하나하나의 보리이며, 그 한 방울 한 방울의 파도가 그대로 영원하고 완전한 바다의 표현이니……!

여기 용아화상(龍牙和尙)의 노래가 있어, 문득 그것을 읊어 보고 싶다.

문 앞에 서 있는 한 그루 나무를 바라보며 생각에 잠기노라.
선선히 새들에게 둥지를 내주나니
오는 새 무심히 맞아 주고

가는 새 돌아오기를 바라지 않는구나.

만약 사람의 마음이 저 나무와 같다면

도(道)에서 어긋나지 않으리.

성경에도 이와 비슷한 이야기가 있어 또 하나를 소개하고자 한다. 출애굽기에 나오는 '만나와 메추라기'에 관한 이야기인데, 모세가 이스라엘 백성들을 애굽 땅, 종 되었던 곳에서 건져 내어 젖과 꿀이 흐르는 땅 가나안으로 인도하여 가던 도중 광야에서의 일이다. 그렇듯 하나님은 모세를 통해 이스라엘 백성들을 종의 몸에서 놓여나게 해 주었건만, 그들은 행로에 어떤 자그마한 힘겨움이나 어려움이라도 닥치면 곧 모세와 그의 형 아론을 원망하면서 다음과 같은 말을 늘어놓는다. "이스라엘 자손 온 회중이 그 광야에서 모세와 아론을 원망하여 그들에게 이르되, 우리가 애굽 땅에서 고기 가마 곁에 앉아 있던 때와 떡을 배불리 먹던 때에 여호와의 손에 죽었더라면 좋았을 것을, 너희가 이 광야로 우리를 인도해 내어 이 온 회중이 주려 죽게 하는도다." (출애굽기 16:2~3)

이러한 거듭되는 원망의 소리를 들은 여호와 하나님은 이스라엘 백성들에게 매일 저녁과 아침에 하늘에서 메추라기와 만나를 내려 주어 그들이 배불리 먹게 한다. 그런데 바로 이때 모세가 이스라엘 백성들에게 다음과 같이 당부하는 말이 참 재미있다. "이는 여호와께서 너희에게 주어 먹게 하신 양식이라. 여호와께서 이같이 명령하시기를 너희 각 사람은 먹을 만큼만 이것을 거둘지니…… 이스라엘 자손이 그같이 하였더니 그 거둔 것이 많기도 하고 적기도 하나, 많이 거둔 자도 남음이 없고 적게 거둔 자도 부족함이 없이 각 사람은 먹을 만큼만 거두었더라. 모세가 그들에게 이르기를 아무든지 아침까지 그것을 남겨 두지 말라 하였으나 그들이 모세에게 순종하지 아니하고 더러는 아침까지 두었더니 벌레가 생기고 냄새가 난지라. 모세가 그들에게 노하니라."(출애굽기 16:15~20)

　성경이 이 말씀을 통해 우리에게 가리켜 보여 주고자 하는 참된 뜻은 무엇일까? 자, 성경을 다시 보자. 성경은 결코 이스라엘의 역사서가 아니다. 또한 여호와 하나님과 이스라엘 백성들만의 얘기도 아니다. 모양과 그림은 그러하나, 성경은 전적으로 지금 이 순간 여기에서 살아가고 있는 '나'와 우리 '마음'에 관한 얘기다. 이렇게 이해했을 때, 앞의 출애굽기 말씀들은 어떻게 우리에게 다가올까?

　'애굽 땅, 종 되었던 집'은 분별심에 사로잡힌 '나'의 모습이다. 우리가 한 생각 혹은 분별하는 마음에 사로잡혀 있으면 우리는 어쩔 수 없이 그것의 종이 되어 종노릇을 할 수밖에 없다. 반면 '젖과 꿀이 흐르는 가나안 땅'은 그 분별심 혹은 한 생각이 내려지고 모든 것을 있는 그대로 보게 된 마음의 상태를 가리킨다. 그 땅에는 정말로 영원한 젖과 꿀이 언제나 가득히 흐르고 있다. 그런데 이때, 매일 저녁과 아침에 하늘에서 내리는 메추라기와 만나를 두고 성경은 이렇게 말하고 있다. "이는 여호와께서 너희에게 주어 먹게 하신 양식이라." 즉, 이 만나와 메추라기는 우리가 매일매일의 일상 속에서 양식처럼 먹으며 언제나 경험하고 있는 '내 안의 백성들'을 가리킨다. 우리는 늘 그렇게 온갖 감정과 감각과 느낌과 생각 속에서 때로 미워하고, 때로 짜증내며, 때로 기뻐하기도 하고, 때로 슬퍼하기도 하며, 때로 웃고 때로 눈물짓기도 하면서 살아가고 있지 않은가.

그런데 그다음에 나오는 구절을 보면, "이스라엘 자손이 그같이 하였더니 그 거둔 것이 많기도 하고 적기도 하나, 많이 거둔 자도 남음이 없고 적게 거둔 자도 부족함이 없이 각 사람은 먹을 만큼만 거두었더라. 모세가 그들에게 이르기를 아무든지 아침까지 그것을 남겨 두지 말라 하였으나 그들이 모세에게 순종하지 아니하고 더러는 아침까지 두었더니, 벌레가 생기고 냄새가 난지라. 모세가 그들에게 노하니라."라고 되어 있다. 참으로 읽을수록 기가 막히고, 전율할 만큼 오묘하다.

조금 전에 말한 것처럼, "여호와께서 주어 먹게 하신 양식인 메추라기와 만나"는 곧 '내 안의 백성'이며, 그것은 "그 거둔 것이 많기도 하고 적기도 하나, 많이 거둔 자도 남음이 없고 적게 거둔 자도 부족함이 없는" 것이었다. 그렇듯 기쁨도 남음이 없고 슬픔도 부족함이 없으며, 편안함도 남음이 없는 것이고 불안과 두려움도 부족함이 없는 것이며, 더할 나위 없는 만족감도 남는 것이 아니요 결핍감과 무기력도 부족한 것이 아니다. 그 하나하나는 모두가 여호와께서 우리에게 주어 먹게 하신 양식 —이를 달리 표현하면, 그 하나하나는 모두가 진리의 현현(顯現)이라는 말이다—이기에 그저 순간순간 주어지는 대로 가리지 않고 마음껏 먹으면 된다. 그렇게 매 순간 있는 그대로 존재하는 것, 그것이 바로 깨달음이다.* 그런데도 우리는 한 생각 혹은 분별심에 속아서 있는 그대로의 내 안의 백성들을 '스스로 그러한' 대로 거두지 못하고 어떤 것은 가려 "아침까지 두는"—또 어떤 것은 아예 거두지도 않으려 하는—이 어리석음이여! 그것은 필연적으로 "벌레가 생기고 냄새가 나게" 되어 있다.

---

* 마조 스님도 이렇게 말한다. "곧장 도를 깨닫고자 하는가? 평상심(平常心)이 바로 도이다. 무엇을 일러 평상심이라 하는가? 조작하지 않고, 옳다 그르다 하지 않으며, 취하거나 버리지도 않고, 범부도 아니고 성인도 아닌 것이 바로 평상심이다."

그러니 그냥 놓아두어라. 그냥 매 순간 있는 그대로를 살아라. 그와 같은 끊임없는 간택을 통하여 내가 나를 질서 잡으려 하지 않는다면, 진실로 그렇게 내 안의 백성들을 '스스로 그러한' 대로 내버려 두고 아무것도 하지 않을 수만 있다면, 그때, 천지가 아무것도 하지 않으면서도 만물을 온전한 질서와 균형 속에서 조화롭게 살아가게 했듯이, 우주적인 생명의 기운이 '나'를 살리고 '나'를 질서 잡으리라. 그리하여 '나'는 비로소 평화롭고 행복하리라. 아, 그 무위자연(無爲自然)의 어마어마한 힘이여!

하늘과 땅 사이는
마치 풀무나 피리와도 같구나!
텅 비어 있되 다함이 없고,
움직이면 더욱 나온다.

그렇게 '나'라고 하는 이 천지가 무위로써 텅 빌 때, 내 안의 백성들은 여전히 저마다의 존재와 생명의 빛깔대로 다함 없이 움직이고 변화하나, '나'는 아름다운 피리 소리 되어 세상과 삶과 일상을 연주하는구나!

말이 많으면 자주 궁해지나니,

말은 곧 생각을 가리킨다. 생각은 언제나 과거에 묶여 있으며, 언제나 이원성(二元性)의 바탕 위에서 움직인다. 그렇기에 생각으로는 결코 도를 알 수 없다. 도는 생각 이전의 무엇이기 때문이다.

중(中)을 지킴만 같지 못하다.

이 구절 또한 교훈적으로 해석하여, 지나침도 모자람도 없는 '중(中)' 혹은 '중도(中道)'를 찾아서 지키려 한다면, 그것은 이미 어긋난 것이다. 왜냐하면 '중'은 찾을 수도, 잡을 수도, 지킬 수도 없기 때문이다. 그것은 모든 것을 둘로 나누어 보는 우리의 마음의 영역에 속한 것이 아니다. 오히려 '중'을 찾으려 하거나 지키려 하는 그 마음만 내려지면, 이 세상에는 온통 '중'밖에 없음을, 우리네 이 평범한 일상의 삶 그대로가 바로 '중'임을, 그리하여 따로 '중'이라고 할 것도 없음을 분명하게 알게 된다.

진리에 이르는 문

그렇게 우리가 진정으로 우리 내면을 있는 그대로 받아들이고

그것들에 대해 아무것도 하지 않게 될 때, 우리에게는

새로운 세계가 열린다. 늘 우리와 함께했으되,

단 한 순간도 가만히 있지 못하는 우리의 마음 때문에

보지 못하고 듣지 못하던, 온갖 생명력으로 가득 찬

새로운 세계가 그때 비로소 열리는 것이다.

도덕경 6장

골짜기의 신은 죽지 않으니,
이를 일컬어 현묘한 암컷이라 한다.
현묘한 암컷의 문,
이를 일컬어 천지의 뿌리라 한다.
면면히 이어져 있는 듯하니,
아무리 써도 다하지 않는다.

谷神不死, 是謂玄牝. 玄牝之門, 是謂天地根.
綿綿若存, 用之不勤.

　이 장의 제목을 나는 '진리에 이르는 문'이라고 붙여 보았다. 진리에 이르는 문이라……. 그런데 문이란, 이를테면 우리가 어떤 방이나 집 안으로 들어가기 위해서는 반드시 통과하지 않으면 안 되는 무엇이다. 다시 말해, 우리는 반드시 그 문을 통해 어떤 방이나 집 안으로 들어가게 된다는 말이다. 그렇듯이, 우리가 진리에 이르는 데에도 반드시 통과하지 않으면 안 되는 문 같은 것이 있다. 그것은 어떤 모양이나 형상을 가진 것은 아니지만, 그러한 문이 있다는 것만큼은 부정할 수 없다. 이 장은 바로 그 문에 관해 말하고 있다.

　그렇다. 진리에 이르는 문은 분명코 있다. 그리고 우리는 모두가 지금 이 순간 바로 그 문 앞에 서 있다. 삶의 어느 한 순간 그 진리의 문이 열려, 언제 어느 때나 나누고 분별하고 구별짓고 간택하던 이제까지의 모든 몸짓이 멈추고, 지금 여기에서의 '나'의 있는 그대로의 삶을, 이 숨 막히도록 역동적인 삶을 그 어느 것도 거부하거나 저항하지 않고, 그 삶과 온전히 하나 되어 살아갈 수만 있다면, 아무것도 가지지 않고 아무것도 되지 않아도 단지 살아 있다는 것만으로도 우리는 충분히 가슴 벅차오르고 행복할 수 있을 것이다. 이제 그 문을 열고 한번 들어가 보자.

골짜기의 신은 죽지 않으니,
이를 일컬어 현묘한 암컷이라 한다.

여기에서 골짜기와 암컷은 노자가 도를 상징하는 이미지로 썼다. 골짜기는 '텅 비어 있음'을, 암컷은 '여성적 수동성'을 각각 의미한다고 할 수 있다. 그런데 그 둘 다가 신비롭고 또한 현묘하다고 한다. 신비롭고 현묘하다니?

텅 비어 있음에 관해서는 앞서 4장을 얘기할 때 색즉시공(色即是空)의 공(空)을 언급하면서 설명한 것으로 이미 충분하다고 본다. 텅 비어 있음의 신비로움…… 사실이 그러하다. '나'가 텅 비어 있으면 '삶'이 텅 비게 되고, 동시에 세상과 우주가 텅 비게 된다. 일체 모든 것이 공하게 되는 것이다. 그러나 그 텅 비어 있음은 또한 얼마나 많은 것으로 가득 차 있는지! 그 텅 비어 있는 세계와 '나'와 삶은 너무도 평범한 것이지만, 그러나 얼마나 신비롭고 오묘한지! 그리하여 언제나 새롭고, 한결같고, 끊임없이 샘솟듯 하는 존재의 이 무한한 생명력이여!

그런데 노자는 다시 이를 일컬어 '현묘한 암컷'이라고 말한다. 이때 '암컷'이라는 것은 곧 '여성적 수동성'을 의미한다. 우리가 보통 남성적이라고 하면 으레 적극성, 능동성, 진취성, 힘, 동적인 것, 자기 개선의 강한 의지 등을 연상하게 되는 반면, 여성적이라고 하면 소극성, 수동성, 부드러움, 약함, 정적인 것, 순종적 받아들임 등을 떠올리게 된다. 그래서 남성적인 여러 속성에 대해서는 후한 점수를 주거나 삶에서 마땅히 본받아야 할 바람직한 가치들이라고 여기는 반면, 여성성 혹은 여성적인 속성들에 대해서는 대체로 부정적인 이미지와 결부시켜 그것을 부끄러워하거나 극복해야 할 무엇이라고 생각한다.

그러나 노자는 조금도 거기에 동의하지 않는다. 그렇기는커녕 삶은 오히려 여성성 혹은 여성적 수동성 속에서 진정 아름답게 꽃필 수 있으며, 그때 비로소 우리는 삶이 지닌 모든 눈부신 에너지와 생명력을 온전히 누리며 살아갈 수 있게 된다고 말한다. (또한 바로 그때 우리는 참된 것이랄까, 영원한 것, 혹은 진리라고 말해질 수 있는 무언가를 맛볼 수 있다.) 그렇기에 노자는 여성성 혹은 여성적 수동성이야말로 우리를 진리로 인도하는 문이라고 말하고 있는 것이다. 이때 수동성이란 우리가 일반적으로 이해하는 소극성 혹은 소극적이라는 의미와는 다르다. 오히려 수동성은 모든 것을 있는 그대로 받아들이기에 삶에 대한 가장 깊고도 완전한 적극성을 내포한 말이라고 할 수 있다. 이것을 구체적인 삶의 사례를 통해 이야기해 보면 훨씬 잘 이해할 수 있을 것이다.

우선 '수동성'이라는 말을 사전에서 찾아보면, '다른 것으로부터 작용을 받아들이는 성질'을 뜻하며, 이에 반대되는 능동성은 '스스로(제 힘으로) 다른 것에 작용하는 성질'을 의미한다. 다시 말해, 수동성은 제 스스로 나서서 무언가를 바꾸거나 고치거나 작용하는 것이 아니라, 스스로는 아무것도 하지 않으면서 다만 모든 것을 있는 그대로 받아들여 살아 내는 것을 의미한다. 그렇다면 이 여성적 수동성이란 다름 아닌 노자가 도덕경을 통해 한결같이 말하고 있는 무위(無爲)를 뜻함이 아닌가.

벌써 두어 해 전의 일이다. 대구에 계신 어떤 선생님 한 분이 인터넷 검색을 통해 연락처를 알게 되었다며, 한번 만나고 싶다고 찾아왔다. 그러고는 대뜸, 어떻게 하면 불안하지 않은 삶을 살 수 있느냐고 물었다. 그래서 무슨 말씀인지 좀 더 설명해 달라고 했더니, 자신은 삶에서 여러 모양으로 여러 역할을 하고 있는데, 그 어떤 경우에도 진정 자신답지 못하고 무언가 항상 떠 있는 것 같다는 것이다. 이를테면, 한 사람의 교사로서 학생들을 가르치거나 대할 때도 진정 교사다운 모습으로 아이들을 대하고 있는지, 또한 두 아이의 아버지로서 이것저것 애써 보지만 이게 과연 아버지다운 모습인지, 뿐만 아니라 남편으로서, 가장으로서, 자식으로서 끊임없이 주어지는 역할에서도 자신은 항상 아직 그 무엇에도 온전히 닿아 있지 못한 듯하고 턱없이 부족한 듯하여 그때마다 늘 괴로운데, 언제까지 이런 마음으로 살아야 하는지, 이젠 그야말로 하루하루가 견디기 힘들다는 것이다. 그런 마음 상태를 그분은 '불안'이라고 표현했는데, 단 한 순간만이라도 불안하지 않고 자신답게 당당하게 살고 싶은데 그게 잘 안 된다며, 어떻게 하면 그럴 수 있느냐고 물었다. 그래서 내가 애틋한 마음으로 간곡하게 말씀드렸다.

"다시는 불안하지 않고 당당하게, 또한 언제나 자신답고 신나게 살아갈 수 있는 길이 있는데, 한번 해 보시겠습니까?"

그랬더니, 그분은 진정 그럴 수만 있다면 무엇이든 하겠다고 대답했다.

"좋습니다. 진정 불안하지 않고 당당하게 살고 싶다면, 불안하지 않고 당당한 사람이 되려는 그 마음을 버리십시오. 그리고 그냥 그 불안 속에 있으십시오. 그냥 불안하라는 말입니다. 불안을 떨쳐 버리고 당당한 사람이 되려는 모든 노력과 마음을 멈추고, 그냥 지금 선생님에게 찾아온 그 불안을 사십시오. 그러면 됩니다. 진실로 단 한 순간만이라도 그렇게 하실 수 있다면, 다시는 선생님의 삶에서 불안이라는 것을 목격하지 않게 될 것입니다."

다시 말하면, '여성적 수동성'으로써 단 한 번만이라도 그 불안을 있는 그대로 받아들여 보라는 말이다.

그런데 어떻게 이런 말을 믿을 수 있겠는가. 불안하지 않은 사람이 되려면 더 효과적인 방법을 찾고 더욱더 열심을 내도 부족할 판에, 아니, 그 마음을 버리라니, 그냥 불안하라니, 그러면 차라리 죽으라는 말인가? 그렇다. 죽으라는 말이다. 살고자 하는 그 마음을 버리라는 말이다.

비밀은 바로 여기에 있다―그냥, 아무것도 하지 않는 것! 불안이 오면 그 불안을 벗어나려는 어떠한 노력도 멈춘 채 그냥 그 불안 속에 있어 보는 것, 짜증이 오면 짜증을 살고, 분노가 오면 그냥 그 분노를 사는 것, 지금 여기에서 매 순간 있는 그대로의 삶을 비교나 분별로써 간택하지 않고 다만 그대로를 사는 것, 끊임없이 나서서 그러한 것들을 '더 나은 것'으로 바꾸거나 고치려는 그 마음의 작용을 멈추는 것, 그리하여 진정 있는 그대로의 자신을 받아들여 그것이 바로 '나'임을 이해하고 인정하는 것.*

---

* 이 대목에서 꼭 하고 싶은 성경 얘기가 있다. 성경 출애굽기 20장에 나오는 십계명에 관한 이야기다. 그 가운데 제1계명인 "너는 나 외에는 다른 신들을 네게 두지 말라."라는, 일반적으로는 "나 외에 다른 신을 섬기지 말라."는 말로 사람들에게 더 잘 기억되고 회자되는, 너무나 많은 오해와 불신을 불러일으키는 이 말! 성경 자체도 마찬가지지만, 이 말씀 또한 너무나 일방적으로 종교적인 의미로만 이해되고 해석되기를 강요받아 왔다. 그러나 이제 조금 다른 관점에서 이 말씀을 들여다보자.
나 외에 다른 신을 섬기지 말라…… 이 말은 곧 지금 여기에서 매 순간 있는 그대로

그런데 그 선생님은 나의 그런 말에 몹시 의아해하며, "아니, 이 불안한 마음을, 언제나 내면 깊은 곳에서는 안절부절못하는 이 마음을 견딜 수 없어 어떻게 하면 그것에서 벗어날 수 있을까 싶어서, 정말로 간절한 마음으로 말씀을 드린 건데, 그냥 불안하라니요? 더구나 불안을 벗어나려는 아무 짓도 하지 말라니요! 그냥 그 불안 속에 있으라니요! 그럼, 저보고 죽으라는 말입니까?"

그렇게 말하기는 했지만, 생전 처음 들어 보는 그런 말에 무어라 딱 꼬집어 말할 수 없는 어떤 힘 같은 것을 느꼈던 모양이다. 그것은 아마 그분 자신이 그동안의 모든 노력에도 불구하고 사실은 조금도 나아진 것이 없다는 자각과 함께 어떤 절망감 같은 것이 내면 깊이 이미 와 있었기 때문에 나의 그런 말들이 가슴으로 들려왔던 게 아닌가 싶다. 그러고는 마치 무언가에 한 방 얻어맞은 듯한 모습으로 돌아갔는데, 그 후 얼마 지나

의 것 이외의 다른 것을 구하지 말라는 뜻이다. 즉, 문득 불안이 밀려오면 그냥 불안할 뿐, 그것을 불안이 아닌 다른 무엇으로 바꾸려고 하거나 피하려고 하거나 극복하려고 애쓰지 말며(불안 이외의 다른 신, 이를테면 '당당함'을 추구하거나 섬기지 말며), 문득 짜증이 찾아오면 그 짜증을 살고(짜증 이외의 다른 신, 곧 '온화함'이나 '자비로움' 등을 구하지 말고), 분노가 오면 그냥 분노할 뿐, 그리하여 오직 매 순간 있는 그대로의 '현재'를 살라는 말이다. 그 현재를 불완전이니 부족이니 결핍이니 하고 판단하거나 분별하여 그것에 저항하거나 그것을 극복하려는, 미래의 완전을 위하여 현재를 저당 잡히는 어리석음을 범하지 말라는 것이다. 진리는 언제나 지금 이 순간 여기, 분별하지 않는 있는 그대로의 것 속에 있지, 미래의 더 완전하고 완벽한 어떤 모습 속에 있지 않다는 것이다. 하나님은 언제나 지금 여기, 이 순간 속에 이미 계신다! 다시 말하면, 바로 그 불안과 짜증과 분노가 곧 하나님이요 진리 — 번뇌가 곧 보리, 색이 곧 공 — 라는 말이다. 그러니 매 순간 있는 그대로의 것 이외에 다른 것을 구하지 말라는 것이다.
이 말씀의 진정한 뜻은 바로 여기에 있다. 그것은 결코 기독교나 가톨릭에서 말하는, 여호와나 예수 이외에 다른 신을 섬기지 말라는 뜻이 아니다. 성경은 그렇게 작은 책이 아니다.

지 않아 그분의 삶은 완전히 바뀐다. 말하자면, 끝없는 갈증과 메마름과 추구의 옛사람은 죽고, 자유롭고 행복하며 진실로 모든 것에 감사할 줄 아는 새사람이 된 것인데, 그분이 대구 도덕경 모임에 나와서 들려주고 보여 준 '변화된' 삶의 많은 얘기는 참 많은 감동을 주었다.

'변화' 이전에는 하루하루가 지겹고, 산다는 것 자체가 힘겨웠으며, 더욱이 어느 날엔가는 터럭만큼의 변화도 없는 자신의 매일 매일의 일과—아침에 일어나는 시간이 똑같고, 일어나서 화장실에 가고 세수하고 밥 먹고 하는 순서와 소요 시간이 똑같으며, 출근길이 똑같고, 만나는 아이들이 똑같고, 해야 할 일들이 똑같고, 퇴근 시간과 그 후의 일들마저 똑같은데, 그 똑같은 일들을 내일도, 모레도, 또 그다음 날에도 계속하지 않으면 안 되는—를 자각하고는 숨마저 막혀 오는 고통으로 괴로워했는데, '변화' 이후에는 매일 매일의 삶은 전과 다름없이 똑같건만, 희한하게도 그 똑같은 일상 속에서 완전히 새롭고 신명 나는 삶을 살게 된 것이다. 말하자면, 아침에 일어나서 세수하고 밥 먹고 출근할 때까지의 시간과 순서와 가는 길은 똑같은데, 이전에는 아침에 눈을 뜨면 자신도 모르게 한숨을 푹 내쉬며, "또 가야 하나…… 이 긴 하루를 또 어떻게 보내야 하나……?"라고 했다면, 이후에는 "아, 또 하루가 시작되는구나! 내가 어젯밤 잠을 자고, 이 아침에 다시 일어날 수 있다는 것이 얼마나 신기한가! 이 하루 동안에 또 어떤 일이 내 앞에 펼쳐질까?"라며, 눈뜰 때부터 감동하며 설레는 기대로 하루를 시작하게 되었다는 것이다. 또한 세수하다 말고 대야에 담긴 물을 물끄러미 바라보고는 "아, 이 물! 이 빛깔과 이 차가움과 이 질감! 이런 것이 여기 이렇게 있을 수 있다는 것이 얼마나 신비로운가?"라며 스스로 전율하는가 하면, 어제와 똑같은 출근길이 그렇게도 새롭고 마치 처음인 듯 눈부시기까지 하더라는 것이다. 뿐만 아니라 교무회의 등에서 —이전에는 끊임없이 다른 선생님들을 의식하며 그렇게도 주눅 들고 자신 없어 하던 시간이었는데—어느새 당당하고 분명하게 무언가를 말하고 있는 자신을 발견하기도 하며, 어느 날엔가부터는 그렇게도 버겁던 아이들이 더할 나위 없이 사랑스럽게만 보여, "아니, 내가 이렇게도 학생들을 사랑했던가?"라며 스스로 북받쳐 오르는 감동에 젖기도 했단다. 그러니 얼마나 살맛이 나겠는가? 하루하루가 얼마나 즐겁고 재미있겠는가?

그런데 살아 있음의 그 모든 기쁨과 환희가, 그분이 그렇게나 벗어나고 싶어 하던 불안과의 단 한 번의 진정한 맞닥뜨림으로 인해 가능해진 것이다. 그 한 번의 진정한 맞닥뜨림 혹은 받아들임—이것이 바로 '무위'이며 '여성적 수동성'이다—이 그렇게나 많은 고맙고 아름다운 선물들을 우리에게 한가득 안겨 준다. 놀랍지 않은가! 그러나 그럴 수밖에 없는 것이, 그 불안이라는 번뇌가 곧 보리이며, 순간순간 우리 안에서 올라오는 그 모든 것이 바로 도이기 때문이다.

현묘한 암컷의 문,
이를 일컬어 천지의 뿌리라 한다.

그렇게 우리가 진정으로 우리 내면을 있는 그대로 받아들이고 그것들에 대해 아무것도 하지 않게 될 때, 그 '여성적 수동성' 속에서 오직 매 순간의 '현재'만 있게 될 때, 우리에게는 새로운 세계가 열린다. 늘 우리와 함께했으되, 단 한 순간도 가만히 있지 못하는 우리의 마음 때문에 보지 못하고 듣지 못하던, 온갖 생명력으로 가득 찬 새로운 세계가 그때 비로소 열리는 것이다. 내 안의 모든 것이 있는 그대로 긍정됨으로써 비롯되는 엄청난 기쁨과 감사와 평화의 세계가! 아, '나'와 천지가 비로소 온전히 뿌리를 내리고 바로 서게 되는 것이다.

그것을 성경에서도 다음과 같이 벅찬 노래로 읊고 있다. "보라, 내가 새 하늘과 새 땅을 창조하나니, 이전 것은 기억되거나 마음에 생각나지 아니할 것이라. 너희는 내가 창조하는 것으로 말미암아 영원히 기뻐하며 즐거워할지니라."(이사야 65:17~18) 아멘!

면면히 이어져 있는 듯하니,

아무리 써도 다하지 않는다.

이때 "면면히 이어져 있는 듯하다."라고 하면 우리는 대뜸 아주 오랜 옛적부터나 태초를 연상하게 되지만, 그래서 도라는 것이 그때부터 지금까지 면면히 이어져 오고 있음을 말하는 것이라고 생각하게 되지만, 도는 그렇게 시간의 영역에 속한 것이 아니다. 도의 시점은 언제나 현재다.

그러니 이 말을 그렇게 이해할 것이 아니라 '오늘'의 우리의 삶으로 돌이켜 생각해 보자. 아침에 일어나 밤에 잠들 때까지, 나아가 꿈속에서까지 얼마나 많은 생각과 감정과 느낌들이 끊이지 않고 면면히 이어져 오는가. 그런데 그 하나하나가 분별하지 않고 간택하지 않는 마음으로 보면 모두가 도 아님이 없으니, 아무리 써도 늘 그대로이며, 다함도 없는 것이다.

그렇게 '한 마음' 내려놓고 살아가게 된 이 '나'와 '삶'은 얼마나 충만한 생명력으로 가득한지! 이 너무나 평범한 일상이 얼마나 새롭고 눈부신지! 살아 있음이 얼마나 신비롭고 오묘한지! 배고프면 밥 먹고, 자고 싶으면 자는 이 낱낱의 움직임이 얼마나 기적과도 같은지! 때로 짜증내고 때로 미워하며 슬퍼하기도 하고 미소 짓기도 하다가 때로 불같이 화를 내기도 하는, 놀랄 만큼 변화무상한 온갖 감정으로 가득한 이 '나'가 얼마나 사랑스럽고 귀여운지!

뿐만 아니라 저 아름다운 하늘은 또 어떻고! 시시로 때때로 뜰 앞에 내려와 앉아 무언가를 열심히 쪼아 먹다가 무슨 급한 일이 생각난 듯 후드득 날아가 버리는 저 이쁜 참새들은 또 어떻고! 저 산은! 저 강은! 저 바람은! 온갖 생명으로 가득한 이 땅은!

아, 도가 어디에 있느냐고? 진리가 어디에 있느냐고……?!

자연은 스스로
살고자 하지 않는다

천지는 만물을 언제나 스스로 그러한 대로 내버려 둔다.

어떤 것이 부족하다 하여 그것을 채우려 하지도 않고,

어떤 것이 약하다 하여 억지로 강하게 만들려고 하지도 않는다.

물오리의 다리가 짧다 하여 그것을 길게 늘이려 하지도 않으며,

학의 다리가 길다 하여 그것을 자르려고 하지도 않는다.

도덕경 7장

천지는 영원하다.

천지가 영원할 수 있는 까닭은

스스로 살려고 하지 않기 때문이다.

그래서 영원하다.

성인은 그 몸을 뒤에 두기에

오히려 몸이 앞서고,

그 몸을 돌보지 않기에

오히려 온전히 보전된다.

이는 사사로움이 없기 때문이 아닌가?

그래서 그 사사로움도 이룬다.

天長地久. 天地所以能長且久者, 以其不自生, 故能長生.

是以聖人後其身而身先, 外其身而身存.

非以其無私耶. 故能成其私.

　노자는 참 희한하다. 어쩌면 그렇게도 삶과 인간과 세상의 진실을 훤히 꿰뚫고 있는지, 어쩌면 그렇게도 그 진실들을 이토록 아름다운 언어와 넘치는 역설로써 이렇게 분명하고 남김없이 우리에게 보여 주고 들려줄 수 있는지, 어쩌면 그렇게도 시적일 수 있는지……! 노자를 읽으면 읽을수록 밀려오는 감탄과 시원함을 금할 수가 없다.

　그런데 한 가지 안타까운 것은, 이것은 어쩔 수 없는 일이기도 하지만, 그가 애틋하게 들려주고 가리켜 보여 주고 싶어 하는 진실들이 우리의 생각이나 기대, 상식과 언제나 일치하지는 않는다는 사실이다. 그렇기는커녕 오히려 정반대되는 경우가 많다.

　이러한 안타까움은 논어(論語)에 나오는 "하늘의 이치와 사람이 하고자 하는 바는 매번 서로 반대된다."라는 구절을 읽을 때도 가슴 아프게 다가왔다. 이는 논어 자로편(子路篇) 가운데 "공자께서 말씀하시기를, 군자는 섬기기는 쉬워도 기뻐하게 하기는 어렵나니, 도로써 행하지 않으면 기뻐하지 않고 사람을 부림에 있어서는 (그 사람의) 그릇에 따라 하기 때문이요, 소인은 섬기기는 어려워도 기뻐하게 하기는 쉽나니, 비록 도에 맞지 않게 행하더라도 기뻐하고 사람을 부림에 있어서는 (모든 능력을) 구비하기를 요구하기 때문이다."라는 본문의 주(註)에 나오는 말인데, 너무나 맞는 말이다 싶으면서도 참 많이 가슴이 아팠다. 아, 사람들은 '진실'과는 너무나 동떨어진 곳에서 그것을 찾고 있구나…….

예수의 말씀은 더욱 간절하다. "좁은 문으로 들어가라. 멸망으로 인도하는 문은 크고 그 길이 넓어 그리로 들어가는 자가 많고, 생명으로 인도하는 문은 좁고 길이 협착하여 찾는 이가 적음이라."(마태복음 7:13~14)라고 말하고서도 이에 더하여 "진실로 진실로 네게 이르노니, 우리는 아는 것을 말하고 본 것을 증거하노라. 그러나 너희가 우리의 증거를 받지 아니하는도다. 내가 땅의 일을 말하여도 너희가 믿지 아니하거든 하물며 하늘의 일―참된 자유와 진리에 이르는 길―을 말하면 어떻게 믿겠느냐."(요한복음 3:11~12)라고까지 하니 말이다. 그러나 우리의 눈에는 멸망으로 인도하는 문이 생명으로 인도하는 문으로 보여 자꾸만 그리로 들어가고자 하는 반면, 생명으로 인도하는 문은 아예 문 같지도 않아 보이니, 이 거꾸로 뒤집힌 마음들을 정녕 어찌할꼬…….

그렇다. 삶에는 분명 무언가가 있다. 참된 것이랄까, 영원한 것, 변치 않는 것, 혹은 자유랄까, 진리라고 말해질 수 있는 무엇이 삶 속에는 분명코 있다. 아니, 어쩌면 우리 자신이 이미 그것인지도 모른다. 이미 그것이면서도 그런 줄을 알지 못하기에, 안타깝게도 헛되이 그것을 찾아다니고 헛되이 그것이 되려고 하면서, 누리는 자의 풍요로움이 아니라

120

찾고 추구하는 자의 메마름으로 지금 이 순간에도 숨 가빠하고 있는지도 모른다. 그러니 잠시 우리의 '생각'과 '앎'을 내려놓고, 노자가 들려주는 삶의 지혜에 가만히 귀 기울여 보자. 정녕 단 한 순간만이라도 그렇게 '나'를 내려놓아 보자.

> 천지는 영원하다.
> 천지가 영원할 수 있는 까닭은
> 스스로 살려고 하지 않기 때문이다.
> 그래서 영원하다.

여기에서 우리는 부자생(不自生), 곧 '스스로 살려고 하지 않는다'는 말에 주목해야 한다. 왜냐하면 바로 거기에 생명으로 인도하는 문이 있고, 바로 그것이 우리가 진정으로 살 수 있는 길이기 때문이다. 스스로 살려고 하지 말라. 죽어야 진정 살리라. "내가 네게 거듭나야 하겠다 하는 말을 놀랍게 여기지 말라."(요한복음 3:7)

그렇다면 '스스로 살려고 하지 않는다'는 말은 무슨 뜻일까? 노자는 이를 통하여 우리에게 무엇을 말하고 싶었던 것일까?

'스스로 살려고 하지 않는다'는 것은 천지의 '스스로 그러한' 모습을 묘사한 말이다. 천지는 만물을 언제나 스스로 그러한 대로 내버려 둔다. 어떤 것이 부족하다 하여 그것을 채우려 하지도 않고, 어떤 것이 약하다 하여 억지로 강하게 만들려고 하지도 않는다. 화사한 봄날 예쁘게 피어오르던 목련꽃이 한순간 허망하게 져 버린 그 모습을 추하다 하여 외면하지도 않고, 어느 가을날의 황홀한 일몰을 아름답다 하여 그것을 지속시키려 하지도 않는다. 살아 있음이 좋다 하여 방금 태어난 영양 새끼가 사자의 밥이 되는 것을 막아 주지도 않고, 풍년이 좋다 하여 가뭄과 홍수가 오지 못하게 하지도 않는다. 물오리의 다리가 짧다 하여 그것을 길게 늘이려 하지도 않으며, 학의 다리가 길다 하여 그것을 자르려고 하지도 않는다. 천지는 다만 모든 것을 있는 그대로 둘 뿐 '더 나은' 모습이나 상태를 바라지 않는다. 그렇기에 더 나은 천지를 만들기 위해 애쓰거나, 더 완전한 천지를 이루려고 노력하지도 않는다. 천지에게는 그런 것이 없다. 천지는 다만 천지로서, 매 순간 있는 그대로 존재할 뿐이다.

이것이 바로 '부자생(不自生)'의 의미다. 그렇듯 천지는 스스로 살려고 하지 않기에 영원하며, 크나큰 질서와 조화 속에서 만물을 무한히 생육하고 번성하게 할 수 있는 것이다.

그런데 우리는 어떤가? 우리는 어떤 모습으로 '지금'을 살고 있는가? 천지 가운데의 한 존재로서, 천지가 그러하듯 스스로 살려고 하지 않음으로써 오히려 진정으로 사는 삶을 살고 있는가? 그렇기는커녕 끊임없이 '더 나은' 사람이 되기 위해 지금 이 순간에도 자기 안의 물오리의 다리를 짧다 하여 늘이려 하거나, 자기 안의 학의 다리를 길다 하여 못 견뎌 하면서 그것을 자르고 있지는 않은가?

케피소스 강가에 침대를 하나 놓아두고, 지나가는 나그네를 붙잡아 그 침대에 누이고는, 침대보다 키가 크면 잘라 죽이고 작으면 늘여서 죽이던, 그리스 신화의 프로크루스테스—그도 결국 자신보다 더 힘센 테세우스에 의해 바로 그 침대에서 잘려서 죽는다—처럼, 우리도 우리 안에 '더 낫고 더 완전한 나'라는 침대를 하나 만들어 놓고는 지나가는 나그네, 곧 순간순간 우리 안에서 올라오는 온갖 감정과 느낌과 생각과 말을 이리저리 재 보고 헤아려 보고는, 어떤 것은 길다고 잘라 내고 어떤 것은 짧다고 애써 늘이면서 스스로를 괴롭히고 있지는 않은가?

그렇게 애틋하게 자기완성과 자기해방을 위해 그 오랜 세월 몸부림쳐 왔건만, 아직 끝나지 않고 채워지지 않는 이 내면의 갈증은 도대체 어찌 된 일인가? 어쩌면 자기완성과 자기해방을 위해 나아가는 우리의 방향과 방법 그 자체가 잘못된 것은 아닐까? 그리하여 이미 처음부터, 다시 말해, 자기완성과 자기해방의 그 힘든 길로 우리를 들어서게 만든 어떤 전제 자체가 잘못되어 있는 것은 아닐까? 우리는 어쩌면 이미 첫 단추부터 잘못 꿰고 있었던 것은 아닐까?

자기완성과 자기해방을 위한 우리의 모든 노력은 현재의 자신이 무언가 부족하고 불완전한 존재라는 전제 위에서 출발한다. 그런데 이 '부족하다' 혹은 '불완전하다'라는 전제는 사실인가, 아니면 우리의 무지와 분별심이 만들어 낸 허구적인 자기규정에 불과한 것인가? 안타깝게도 우리는 미처 이러한 사실을 자세히 따져 보거나 살펴보기도 전에 벌써 자기완성을 향한 그 모호하고도 힘겨운 길을 헐떡이며 달려가고 있지 않은가. 그렇게 열심히 달려가다 보면, 그리고 때로 열심이 부족할 때 채찍에 채찍을 더하다 보면 언젠가는—아, 언젠가는!—이 질기고도 오랜 갈증이 끝나고 더 완전한 존재가 되겠지 하면서 말이다. 그리고 오직 그 완전을 향한 노력만이 자신을 구제해 줄 '생명으로 인도하는 문'이며, 오직 그 방향만이 선(善)이요, 진정으로 사는 길이라고 철석같이 믿고서 말이다.

그런데 '진실'은 우리의 생각이나 기대와는 전혀 다른 곳에서 전혀 다른 모습으로 우리를 기다리고 있는지도 모른다. 정말이지 '하늘의 이치'와 '사람이 하고자 하는 바'는 매번 서로 반대될 뿐일지도 모르며, 우리 눈에는 분명 생명으로 인도하는 문으로 보이는 것이 사실은 멸망으로 인도하는 문일지도 모른다. 만약 그렇다면, 완전을 향한 우리의 이 눈물겨운 노력은 뭐란 말인가? "여호와의 말씀에 내 생각은 너희 생각과 다르며 내 길은 너희 길과 달라서 하늘이 땅보다 높음같이 내 길은 너희 길보다 높으며 내 생각은 너희 생각보다 높으니라."(이사야 55:8~9) 그렇듯 우리는 어쩌면 내내 동쪽으로 달려가면서도 서쪽에 있는 물건을 얻으려고 하고 있는지도 모른다.

진리는, 도는, 진정한 자기완성은 저기, '나'를 떠난 어딘가에, 완전을 향한 우리의 무한대의 수고와 노력의 연장선상에 있지 않다. 그것은 오히려 전혀 뜻밖에도, 지금 여기 있는 그대로의 내 안에 있다. 내가 이미 그것이다. 그리고 이것은 진실이다. 아니, 오직 이것만이 진실이다. 그러니 우리의 무지와 분별심이 만들어 낸 허구의 자기규정에 사로잡힌 채 자신의 노력을 통하여 완전을 이루려는 그 마음을 내려놓고, 지금 여기 있는 그대로의 자기 자신으로 돌아오라. '나'는 그냥 '나'일 뿐, 본래 부족하거나 불완전한 존재가 아니다. 이 진실에 눈을 뜨고, 있지도 않은 미래를 향해 달려 나가던 그 마음을 돌이켜 '지금'으로 돌아오라. 다만 '지금'을 살라. 단지 그렇게만 하면 된다. 우리가 그토록 찾고 구하던 깨달음이랄까 도는 그러한 '돌이킴' 속에서 비로소 그 소박하고 투명한 모습을 드러내게 된다. 그러면 스스로 알게 되리라, 현재는 부족하지 않으며, '나'

와 '삶'과 '세상'은 이미 처음부터 완전했음을!

그렇게 있는 그대로의 현재로 그 마음을 돌이킴이 바로 '스스로 살려고 하지 않는 것'이다. 그것은 곧 완전을 향해 달려나가던 지금까지의 모든 지식과 믿음과 노력의 포기, 곧 자신의 '죽음'을 의미한다. 죽어야 진정 살리라. 스스로 살려고 하지 말라. 예수도 말하고 있지 않은가. "자기 목숨을 얻는 자는 잃을 것이요, 나—곧 참된 실재, 진리, 도(道)—를 위하여 자기 목숨을 잃는 자는 얻으리라."(마태복음 10:39)

성인은 그 몸을 뒤에 두기에
오히려 몸이 앞서고,
그 몸을 돌보지 않기에
오히려 온전히 보전된다.

이때, 성인이 그 몸을 뒤에 둔다느니 혹은 그 몸을 돌보지 않는다느니 하는 것도 '스스로 살고자 하지 않는' 삶의 모습을 가리킨다. 그런데 그렇게 스스로 살고자 하지 않음에도 불구하고 그 몸은 오히려 앞서고, 오히려 온전히 보전된다. 아, 이 놀라운 삶의 반전과 진정한 비약이여!

이는 사사로움이 없기 때문이 아닌가?
그래서 그 사사로움도 이룬다.

이제 그에게는 앞이니 뒤니 하는 것도 없다. 그래서 그 몸을 뒤에 둔다는 것도 없고, 그 몸이 앞섰다는 것도 없다. 단지 그냥 매 순간 있는 그대로의 삶이 있을 뿐이다. 단지 삶이 있을 뿐이기에 그에게는 사사로움이라는 것도 없고, 그러면서도 동시에 모든 순간, 모든 일상 속에서 '나'의 삶을 아름답고도 훌륭하게 이룬다.

물은 사람들이 싫어하는 곳에 처한다

정말 그러하다. 진리가 어디에 있느냐 하면,

도가 어디에 있느냐 하면 우리가 그토록 처하기를

싫어하고 외면하는 바로 그곳, 그 낮고 초라한 곳,

지금의 그 부족과 결핍 속에, 번뇌와 망상 속에, 중생 속에,

지금 여기 있는 그대로의 '나' 속에 있다.

도덕경 8장

가장 좋은 것은 물과 같다.

물은 만물을 이롭게 하면서도 다투지 않으며,

모든 사람이 싫어하는 곳에 처한다.

그러므로 도에 가깝다.

좋은 땅에 거하며,

마음은 깊은 연못과도 같이 고요하고,

줄 때는 자신의 모든 것을 아낌없이 내준다.

말은 언제나 있는 그대로를 말하며,

최선의 다스림을 베풀고,

모든 일에 최선을 다하며,

움직일 때는 최선의 때를 따라 움직인다.

무릇 다투지 않으므로 허물이 없다.

上善若水. 水善利萬物而不爭, 處衆人之所惡, 故幾於道.

居善地, 心善淵, 與善仁, 言善信, 政善治, 事善能, 動善時.

夫唯不爭, 故無尤.

이 장은 앞장을 이어받아, '스스로 살려고 하지 않음'으로 말미암아 있는 그대로의 도와 하나 되어 '현재의 온전함'에 눈을 뜬 사람과 그 삶의 모습을 '물'이라는 상징을 통해 아름답고 섬세하게 묘사하고 있다.

가장 좋은 것은 물과 같다.
물은 만물을 이롭게 하면서도 다투지 않으며,
모든 사람이 싫어하는 곳에 처한다.

그런데 여기에서는 "물은 모든 사람이 싫어하는 곳에 처한다."라는 말로부터 우리의 얘기를 시작해 보자. 모든 사람이 싫어하는 곳? 그것은 어떤 곳일까? 아마도 낮은 곳, 더러운 곳, 초라한 곳, 힘든 곳, 좁고 길이 협착한 곳 등일 것이다. 사람들은 대개 이런 곳을 싫어한다. 반면에 높은 곳, 깨끗한 곳, 편안한 곳, 넓고 길이 평탄한 곳 등을 좋아한다. 그래서 언제나 그런 자리에 자신을 두고 싶어 하는 것이다. 그런데 물은 그와 같은 우리의 관심과 노력과는 반대로 언제나 낮은 곳에 자신을 둔다. 그런 물을 가리켜 노자는 "도에 가깝다."고 말하는 것이다.

이를 우리 내면의 얘기로 바꿔 보면 어떨까? 사람들이 처하기를 싫어하는 곳은 바깥에만 있는 것이 아니다. 우리 안에도 많이 있다. 이를테면, 불안이나 무기력, 우울, 외로움, 게으름, 미움, 짜증, 분노, 초라함, 부족함, 경직과 긴장, 강박, 말더듬 등등이 그것인데, 사람들은 자신이 그런 마음 상태에 처하는 것을 몹시도 싫어하고 못 견뎌 한다. 그렇지 않은가? 반면에 당당함, 확신에 찬 모습, 편안함, 충만, 사랑, 겸손, 자유, 여유로움, 넉넉함 등은 좋게 여겨 그것을 추구하면서 언제나 자신을 그런 곳에 두고 싶어 한다. 그러나 물은 언제나 낮은 곳, 우리가 결코 처하고 싶어 하지 않는 바로 그곳에 자신을 둔다. 그렇기에 "도에 가깝다."고 하는 것이다.

정말 그러하다. 진리가 어디에 있느냐 하면, 도가 어디에 있느냐 하면 우리가 그토록 처하기를 싫어하고 외면하는 바로 그곳, 그 낮고 초라한 곳, 지금의 그 부족과 결핍 속에, 번뇌와 망상 속에, 중생 속에, 지금 여기 있는 그대로의 '나' 속에 있다. 그것은 결코 수많은 노력과 수고와 수행을 통해 도달해야 하는 미래의 완전한 곳, 높은 곳, 넓고 평탄한 곳에 있지 않다. 그런데도 우리는 끊임없이 낮은 곳을 버리고 높은 곳으로, 부족을 버리고 완전으로, 현재를 버리고 미래로 가려 하고, 번뇌를 버리고 보리를, 중생을 버리고 부처를, 지금 여기 있는 그대로의 '나'를 버리고 미래의 더 완전한 '나'를 구하고 있지 않은가? 그런데 이것은 정확히 진리를 버리고 진리를 찾으며, 도를 버리고 도를 구하는 격이다. 그러고도 그것이 가능하다고 철석같이 믿고서 달려 나가고 있으니, 이를 어쩌면 좋을까?

자, 그렇게 바삐 길을 떠나지만 말고 잠시만이라도 앉아 가만히 생각해 보자. 만약 내가 지금 진리를 구하려 하고 깨달음을 얻고자 한다면, 그것은 아직 내게는 진리가 없으며 아직 깨닫지 못했다는 증거다. 만약 내가 지금 진리를 알거나 깨달아 있다면, 그것을 구하려는 어떠한 몸짓도 노력도 하지 않을 것이기 때문이다. 다시 말하면, 나는 지금 그것에 대해 '모른다'는 것이다. 모름에도 불구하고 어찌 그리도 쉽게 지금 여기 있는 그대로의 나에게는 진리도, 깨달음도 없다고 단정지을 수 있으며, 그것을 또한 그리도 쉽게 미래에다 몽땅 투영해 놓을 수 있는가? 아니, "현재에는 없고, 열심히 수행하고 노력하다 보면 미래에는 있을 수 있다."라는 그 생각, 그 모호하고도 맹목적인 믿음—나를 줄곧 깨달음과 완전을 향해 달려 나가게 만드는 — 은 도대체 어찌 된 것인가? 그것은 정녕 그 누구도 부인할 수 없는 사실인가? 아니다. 그렇기는커녕 바로 그것이, 아니 바로 그것만이 진정 허구다.

현재 혹은 현재의 '나'는 부족이니 완전이니 하는 것으로, 중생이니 부처니 하는 것으로, 또한 지금 이 순간의 '나'의 감정과 느낌과 생각들도 번뇌니 보리니 하는 것으로 규정하거나 정의 내릴 수 있는 것이 아니다. 그러한 모든 구별은 전적으로 우리의 무지와 분별심이 만들어 낸 허구다. 그런 것은 있지도 않다. 그냥 다만 모든 것은—'나'를 포함하여—지금 여기 있는 그대로일 뿐이며, 그 하나하나는 우리가 일으킨 그 어떤 분별로부터도 떠나 있다.

그러니, 그냥 살아라. 우리의 생각과 관념 속에만 있지 실재하지 않는 현재의 부족을 메우려 하지도 말고, 그것에 저항하지도 말며, 또한 있지도 않은 미래의 완전이나 깨달음을 추구하지도 말라. 그냥 다만 현재 있는 그대로의 자기 자신을 살라. 그렇게, 다만 분별 없는 지금 이 순간에 존재하는 것, 이를 일컬어 '깨달음'이라 한다. 그러니 따로 해야 할 일이 있는가? 그냥, 주어지는 현실을 열심히 살면 될 뿐이다.

그렇게 '분별 없는 현재'에 눈뜬 사람은 물과도 같다. 그에게는 '나'니 '너'니 하는 나눔도 없고, 부족이니 완전이니 하는 구별도 없다. 앞이니 뒤니 하는 것도 그에게는 없기에, 앞서거나 높아지려는 모든 집착과 마음의 작용도 멈춘다. 그에게는 그 모든 다툼이 사라져 버린 것이다. 축복이어라!

그 모든 다툼이 사라져 버린 자리에는 무엇이 있을까? 거기에는 우리가 그토록 갈구하던 영혼의 쉼과 안식이, 꿈에도 그리던 마음의 평화와 자유가, 강물처럼 흐르는 은혜와 진리가, 그리고 무엇보다도 사랑이 있다. 이제 그는 진정으로 자기 안의 만물을 이롭게 하는 삶을 살 수 있게 된 것이다. 나아가 '너'와 구별되고 분리된 '나'라는 것이 없기에, 너의 아픔이 곧 나의 아픔이 되고 너의 기쁨이 곧 나의 기쁨이 되는, 그렇게 모든 존재를 저절로 사랑하는 삶을 살게 된 것이다. 그와 같이 자타불이(自他不二)니 대자대비(大慈大悲)니 이타(利他)니 하는 것은 공허한 이론이나 율법 혹은 계명이 아니다. 그것은 사실이다. 아니, 눈 한 번 뜨면 오직 그것만이 사실이요 실재다. 그리하여 그 모든 것은 저절로 우리 안에서 흘러나오게 된다.

노자는 계속해서, 그렇게 모든 것을 둘로 나누어 보는 분별로 인한 안팎의 갈등과 긴장, 다툼이 끝난 사람의 구체적인 삶의 모습을 물의 비유를 통해 다음과 같이 다양하게 그리고 있다.

좋은 땅에 거하며

물은 장소를 가려 가며 흐르지 않는다. 그냥 흐를 뿐이다. 따라서 그에게는 '좋은 땅'이라는 것이 없다. 그런데도 노자는 "좋은 땅에 거하며"라고 했다. 왜일까? '좋은 땅'이라는 말의 참된 의미는 무엇일까? 사실, 물에게는 좋다느니 나쁘다느니 하는 등의 분별이 없다. 그냥 흐를 뿐이다. 그 '분별 없는 마음'을 이름하여 '좋은 땅'이라 한다. 따라서 "좋은 땅에 거하며"라는 말을 "분별 없는 마음에 거하며"라고 풀이해도 좋으리라. 그렇듯 무분별의 마음으로 담담히 흘러가는 물의 모습을 노자는 이렇게 표현했던 것이다.

이를 다시 우리 내면의 얘기로 바꿔 보자. 우리 안에도 생각과 감정과 느낌이라는 물이 끊임없이 흐르고 있지 않은가. 생각해 보라. 아침에 눈을 떠서 밤에 잠들 때까지 우리는 얼마나 많은 마음의 흐름을 경험하는가. 그것들이 그냥 그렇게 물처럼 흐르도록 내버려 두라. 그것들을 구별하여 또다시 뒤틀거나 쌓아 두거나 버리려 하지 말라. 그러한 분별간택심만 내려지면 그 모든 것은 하나도 남김없이 다 '좋은 것'이요, 다 사랑스러운 '나'일 뿐이다. 우리 내면의 물이 어디로 흐르든 거기가 다 내 자리요, 내가 선 자리마다 진리인 것을!

마음은 깊은 연못과도 같이 고요하고

그렇게 분별 없는 '좋은 땅'에 거할 줄 아는 사람의 마음은 언제 어느 때나 깊고도 고요하다. 커다란 연못의 표면이 아무리 격렬하게 물결친다 해도 그 깊은 내면에서는 아무런 동요도 없이 그저 고요할 뿐이듯이 말이다. 그런데 이 '고요하다'는 것은 결코 어떤 '모양'에 있지 않다. 다시 말하면, 그것은 격렬한 파도처럼 잠시도 가만히 있지 못하고 끊임없이 흔들리거나 요동치는 모양과 구별된 의미의 고요가 아니라는 말이다. 이때의 '고요'란, 정확히 말하면, '격렬한 파도 그 자체가 되는 것' 그리고 '흔들리고 요동침과 하나 되는 것'을 가리킨다. 즉, 격랑 그 자체가 곧 고요라는 말이다.

우리가 하루하루의 삶에서 경험하게 되는 온갖 다양하고 변화무상한 감정과 느낌과 생각도 '격랑'이라고 말할 수 있는 바, 그 모든 것이 그냥 물처럼 흐르도록 내버려 둘 수 있을 때, 그리하여 격랑 자체와 하나 될 때 우리는 진정으로 그 어떤 격랑에도 물들지 않는 고요를 맛볼 수 있다. 다시 말해, 진정한 고요는 격랑 속에 있는 것이다. 그런데도 우리는 번뇌라는 격랑을 버리고 따로 보리라는 고요를 구하고 있지 않은가?

줄 때는 자신의 모든 것을 아낌없이 내준다.

물은 만물을 이롭게 하면서도 끝없이 끊임없이 자신을 내주기만 한다. 거기 어디에 자신의 행위에 대한 주목이나 대가를 바라는 마음이 있는가. 물은 언제나 그냥 그렇게 할 뿐이다. 그것은 바로 무아(無我)가 아닌가. 그 무아에서 저절로 흘러나오는 것이 바로 사랑이다.

사실, 우리는 사랑하기 위해서 태어난 존재다. 그 무아에서 비롯되는 무한한 사랑이 바로 우리의 본래면목이기 때문이다. 그런데도 우리는 우리 자신의 그토록 아름다운 본래 모습은 돌아보지 아니하고, 안타깝게도 끊임없이 바깥으로만 떠돌고 있구나.

말은 언제나 있는 그대로를 말하며

언제나 있는 그대로를 말한다는 것이 무슨 뜻일까? 그것은 이를테면, 아는 것을 안다 하고 모르는 것을 모른다고 하는 것, 혹은 있는 것을 있다 하고 없는 것을 없다고 하는 것, 그리고 인 것은 이다 하고 아닌 것은 아니다 하는 것이다. 얼마나 단순한가? 진리 혹은 진실은 그토록 단순한 것이다. 그런데 그것이 우리에게는 얼마나 어렵고 힘든 일이 되어 버렸는가?

예수도 말했다. "오직 너희 말은 옳다 옳다, 아니라 아니라 하라. 이에서 지나는 것은 악으로부터 나느니라."(마태복음 5:37)

공자도 논어에서 다음과 같이 말하고 있다. "아는 것을 안다 하고, 모르는 것을 모른다 하는 것, 이것이 (진정한) 앎이다."

최선의 다스림을 베풀고

무엇이 최선의 다스림일까? 어떻게 하는 것이 가장 잘 다스리는 것일까? 그것은 다스리려 하지 않는 것이다. 내 안을 다스리려 하지 말라. 그냥 놓아두어라. 완전함과 깨달음이 좋다 하여 끊임없이 자신을 채근하며 자기 안의 온갖 다양한 생명을 주눅 들게 하지 말라. 그 하나의 '좋아 보이는 것'을 위하여 지금 있는 그대로의 자신을 닦달하고 통제하고 조작하려 하지 말라. 그렇게 자신을 억압하지 말라. 이제 그만하라. 진리는, 참된 마음의 평화는 그렇게 오는 것이 아니다. 그냥 단지 있는 그대로의 자신의 '현재'를 살아라. 다만 그것이면 족하다.

모든 일에 최선을 다하며

'최선'이라는 것도 내 바깥에 따로 어떤 '모양'을 하고 있는 것이 아니다. 언제 어느 때나 모두가 본받아야 하고 행해야 할 '최선'이라는 것은 우리의 관념과 생각 속에만 존재한다. 그리고 그것은 허구다. 그렇다면 이 말은 무슨 뜻일까?

'모든 일'이라고 하는 것은 내 바깥에서 주어지는 매일 매일의 일과나 사람과의 관계만을 의미하지는 않는다. 그것은 오히려 내 안의 모든 일, 곧 하루 동안의 삶에서 경험하게 되는 온갖 다양한 감정과 느낌과 생각의 작용과 흐름을 의미한다고도 볼 수 있다. 그렇다면 "모든 일에 최선을 다한다."는 것은 곧 우리 안의 그 어떤 것도 거부하거나 배척하지 않으며, 왜곡하거나 미화하지도 않고, 다만 매 순간 있는 그대로의 자신을 올올이 살아 낸다는 의미다. 그것은 곧 '분별 없는 현재'를 산다는 것이며, 이것이 바로 '그냥 사는' 모습이다. 진리는 바로 거기에 있다.

움직일 때는 최선의 때를 따라 움직인다.

마찬가지로, 진정한 의미의 '최선의 때'란, '최선의 때'라는 것을 따로 두거나 분별하는 바로 그 마음만 내려지면 모든 때가, 모든 순간이, 그리하여 우리네 삶 전체가 온통 '최선의 때' 아님이 없음을 알게 된다. 그러니 이 얼마나 가슴 벅찬 삶인가!

무릇 다투지 않으므로 허물이 없다.

다시 더 무엇을 말하리오.

9장

그냥 현재를 살아라

우리가 찾는 인생의 궁극의 답은

추구의 연장선상에서 오는 것이 아니다.

그러한 노력으로는 우리 자신을 완전케 할 수 없다.

우리가 그리는 완전함이란 실재하지 않는,

우리의 관념 속에만 있는 허구이기 때문이다.

답은 뜻밖에도 지금 여기에 있다.

도덕경 9장

잡고서 그것을 가득 채우려 함은
그만두느니만 못하고,
헤아려 가며 더욱 날카롭게 해 보지만
오래 보존할 수가 없다.
금과 옥으로 집 안을 가득 채워도
지킬 수가 없나니,
부귀하면 교만해져서
스스로 허물을 남기게 된다.
공(功)을 이루면 몸이 물러나는 것,
이것이 하늘의 도이다.

持而盈之, 不如其已. 揣而銳之, 不可長保.
金玉滿堂, 莫之能守. 富貴而驕, 自遺其咎.
功遂身退, 天之道.

우리 눈에 좋아 보이는 것이 반드시 우리에게 좋은 것은 아니며, 우리 눈에 나빠 보이는 것이 반드시 나쁜 것도 아니다. 우리에게 '감각되는 것' 과 '사실'이 언제나 일치하지는 않는다는 말이다. 따라서 우리의 마음이 단지 감각에만 머물지 않고 그 너머 있는 그대로의 사실에 닿을 수만 있 다면, 우리는 즉시 마음의 평화를 얻을 수 있는 것이다.

'새옹지마(塞翁之馬)'라는 옛말이 있다. 옛날 북방 국경 근방에 한 늙은 이가 살고 있었는데, 하루는 그가 기르던 말이 아무런 까닭도 없이 집을 나가 오랑캐들이 사는 국경 너머로 도망가 버렸다. 이 사실을 알게 된 마 을 사람들이 늙은이를 찾아와 위로하고 동정하자, 늙은이는 "이것이 또 무슨 복이 되는지 누가 알겠소?" 하고 조금도 낙심하지 않았다. 얼마 후 뜻밖에도 그 말이 오랑캐의 좋은 말 한 필과 함께 집으로 돌아오자, 마을 사람들이 이번에는 이를 크게 기뻐하며 축하하였다. 그러자 그 늙은이 는 "이것이 또 무슨 화가 되는지 어찌 알겠소?" 하고 조금도 기뻐하지 않았다. 그런데 집에 좋은 말이 생기자, 전부터 말타기를 좋아하던 늙은이의 아들이 그 말을 타고 마구 달리다가 그만 말에서 떨어져 다리가 부러져 버렸다. 아들이 불구가 된 데 대해 마을 사람들이 슬퍼하며 안타까워하자, 늙은이는 "이것이 혹시 복이 될는지 누가 알겠소?" 하며 태연한 표정이었다. 1년이 지난 후 오랑캐들이 대거 쳐들어왔다. 마을의 장정들은 활과 창을 들고 전쟁터에 나가 싸우다가 모두 전사하였는데, 늙은이의 아들만은 다리가 불구여서 징집을 면해 부자(父子)가 모두 무사할 수 있었다는 이야기다.

우리가 인생을 살면서 이 늙은이와 같은 삶의 지혜에 눈뜰 수만 있다면, 우리는 삶에서 치러 내야 할지도 모르는 많은 수고와 아픔과 힘겨움을 덜 수 있을 것이며, 동시에 참으로 풍요롭고 감사한 것들로 가득 찬 삶을 살 수 있게 될 것이다.

그러나 우리 중에 많은 이들은 그러지를 못하고, 지금 눈앞에 보이는 것들이 전부인 양, 그리고 그것이 움직일 수 없는 사실인 양 여기고는 그것에 집착하면서 스스로 고통받으며 살아가는 안타까운 모습들을 본다. 아, 그들에게도 이 늙은이와 같은 지혜가 열리기를! 그리하여 늘 펼쳐지는 이 깊고도 풍요로운 삶의 바다를 마음껏 자유롭게 헤엄쳐 다닐 수 있기를!

잡고서 그것을 가득 채우려 함은
그만두느니만 못하고

잡고서 그것을 가득 채우려 함은……? 무얼 잡고서? 다름 아닌, 늘 불만족스러운 '나'를 잡고서 그 '나'를 온갖 좋은 것들로 가득 채우려 한다는 말이다. 우리가 늘 하는 일이 이런 일이지만, 도대체 얼마만큼을 채워야 우리는 진정으로 만족하게 될까? 얼마만큼을 채워야 우리가 삶에서 늘 애쓰고 노력해야만 했던 불만족이 영원히 끝이 날까? 그런데 정녕 그런 순간이 올까?

그리고 '만족'이라는 것이 정말로 그렇게 무언가로 가득 채움으로써 가능해지는, 혹은 어떤 조건이 온전히 충족됨으로써 비롯되는 무엇일까? 오히려 그렇기는커녕 '채워서 만족하려는' 그 마음의 허망함을 깨닫고 한순간 그 마음을 내려놓을 때, 우리는 이미 부족하지 않은 자신을 발견하게 되는 것이 아닐까? 아무것도 가지고 있지 않으나 아무것도 원하지 않기에 늘 충만한 자신을 말이다.

진정한 만족이란 바깥에서 주어지는 것이 아니다. '나'는 그렇게 해서 채워질 수 있는 존재가 아니다. 왜냐하면 '나'는 이미 부족하지 않기 때문이다.

헤아려 가며 더욱 날카롭게 해 보지만,
오래 보존할 수가 없다.

이 말도 마찬가지다. 우리가 숫돌에 칼을 갈 때 가끔씩 칼날을 세워 눈으로 손으로 헤아려 가면서 날을 갈 듯이, 그렇게 우리 자신을 가끔씩 돌아보며 채근하며 '더 나은' 사람이 되고자 애쓰고 또 애썼지만, 그 오랜 세월 그렇게 마음 쓰고 노력한 만큼 정말 그런 사람이 되던가? 그래서 마침내 영혼의 쉼이 오던가? 그렇기는커녕 왠지 모르게 자꾸만 그런 사람이 된 체하고, 짐짓 강한 척, 잘난 척, 아는 척하게 되지 않던가? 사실은 단 한 발짝도 진정으로 나아가지 못했으면서도 그런 포장과 가식은 자신도 모르게 자꾸만 더 정교해지고 많아지지 않던가? 아, 무언가를 추구하는 데서 비롯되는 이 어쩔 수 없는 거짓과 오만이여!

이런 얘기를 하다 보니, 문득 지리산에서의 나의 지난 삶의 한 토막이 생각난다. 나도 '더 나은' 사람이 되고 싶은 목마름에 교직을 그만두고 지리산으로 들어가 산 중턱의 토굴 같은 집에서 혼자 생활하고 있을 때의 일이다. 어려서부터 이런저런 칭찬을 자주 들으며 자라 온 나는 그것이 나도 모르게 무조건적인 자기우월감으로 내면 깊이 자리 잡고 있었기에, 교직을 그만두고 지리산 깊은 산 속으로 들어왔다는 사실을 무슨 대단한 훈장처럼 여기고는 만나는 사람마다 스스로 자랑하며 다녔다. 말하자면, 그것은 "교직을 그만두면서까지 이 깊은 산 속으로 들어와 진리를 추구하는 나 같은 사람 있으면 나와 보라고 그래!"라는 식이었으며, 하필 지리산이라 도 닦는 사람이 많다 보니 언제나 열심히 수행하고 용맹정진하는 수행자처럼 행세했던 것이다.

그런데 조금만 더 깊이 그때의 나를 들여다보면, 그것이 얼마나 "곧 말라 버릴 무화과나무 잎으로 치마를 만들어 자신의 벗었음을 가리고자 한" 짓이었으며,[*] 있는 그대로의 자신을 맞닥뜨리기가 두려워 그것을 깊이 숨기고는, (노자가 여기서 말하는 것처럼) "지키지도 못할 온갖 좋아 보

---

[*] 3장에서, 선악과를 따먹은 아담과 하와가 자신들의 '벗었음'을 부끄러워하며 그랬던 것처럼! 그런데 고작 무화과나무 잎으로 가려 보아야 얼마를 가리겠는가? 그런데도 마치 그런 노력들이 온전히 자신을 가려 주고 숨겨 줄 수 있기라도 한 듯이 나는 얼마나 자주 그 허망한 몸짓들을 되풀이하고 또 되풀이했던지!

이는 것들로 '나'라는 집 안을 가득 채우고 미화하기에 급급했던" 어리석음에 지나지 않았는지를 알 수 있다. 이제 그 얘기를 조금 하려고 한다.

지리산에 들어가서 첫 두어 달 동안에 있었던 이야기다. 그때 나는, 앞서 얘기한 것처럼, 다른 사람을 만나기만 하면 마치 자기우월감에 빠진 환자처럼 거의 본능적으로 자신이 무슨 대단한 수행자라도 되는 양 우쭐거리며 끊임없이 지껄이고 다녔는데, 그러다가 혼자 있게 되면 이번에는 내가 언제 수행자였느냐는 듯 더없이 게으르고 권태로워하면서, 자신이 정작 해야 하는 일에 대해서조차 힘겨워하고 있었다. 그랬으니, 특히 홀로 있는 저녁 시간이 되면 거의 완전히 본색을 드러내어, 그 무엇도 하기 싫어하고 귀찮아하면서 멍청히 아랫목에 앉아 그저 지겨워하고 있기가 일쑤였는데, 그러던 어느 날엔가부터는 그 무료함을 달래기 위해 문득 눈에 들어온 생라면을 부숴 먹기 시작했다.

그렇게 시작된 지리산에서의 나의 생라면 부숴 먹기는 라면 한 박스가 바닥이 나도록 매일 밤 계속되었는데, 처음에는 생라면만 부숴 먹다가 나중에는 더 맛있게 먹으려고 수프를 조금씩 뿌려 가며 먹기도 하고, 또 어떤 때는 버너불에 살짝 구운 다음 그 위에 수프를 뿌려 먹으니 더욱 맛있는 것 같아 한꺼번에 두 개씩 먹기도 했다. 그런데 생라면을 부숴 먹어 본 사람은 알리라, 몇 입 깨물지 않아 곧 입 안이 헌다는 것을……! 그런데도 나의 생라면 부숴 먹기는 그칠 줄 모르고 계속되었는데, 무엇보다도 가슴 아프고 슬픈 것은, 그런 중에도 유독 다른 사람을 만나기만 하면 나는 또다시 용맹정진하는 수행자로 표변하여, 생라면을 부숴 먹기는 커녕 그 시간 내내 공부하고 정진한 것처럼 그 사람 앞에서 끝없이 끊임없이 지껄였다는 것이다. 그것도 아직 생라면 냄새가 채 가시지도 않은 그 입으로 말이다.

또 이런 일도 있었다. 아주 가끔은 이런저런 볼일 때문에 대구로 나왔는데, 그럴 때면 으레 예의 그 자기방기적인 게으름과 권태가 발동하여, 무슨 특별한 볼일이 있는 것도 아니면서 괜스레 시내 중심가로 나가 거리를 배회하곤 했다. 그러다가는 또 달리 할 일도 없고 해서, 남의 눈을 피해 가며 야한 영화를 주로 상영하는 삼류 영화관을 곧잘 찾곤 했다. 그런데 이때의 나의 모습을 볼라치면, 마치 007 첩보 작전을 방불케 하는 긴장감과 민첩함이 있었다. 왜냐하면, 그래도 나의 마음속에는 내가 진리를 얻기 위해 속세를 떠난 수행자라는 의식―이것은 특히 남들을 만나기만 하면 대단한 자부심과 허영심으로 더욱 강화되고 미화되었다― 이 무슨 자랑처럼 각인되어 있었기에, 문득 야한 영화를 보고 싶다는 생각이 든 그 순간부터는 혹시라도 나를 아는 사람에게 들킬까 봐 가슴 졸이며 온 사방을 두리번거리게 되었던 것이다.

그것은 영화관이 가까워질수록 강도를 더해 가서 때로는 정말이지 권총을 든 007처럼 벽에 등을 착 붙인 채 주위를 살피기도 하고, 또 때로는 우연히 아는 사람과 마주치게 되면 이번에는 그냥 그곳을 지나가던 중인 것처럼 짐짓 온 얼굴에 미소까지 머금은 채 태연하게 행동한다. 그러다가 이윽고 영화관 입구까지 다다르게 되면 이번에는 극도의 긴장감과 민첩함으로 재빨리 건물 안으로 들어가 몸을 숨기는데, 오! 그 마지막 순간에 남의 눈에 들켜서는 안 되지 않는가! 그렇게 영화관에 들어가서는 누구의 눈에도 띌 염려가 없는 어두컴컴한 곳에 앉아 회심의 미소마저 띠면서, 야한 장면이 나올 때마다 마른침을 꿀꺽 삼키면서 눈이 벌겋도록 영화를 본다. 그리고 영화가 끝나고 다시 밖으로 나올 때는 아까와는 반대로 재빨리 영화관을 빠져나오곤, 가급적 멀리, 누가 보더라도 그런 '저질' 영화와는 아무런 상관이 없을 것 같은 곳까지 빠른 걸음으로 걸어가서는, 이번에는 꿈에서조차 영화를 볼 생각은 해 본 적이 없는 사람의 얼굴이 되어 다시 거리를 활보한다.

하하, 그렇게 끝없이 끊임없이 남의 눈을 의식하면서 온갖 거짓과 가식 속의 허망하고 헛헛한 삶을 살아가던 나도 '남의 눈에 비친 나'나 '내가 생각하는 나'가 아니라, '있는 그대로의 나'에 대해 눈뜨기 시작하면서 조금씩 변해 갔고, 시간은 좀 걸렸지만, 이제 나는 그냥 다만 나로서 살아가는, 겉과 속이 같고 하늘을 우러러 한 점 부끄러움이 없는 삶을 살아가게 된 것이다. 얼마나 감사하고 또 감사한지! 그 모든 방황이 끝난 이 삶이 얼마나 복되고 충만한지! 그리하여, 말로는 이루 다 형언할 수 없는 존재의 이 완전한 행복 — 우리 모두에게 이미 온전히 갖추어져 있는— 을 나는 올올이 모두와 함께 나누고 싶은 것이다.

우리가 찾는 인생의 궁극의 답은 추구의 연장선상에서 오는 것이 아니다. 그러한 노력으로는 우리 자신을 완전케 할 수 없다. 우리가 그리는 완전함이란 실재하지 않는, 우리의 관념 속에만 있는 허구이기 때문이다. 답은 뜻밖에도 지금 여기에 있다. 그렇기에, 답을 얻고서야 마침내 추구가 끝나는 것이 아니라, 문득 추구를 그칠 때 내가 이미 처음부터 답이었음을 그제야 알게 된다.

금과 옥으로 집 안을 가득 채워도

지킬 수가 없나니,

부귀하면 교만해져서

스스로 허물을 남기게 된다.

그러나 어쨌든 우리의 노력은 여전히 미래를 향해 달려가고 있다. 그렇게 자꾸만 자신의 수고와 노력으로 스스로를 채우려 하고, 헤아려 가며 더욱 날카롭게 하며, 온갖 좋은 것들로 '나'라는 집을 가득 채우려 하다 보면, 어느새 교만해져서 스스로 허물을 남기게 되는 것이다. 남들이 하지 못한 엄청난 노력과 공(功)을 들여 도달한 자리인데, 어찌 교만이 따라붙지 않겠는가.

그러나 다시 한 번 진실로 말하거니와, 진리는 결코 그렇게 오는 것이 아니다. 진리는 언제나 낮은 자리에 있다. 바로 지금, 여기!

공(功)을 이루면 몸이 물러나는 것,

이것이 하늘의 도이다.

여기에서 말하는 '공(功)'이란 우리가 삶 속에서 무언가 훌륭하고 아름답게 이루어 낸 업적만을 가리키지 않는다. 오히려 어떤 의미에서 보면, 산다는 것 자체가, 우리네 삶의 모든 순간순간이 온통 공 — 아름답고 장엄하기까지 한! — 인 것이다. 따라서 "공을 이루면 몸이 물러난다."는 것은 어떤 일의 결과와 그에 대한 무집착만을 의미하는 것이 아니라, 삶의 모든 순간에서 분별 없이 있는 그대로를 사는 것을 의미한다. 그것은 곧 머무르는 바 없이 삶을 사는 것이며, 오직 '현재'를 사는 것이니, 또한 하늘의 도인 것이다.

한 순간이라도
지금 이 마음속에
있어 보라

우리의 내면을 가만히 들여다보면, 그 매 순간에는
언제나 하나의 생각과 하나의 감정과 하나의 느낌만이
존재함을 알 수 있다. 두 개의 감정과 두 개의 생각과 두 개의 느낌이
어느 한 순간에 동시에, 함께 있을 수는 없다. 아무리
짧은 순간이라 할지라도 그것은 언제나 시간 간격을 두고
하나씩 이어져 올 뿐이라는 말이다. 그렇듯 우리 삶의 매 순간에는
언제나 오직 하나만이 존재한다.

도덕경 10장

지금 이대로의 모습으로 하나를 껴안아
그것에서 떠나지 않을 수 있는가?
기운을 오로지하고 부드러움을 이루어
능히 어린아이와 같을 수 있는가?
마음의 거울을 닦아 깨끗이 하여
티 하나 없게 할 수 있는가?
백성을 사랑하고 나라를 다스림에
무위할 수 있는가?
하늘 문을 열고 닫음에
암컷일 수 있는가?
분명하게 알아 통하지 않음이 없으면서도
무지할 수 있는가?
낳고 기르면서,
낳되 소유하지 않고,
하되 했다는 의식이 없으며,
길러 주되 지배하려 하지 않으니,
이를 일컬어 현묘한 덕이라 한다.

載營魄抱一, 能無離乎. 專氣致柔, 能嬰兒乎. 滌除玄覽, 能無疵乎.
愛民治國, 能無爲乎. 天門開闔, 能爲雌乎. 明白四達, 能無知乎.
生之畜之, 生而不有, 爲而不恃, 長而不宰. 是謂玄德.

지금 이대로의 모습으로 하나를 껴안아
그것에서 떠나지 않을 수 있는가?

"지금 이대로의 모습으로"라고 번역된 '재영백(載營魄)'에 관한 풀이는 분분하다. 전통적으로 동양에서는 인간이 혼(魂)과 백(魄)으로 이루어졌다고 믿어 왔음을 들어, "영(營)은 옛 주석에 따르면 혼이다. 따라서 영백(營魄)이란 곧 혼백을 말하며, '재영백'이란 그러므로 '혼백을 몸에 싣고서'라는 뜻이다."라고 풀이하는 경우도 있고, 또한 "경영하고 보호하는 것이 영(營)이고, 육체와 정신이 백(魄)이다. 따라서 '재영백'이란 '육체와 정신을 경영하고 보호해서 그것을 언제나 존재하게 한다.'라는 뜻이다."라고 설명하기도 한다.

그러나 이를 좀 더 단순하게 말하면, '지금 이대로의 모습으로'라는 말이다. 지금 이 순간 여기에서 이렇게 살아 숨 쉬고 있는 우리는 모두가 이미 혼백을 싣고 있고, 따라서 '재영백'이란 다름 아닌 지금 이대로의 우리 자신을 가리키는 말인 것이다. 즉 "그 있는 그대로의 모습으로 하나를 껴안아 그것에서 떠나지 않을 수 있는가?"라고 노자는 지금 우리에게 묻고 있는 것이다.

여기에서 '하나'는 일반적으로 도를 가리킨다. 따라서 '하나를 껴안아'라는 것을 곧 '도를 껴안아'라고 풀이한다. "하나인 도를 껴안아 그것에서 떠나지 않을 수 있는가?"라고 묻는 말이라는 것이다. 그 말도 맞다. 그러나 어떻게 도를 껴안을까? 그리고 무엇보다도, 도란 무엇일까?

일반적인 이해에 의하면, 도는 우리의 감각과 인식의 대상이 아니라고 한다. 그래서 그것은 볼 수도, 들을 수도, 만질 수도 없다고 한다. 그 말도 맞다. 그러나 바로 그러하기에 도는 놀랍게도 볼 수도, 들을 수도, 만질 수도 있는 가장 구체적인 사실일 수 있으며, 우리가 언제나 그 속에서 뒹굴며 사는 현재요 실재일 수 있다. 아니, 어쩌면 우리는 언제나 도 곧 진리 속에 살고 있어 단 한 순간도 그것을 떠난 적이 없는지도 모른다. 정녕 그러하다면?!

가만히, 그리고 조금만 주의 깊게 들여다보면 우리의 삶은 언제나 단선적(單線的)임을 알 수 있다. 아무리 복잡한 생각과 감정과 사건들이 우리의 삶을 에워쌀지라도 그 순간 우리의 내면을 가만히 들여다보면, 그 매 순간에는 언제나 하나의 생각과 하나의 감정과 하나의 느낌만이 존재함을 알 수 있다. 두 개의 감정과 두 개의 생각과 두 개의 느낌이 어느 한 순간에 동시에, 함께 있을 수는 없다. 아무리 짧은 순간이라 할지라도 그것은 언제나 시간 간격을 두고 하나씩 이어져 올 뿐이라는 말이다. 그렇듯 우리 삶의 매 순간에는 언제나 오직 하나만이 존재한다.

우리는 지금 이 순간 이미 '하나'를 살고 있다. "하나를 껴안고" 어쩌고 하기 전에 우리는 이미 그 '하나'를 살고 있는 것이다. 아, 우리는 지금 이 순간 이미 '하나'인 도를 살고 있다! 도를 찾거나 추구하기도 전에 우리는 이미 그 도를 살고 있는 것이다. 도란 얼마나 가까이 있는가? 아니, '가까이'라는 말 자체가 성립되지 않을 만큼 우리 자신이 이미 도요, 삶이 곧 도인 것이다. 그러니 따로 무엇을 구한단 말인가? 그냥 살면 될 뿐! 오직 구하려는 그 한 마음만 내려놓으면 지금 이 자리가 바로 도요 진리인 것을…….

그러나 안타깝게도 우리는 바로 그 다음 순간 그 '하나'를 떠난다. 아니, 좀 더 정확하게 말하면, 우리는 결코 그 '하나'를 떠날 수 없는데도 불구하고 마치 우리가 애쓰고 노력하면 그 '하나'를 떠나 자신이 원하는 자리에 도달할 수 있을 것처럼 착각할 뿐이다. 그런데도 우리는 그것이 착각이 아니라 실제라고 여기기에 그냥 있는 그대로의 그 '하나'를 살지 못하고, 그것을 못 견뎌 하며 기어코 바로 다음 순간 그 '하나'를 떠나 버리고 마는 것이다.

그리하여 미움을 떠나 사랑을 찾고, 게으름을 떠나 성실을 구하며, 분노를 떠나 자비롭기를 원한다. 또한 짜증을 떠나 온유하기를 바라고, 불안을 떠나 당당해지려 한다. 그와 같이 부족을 떠나 완전을 구하고, 번뇌를 떠나 보리를 찾으며, 중생을 떠나 부처가 되려고 한다. 우리는 언제나 그렇게, 지금 여기 있는 그대로의 현재, 곧 '하나'를 그처럼 황망히 떠나 버리는 것이다. 그래서 노자는 우리에게 애틋하게 묻는다. "그 하나를 떠나지 않을 수 있는가?"라고. 왜냐하면, 매 순간의 그 하나하나가 바로 도 (道)―바람이 불면 이리저리 흔들리며 물결치다가 바람이 잠잠하면 그저 고요할 뿐인 파도 한 방울 한 방울이 그대로 바다이듯이―이기 때문이다.

사실, 이 장에서 노자가 하고자 하는 얘기는 이 한 문장으로 족하다. 이 한 줄 글의 참뜻이 그대로 우리의 삶에 이루어진다면 그것으로 도덕경은 이미 족한 것이다. 그러나 우리의 노자는 차마 그치지를 못한다. 그러기에는 그의 사랑이 너무 크다.

기운을 오로지하고 부드러움을 이루어
어린아이와 같을 수 있는가?

"기운을 오로지하고"는 곧 기운을 전일(專一)하게 한다는 것인데, 그 것은 오직 '하나'만 있게 된 상태를 말한다. 무엇이든 둘로 나누어 버리면 우리는 결코 전일할 수도 없고 편안할 수도 없는 것이다. 그런데 위에서 말했듯이, 우리 내면의 삶의 매 순간을 들여다보면 언제나 오직 '하나'만이 존재하고, 따라서 우리에게는 이미 그리고 언제나 전일함만이 있는데, 이때 "부드러움을 이루어"는 곧 '무위'를 가리킨다. 다시 말해, 매 순간의 '하나'를 떠나 무언가 더 나은 것을 이루려 하거나 얻으려 하는 모든 마음 작용이 멈추는 것을 뜻하며, 그것은 곧 그 '하나'를 떠나지 않아 다만 있는 그대로의 현재를 사는 것을 말한다. 이것은 결국 앞의 "지금 이대로의 모습으로 하나를 껴안아 그것에서 떠나지 않을 수 있는가?"와 같은 말임을 알 수 있는데, 이 대목에서 잠시 달마어록(達磨語錄)에 나오는 다음의 구절에 주목해 보자.

"지혜로운 사람은 자신에게 맡기지 않고 사물―우리 안팎의 사물 곧 미움, 짜증, 분노, 게으름, 망상 등뿐만 아니라 형상, 소리, 냄새, 맛, 촉감 등 매 순간순간의 '하나'—에 맡기므로 취함과 버림이 없으며 거스름과 순응함도 없다. 어리석은 사람은 사물에 맡기지 않고 자신에게 맡기기에 취함과 버림이 있으며 거스름과 순응함도 있다. 사물이 오면 오는 대로 그에 맡겨 거스르지 말며, 떠나가면 떠나가는 대로 내버려 두고 좇지 말라. 이를 두고 도를 행한다 한다."

달마도 결국 같은 말을 하고 있지 않은가?

"어린아이와 같을 수 있는가?"라는 말에서 우리는 곧잘 '어린아이'를 교훈적인 이미지와 연결시켜 이해하는 경우가 많다. 그래서 이 구절을 "어린아이처럼 부드러울 수 있는가?" 혹은 "어린아이처럼 욕심이 없을 수 있는가?"라고 풀이한다. 그러나 그것은 대개 어른들의 관념의 투영일 때가 많다. 스스로를 짐 지우는!

내게도 딸아이가 있는데, 다섯 살이 되면서부터 부쩍 많아진 녀석의 짜증을 계기로 그 아이를 찬찬히 살펴보게 되었다. 그러면서 내가 발견할 수 있었던 것은, 그 아이에게는 다만 '현재'만 있더라는 것이다. 그 아이에게는 다만 현재의 순간순간의 삶밖에 없었다. 금방 짜증을 부리다가도 바로 다음 순간에 다른 어떤 일이 자신의 관심을 사로잡으면, 언제 그랬냐는 듯 까르르 웃어댄다. 또 그러다가 문득 조용하다 싶어 돌아보면, 어느새 놀던 모습 그대로 폭 엎어져 쌔근쌔근 잠들어 있다. 그 아이에게는 미래의 완전한 자아상이라는 것도 없었고, 부족이니 완전이니 하는 분별도 없었으며, 더 나은 자신을 위하여 현재의 자신을 조절하거나 통제하거나 억압하지도 않았다. 그 아이는 다만 순간순간의 삶을 살 뿐이었다. 그렇게 그 아이에게는 오직 전일한 현재 있는 그대로의 삶만이 있었다.

노자는 다시 우리에게 말한다. "어린아이와 같을 수 있는가? 어린아이와 같이 매 순간의 현재를 살 수 있는가? 정녕 그럴 수 있을 때, 그대가 그토록 원하는 자유니 행복이니 사랑이니 하는 것들은 저절로 그대의 삶에서 주렁주렁 열매 맺게 될 것이다. 진리라는 것은 그토록 가까이, 저기가 아니라 바로 지금 여기에 가득히 있다."라고.

예수도 말한다. "진실로 너희에게 이르노니, 너희가 돌이켜 어린아이들과 같이 되지 아니하면 결단코 천국에 들어가지 못하리라."(마태복음 18:3) 아멘!

> 마음의 거울을 닦아 깨끗이 하여
> 티 하나 없게 할 수 있는가?

이런 류의 문장을 대할 때마다 나는 괜스레 흥분한다. 왜냐하면 대다수 사람이 오해하고 있는 것이 바로 이 부분이기 때문이다. 그렇다면 과연 어떻게 하는 것이 마음의 거울을 깨끗하게 하는 것일까? 어떤 것이 정녕 티 없는 마음일까? 그리고 닦아 내고 제거해야 할 '마음의 때' 혹은 '티'라는 것은 무엇일까?

그것은, 우리가 일반적으로 알고 있는 것처럼, 미움이나 짜증, 분노, 게으름, 무기력 혹은 식욕, 성욕, 수면욕 등 온갖 욕망과 번뇌 망상일까? 그러한 것들이 정녕 닦아 내고 제거해야 할 우리 마음의 때 혹은 티일까? 그리하여 "마음의 거울을 닦아 깨끗이 하여 티 하나 없게 할 수 있는가?"라는 노자의 말을, "그와 같은 모든 더러운 마음의 때를 깨끗이 씻어 내고 닦아 내어 티 하나 없게 할 수 있겠는가?"라고 읽어야 할까?

그러나 이 글은 그런 뜻이 아니다. 만약 이 글을 그렇게 교훈적으로 읽으면 우리는 스스로를 짐 지우게 된다. 진리는 결코 우리를 힘겹게 하는 무엇이 아니다. 진리는 우리를 자유롭게 한다.

그렇다면 이 말을 어떻게 읽어야 할까? 우리가 마음의 때 혹은 티라고 생각하는 바로 그것, 그리하여 우리 영혼의 진정한 정화(淨化)를 방해하는 걸림돌이라고 생각하여 끊임없이 닦아 내고 제거하려 하는 바로 그 번뇌와 망상이 사실은 가만히 보면, 노자가 앞에서 말한 매 순간의 '하나'요, 어린아이의 분별 없는 '전일한 현재'가 아닌가? 우리는 너무나 쉽게 그것을 번뇌니 망상이니 부족이니 못남이니 하고 분별하고 규정해 버리고는 황망히 그 자리를 떠나지만, 사실은 우리가 떠나온 그 자리가 바로 도이고 진리이며 보리가 아닌가? 그리하여 그것은 본래 청정하며, 본래 깨끗하다. 우리에게는 닦아 내고 제거해야 할 마음의 때 혹은 티라는 것이 본래 없었던 것이다.*

그리하여 때로 미워하고, 때로 짜증내며, 때로 분노하며 살아가는 지

---

* 육조 혜능도 그의 단경(壇經)에서 다음과 같이 읊고 있다.

보리는 본래 나무가 없고
밝은 거울 또한 받침대가 없네.
불성(佛性)은 항상 깨끗하니
어느 곳에 티끌과 먼지 있으리오.

마음은 보리의 나무요,
몸은 밝은 거울의 받침대라.
밝은 거울은 본래 깨끗하니
어느 곳에 티끌과 먼지 물들리오.

금 이대로의 모습이 이미 완전하다고 앞 장들에서도 누누이 말했던 것이다. 그러니, 그냥 살면 된다. 어린아이처럼 있는 그대로의 자기 자신을 그냥 살면 되는 것이다. 또다시 무엇을 찾아 두리번거릴 것인가.

됐다. 이것으로 족하다. 이 장에 대한 풀이는 이것으로 족하다. 이후에 나오는 문장들도 결국은 같은 얘기이기 때문이다. 그러므로 이제부터는 그냥 간단하게만 언급하자.

백성을 사랑하고 나라를 다스림에
무위할 수 있는가?

"내 안의 백성들을 사랑하고 '나'라는 나라를 다스림에 무위로써 할 수 있는가?"라는 말이다.

하늘 문을 열고 닫음에
암컷일 수 있는가?

"하늘 문을 열고 닫음에"라는 것은 곧 우리의 감정과 느낌과 생각이 일어났다가 사라지는 것뿐만 아니라 우리 바깥의—안과 밖은 본래 없지만—모든 형상과 소리, 냄새, 맛, 촉감 등이 순간순간 나타났다가 사라지는 것을 가리킨다. "암컷일 수 있는가?"라는 말은, 앞에서 인용한 달마의 말을 빌리면, 사물이 오면 오는 대로 그에 맡겨 거스르지 말며, 떠나가면 떠나가는 대로 내버려 두고 좇지 말라는 뜻이다. 따라서 여기에서

160

말하는 '암컷'은 곧 여성적 수동성을 의미하며, 무위를 뜻한다.

> 분명하게 알아 통하지 않음이 없으면서도
> 무지할 수 있는가?

그와 같이, 다만 '현재'를 살게 되면 모든 것을 분명하게 알게 된다. 모든 궁극의 의문—진리가 무엇이며, 세계의 실상(實相)이 무엇인지, 나는 누구이며, 삶이란 무엇인지 등—의 진정한 답은 지금 여기의 이 현재 속에 분명하게 주어져 있기 때문이다. 어느 하나도 감추어져 있지 않으며, 어느 것 하나도 드러나 있지 않은 것이 없다. 그러니 '여기'를 떠나 따로 어디로 가려는가? 매 순간의 현재는 지식의 영역이 아니다. 도는 단순히 지식이 있거나 없거나에 속한 것이 아니다.

> 낳고 기르면서,
> 낳되 소유하지 않고,
> 하되 했다는 의식이 없으며,
> 길러 주되 지배하려 하지 않으니,
> 이를 일컬어 현묘한 덕이라 한다.

그냥 살아가는 삶의 아름다움이여! 다만 현재를 살아가는 삶의 늘 처음인 듯한 새로움이여! '함'이 없이 모든 것을 하기에 그 어느 것도 소유하지 않으며, 그 어느 것도 자랑하지 않으며, 그 어느 것도 지배하지 않으니, 그 텅 빈 충만이여!

11장

텅 비어 있을 때
온전히 쓰일 수 있다

어떤 감정이나 느낌, 생각들이 우리 안을 들어오고

나가더라도 아무런 간섭을 하지 말며, 싫어하여 저항하거나,

좋아하여 쌓아 두지 말며, 그저 묵묵히 받아들여

그것들이 마음껏 우리 안을 굴러가도록 내버려 두라.

그리하면 방이, 그릇이, 수레가 온전히 쓰일 수 있듯이

우리도 마침내 온전하리라.

도덕경 11장

서른 개의 바퀴살이 하나의 바퀴통에 모이는데,

그 바퀴통이 비어 있어 수레로 쓰이게 되고,

찰흙을 이겨서 그릇을 만드는데,

그 그릇이 비어 있어 그릇으로 쓰이게 되며,

문을 내고 창을 뚫어 방을 만드는데,

그 방이 비어 있어 방으로 쓰이게 된다.

그러므로 무언가가 이로워지는 것은

그것이 텅 비어 있을 때다.

三十輻共一轂, 當其無有車之用.

埏埴以爲器, 當其無有器之用.

鑿戸牖以爲室, 當其無有室之用.

故有之以爲利, 無之以爲用.

텅 비어 있음의 아름다움…… 아무것도 가지고 있지 않은 자의 가득한 충만…… 아, 참으로 아름다운 장이다. 참으로 눈부신 시(詩)다. 가만히 읊조리고 있기만 해도 어느새 무언지 모를 그득함으로 가슴 일렁이게 하는 감동이요 노래다. 노자는 어쩌면 이렇게도 깊게 삶의 본질을 꿰뚫어 볼 수 있을까? 어쩌면 그렇게, 아무것도 아닌 우리네 일상의 소소한 기물들을 통하여 이토록 깊은 삶의 진실들을 길어 낼 수 있을까? 어쩌면 그렇게도 눈부신 눈을 가질 수 있으며, 어쩌면 그렇게도 따뜻한 가슴을 갖고 있을까?

텅 비어 있음의 아름다움…… 그렇다. 하나의 바퀴통과 그릇과 방이 텅 비어 있을 때 그것들이 온전히 쓰일 수 있듯이, 우리 자신도 그렇게 텅 비어 있을 때 비로소 진정으로 아름다울 수 있으며, 진정으로 가득할 수 있다. 또한 그때 우리는 비로소 자유할 수 있는 것이다.

문득 이렇게 말하고 나니, 노자가 이 짧은 글 안에 얼마나 많은 것을,

얼마나 많은 얘기를 담아 놓았는가 하는 것이 가슴 벅차도록 다가온다. 어찌 그 많은 것을 몇 마디 언설로써 다 말할 수 있겠는가? 다만 그 한없는 여백을 우리 자신의 삶 속으로 가져와 깊이 음미할밖에!

그렇게 이 한 편의 시로써 우리 자신을 비추어 볼 수 있다면, 정녕 그럴 수 있다면, 이 장은 그것으로 이미 충분하다. 그러므로 다시 한 번 우리 자신 안에서 이 한 편의 시를 읽어 보자. 정말이지 나는 그렇게 독자들로 하여금 이 아름다운 시를 깊이 음미해 보게 하고 싶다.

> 서른 개의 바퀴살이 하나의 바퀴통에 모이는데,
> 그 바퀴통이 비어 있어 수레로 쓰이게 되고,
>
> 찰흙을 이겨서 그릇을 만드는데,
> 그 그릇이 비어 있어 그릇으로 쓰이게 되며,
>
> 문을 내고 창을 뚫어 방을 만드는데,
> 그 방이 비어 있어 방으로 쓰이게 된다.
>
> 그러므로 무언가가 이로워지는 것은
> 그것이 텅 비어 있을 때다.

어떤 물건이나 가구가 들어오고 또 나가더라도, 방은 아무런 간섭을 하지 않는다. 어떤 음식이 담겼다가 또 비워지더라도, 그릇은 그것을 싫어하거나 좋아하지 않는다. 어떤 굴대가 자기 몸 안으로 들어오더라도,

바퀴통은 그저 묵묵히 받아들여 굴러갈 뿐이다. 그렇기에 그들은 온전히 쓰일 수 있는 것이다.

어떤 감정이나 느낌, 생각들이 우리 안을 들어오고 나가더라도 아무런 간섭을 하지 말며, 싫어하여 저항하거나, 좋아하여 쌓아 두지 말며, 그저 묵묵히 받아들여 그것들이 마음껏 우리 안을 굴러가도록 내버려 두라. 마찬가지로, 또 다른 모양으로 순간순간 나타났다가 사라지는 형상과 소리와 냄새와 맛과 촉감들에 대해서도 생각으로 분별하여 그것들이 '있다'고도 하지 말고 '없다'고도 하지 말며, '무엇'이라고 이름 붙임으로써 집착하거나 버리지도 말고, 다만 텅 빈 거울처럼 그저 비추기만 하라. 그리하면 방이, 그릇이, 수레가 텅 비어 있음으로써 온전히 쓰일 수 있듯이 우리도 마침내 온전하리라.

아무것도
할 필요가 없다

진정한 행복이랄까 참된 자유, 혹은 깨달음이라고 하는 것은

그와 같이 바깥에서 혹은 어떤 노력을 통하여 오는 것이 아니다.

그것은 이미 충분히, 그리고 완벽하게 내 안에 있다.

지금 이 순간 있는 그대로의 내 모습 속에 말이다.

그러므로 아무것도 할 필요가 없는 것이다.

다만 끊임없이 무언가를 하려 하는 그 마음만 쉬어라.

도덕경 12장

다섯 가지 색은 사람의 눈을 멀게 하고,
다섯 가지 소리는 사람의 귀를 먹게 하며,
다섯 가지 맛은 사람의 입을 상하게 한다.
말달리며 사냥하는 것은 사람의 마음을 미치게 하고,
얻기 어려운 재화는 사람의 행실을 어그러지게 한다.
그러므로 성인은 배를 위하고 눈을 위하지 않으니,
저것을 버리고 이것을 취한다.

五色令人目盲, 五音令人耳聾, 五味令人口爽,
馳騁畋獵令人心發狂, 難得之貨令人行妨.
是以聖人爲腹不爲目, 故去彼取此.

　오늘은 성경 얘기로 시작해 보자. 요한복음 4장에 보면 다음과 같은 이야기가 나온다.

　"유대를 떠나사 다시 갈릴리로 가실새 사마리아를 통과하여야 하겠는지라. 사마리아에 있는 수가라 하는 동네에 이르시니, 야곱이 그 아들 요셉에게 준 땅이 가깝고 거기 또 야곱의 우물이 있더라. 예수께서 길 가시다가 피곤하여 우물 곁에 그대로 앉으시니 때가 여섯 시쯤 되었더라. 사마리아 여자 한 사람이 물을 길으러 왔으매 예수께서 물을 좀 달라 하시니, 이는 제자들이 먹을 것을 사러 그 동네에 들어갔음이러라. 사마리아 여자가 이르되, 당신은 유대인으로서 어찌하여 사마리아 여자인 나에게 물을 달라 하나이까 하니, 이는 유대인이 사마리아인과 상종하지 아니함이러라. 예수께서 대답하여 이르시되, 네가 만일 하나님의 선물과 또 네게 물 좀 달라 하는 이가 누구인 줄 알았더라면 네가 그에게 구하였을 것이요 그가 생수를 네게 주었으리라. 여자가 이르되, 주여 물 길을 그릇도 없고 이 우물은 깊은데 어디서 그 생수를 얻겠사옵니까? 우리 조상 야곱이 이 우물을 우리에게 주었고 또 여기서 자기와 자기 아들들과 짐 승이 다 마셨는데, 당신이 야곱보다 더 크니이까? 예수께서 대답하여 이 르시되, 이 물을 마시는 자마다 다시 목마르려니와 내가 주는 물을 마시 는 자는 영원히 목마르지 아니하리니, 내가 주는 물은 그 속에서 영생하 도록 솟아나는 샘물이 되리라. 여자가 이르되, 주여 그런 물을 내게 주사 목마르지도 않고 또 여기 물 길으러 오지도 않게 하옵소서. 이르시되, 가 서 네 남편을 불러오라. 여자가 대답하여 이르되, 나는 남편이 없나이다. 예수께서 이르시되, 네가 남편이 없다 하는 말이 옳도다. 네가 남편 다섯 이 있었고 지금 있는 자도 네 남편이 아니니, 네 말이 참되도다. 여자가 이르되, 주여 내가 보니 선지자로소이다 …… 이때에 제자들이 돌아와 서 예수께서 여자와 말씀하시는 것을 이상히 여겼으나, 무엇을 구하시나 이까 어찌하여 그와 말씀하시나이까 묻는 자가 없더라. 여자가 물동이를 버려두고 동네로 들어가서 사람들에게 이르되, 내가 행한 모든 일을 내 게 말한 사람을 와서 보라……"(요한복음 4:3~29)

이야기가 참 재미있다.

행로에 피곤하여 우물가에 앉은 예수와 그때 마침 그곳에 물 길으러 온 사마리아 여인의 대화 장면인데, 처음에는 그냥 단지 목이 말라 물 좀 달라 하는 예수의 말로 시작된 이 이야기는 나중에 다시 목마르지 않는 영원한 생수 얘기로 이어지고, 마침내 그 여인이 물동이를 버려두고 동 네로 들어가 사람들에게 외치기 시작하는 것으로 끝이 난다.

그런데 여기에서, 참 뜻밖이기도 하고 엉뚱하기까지 한 대화 장면이 나오는데, 그것은 "이 물을 마시는 자마다 다시 목마르려니와 내가 주는 물을 마시는 자는 영원히 목마르지 아니하리니, 내가 주는 물은 그 속에서 영생하도록 솟아나는 샘물이 되리라."는 예수의 말에, 여자가 "주여 그런 물을 내게 주사 목마르지도 않고 또 여기 물 길으러 오지도 않게 하옵소서."라고 대답하는 대목이다. 그런데 그때 예수는 난데없이 이렇게 말하는 것이다. "가서 네 남편을 불러오라."

아니, 이게 무슨 말일까? 영원히 목마르지 않는 생수를 구하는 여인에게 예수는 왜 느닷없이 남편을 불러오라고 한 것일까? 생수와 남편은 무슨 관계가 있는 것일까? 그리고 여자가 "주여, 나는 남편이 없나이다."라고 대답했을 때 예수가 "네가 남편이 없다 하는 말이 옳도다. 네가 남편 다섯이 있었고 지금 있는 자도 네 남편이 아니니, 네 말이 참되도다."라고 말하는데, 그렇다면 이 남편은 무엇일까?

사마리아 여인이 여섯 번이나 바꾸었다는 데에서 그 뜻하는 바를 알 수 있듯이, '남편'이란 우리가 인생을 살아가면서 혹여 이것이 진정으로 내 마음을 채워 주고 만족하게 해 줄 수 있는 것일까, 혹은 저것이 나를 진실로 자유롭고 행복하게 해 줄 수 있는 것일까 하며 끊임없이 찾고 추구하는 어떤 대상을 가리킨다. 오늘날 그것은 사람에 따라서는 돈이 될 수도 있고, 어떤 즐겁고 보람된 일이 될 수도 있으며, 학벌이나 명예 혹은 출세나 권력이 될 수도 있다. 또한 어떤 사람에게는 타인의 인정과 칭찬과 사랑이 될 수도 있고, 깨달음을 향한 온갖 수행과 명상이 될 수도 있다. 그리고 바로 이 '남편'이 이 장에서는 다섯 가지 색과 소리와 맛, 말 달리며 사냥하는 것, 얻기 어려운 재화 등으로 표현되고 있는 것이다.

사람들은 예나 지금이나 늘 이런 것을 추구해 왔고 또 추구하고 있다. 마치 그러한 것을 더 많이 갖고 누릴수록 더 큰 행복과 만족을 얻을 수 있기라도 한 것처럼 말이다. 그러나 과연 그렇던가? 인류의 그 오랜 세월에 걸친 반복된 경험과 오늘날의 이 물질 만능의 풍요로움 속에서도 우리는 이미 충분히, 그리고 분명히 말할 수 있지 않은가? "아니다!"라고.

"네가 남편이 없다 하는 말이 옳도다. 네가 남편 다섯이 있었고 지금 있는 자도 네 남편이 아니니……"
"그것은 다만 사람의 눈을 멀게 하고, 귀를 먹게 하며, 입을 상하게 하고, 마음을 미치게 하며, 행실을 그르치게 할 뿐이니……"

진정한 행복이랄까 참된 자유, 혹은 깨달음이라고 하는 것은 그와 같이 바깥에서 혹은 어떤 노력을 통하여 오는 것이 아니다. 그것은 이미 충분히, 그리고 완벽하게 내 안에 있다. 지금 이 순간 있는 그대로의 내 모습 속에 말이다. 아니, 더 적극적으로 말하면, 내가 이미 그것이다.
그러므로 아무것도 할 필요가 없는 것이다. 다만 끊임없이 무언가를 하려 하는 그 마음만 쉬어라. '남편'을 찾고 구하는 그 마음만 내려놓으면 내가 곧 영원한 남편임을─사마리아 여인이 물동이를 버려두고 동네로 들어가 외쳤다는 대목에서 알 수 있는 것처럼, 그가 그 순간 영원히 목마르지 않는 생수를 마시게 되어 또다시 물을 길으러 어디론가 떠나지 않아도 되는 존재가 되었듯이─알게 되리니!

다섯 가지 색은 사람의 눈을 멀게 하고,

다섯 가지 소리는 사람의 귀를 먹게 하며,

다섯 가지 맛은 사람의 입을 상하게 한다.

말달리며 사냥하는 것은 사람의 마음을 미치게 하고,

얻기 어려운 재화는 사람의 행실을 어그러지게 한다.

그러므로 성인은 배를 위하고 눈을 위하지 않으니,

저것을 버리고 이것을 취한다.

다섯 가지 색과 소리와 맛, 말 달리며 사냥하는 것, 얻기 어려운 재화 등은 우리가 탐하는 대상들이지만, 그것은 실재하는 것이 아니다. 탐하는 우리의 마음이 그 모든 것을 좋고 탐나는 것으로 보이게 할 뿐이다. 만약 탐하는 마음 없이 그것들을 있는 그대로 볼 수만 있다면, 그것은 탐나는 대상이 아니라 그냥 '그것'일 뿐이다. 다시 말하면, 모든 분별과 구별과 비교 속에서 존재하는 것들은 실재가 아니라 우리 마음이 만들어 낸 허구요 환영(幻影)일 뿐이라는 것이다. 그러니 그러한 것들이 진정으로 우리를 채워 줄 수 없다는 것은 너무도 당연한 일이 아닌가? 그런데도 우리는 끊임없이 그 환영을 좇고 있구나!

그러므로 탐내고 집착하는 마음으로 바라본 그것들은 결국에는 우리의 눈을 멀게 하고 귀를 먹게 하며 입을 상하게 하고 마음을 미치게 하며 행실을 그르치게 할 뿐이지만, 탐하고 집착하는 마음이 없이 다만 그 모든 것을 있는 그대로 바라보며 누리기만 한다면 그 하나하나는 오히려 우리의 삶을 더욱 풍요롭게 하고 즐겁게 하는 고마운 것들인 것이다. 그러므로 결국, 우리가 괴로워지거나 행복해지는 것은 분별하는 우리의 마음에 있는가, 아니면 바깥 대상에 있는가?

분별하는 그 한 마음이 내려지니, 조금 전까지 우리의 눈을 멀게 하고 귀를 먹게 하며 입을 상하게 하던 그 모든 것이 그대로 우리에게 더할 수 없이 좋고 아름다운 것들이 되지 않는가. 그리하여 번뇌가 그대로 보리요, 색이 곧 공이며, 중생이 곧 부처요, 이 사바세계가 그대로 불국토가 되지 않는가. 그러니 번뇌니 보리니, 색이니 공이니, 중생이니 부처니, 사바세계니 불국토니 하는 것들이 정녕 어디에 있는가? 다만 분별하는 마음 안에 있을 뿐이 아닌가. 눈 한 번 뜨고 보니, 번뇌도 없고 보리도 없으며, 색도 없고 공도 없고, 중생도 없고 부처도 없고, 다만 지금 여기 있는 그대로일 뿐이 아닌가. 이 분명한 앎이 곧 "그 속에서 영생하도록 솟아나는 샘물"인 것이다.

도(道)가 그대 눈썹 안에 있거늘
달마가 동쪽으로 온 까닭을 지금도 묻고 있는가?
목마르면 물 마시고 배고프면 밥 먹는 데서
한결같이 환하게 드러나는데,
어찌하여 구구히 밖을 향해 찾을꼬?*

---

* 송나라 선사 불인료원(佛印了圓)이 읊은 선시(禪詩)다.

13장

자기를 있는 그대로
받아들여라

지금 여기 있는 그대로의 자기 자신이 아닌

다른 사람이 되려는 모든 욕망과 노력을 정지하고,

어딘가에 도달하기 위한, 그리고 깨달음이라는 목표를

성취하기 위한 모든 실천과 수행을 멈춰 보라.

그리고 가만히 있어 보라.

도덕경 13장

사랑을 받음과 비난을 받음에 놀라는 듯하니,

이는 큰 병통을 자기 몸처럼 귀하게 여기는 것이다.

어째서 사랑받음과 비난받음에 놀라는 듯하다고 말하는가?

사랑을 받으면 기분이 좋아지고 비난을 받으면 언짢아지니,

이는 얻어도 놀라는 듯하고, 잃어도 놀라는 듯하는 것이다.

이를 일컬어 사랑받음과 비난받음에

놀라는 듯하다고 말하는 것이다.

어째서 큰 병통을 자기 몸처럼 귀하게 여긴다고 말하는가?

나에게 큰 병통이 있는 것은

'나'라는 자아가 있다고 여기기 때문이니,

만약 나에게 자아가 없다면,

무슨 걱정이 있겠는가?

그러므로 천하를 자기 몸처럼 귀하게 여기는 사람에게는

천하를 맡길 수 있고,

천하를 자기 몸처럼 사랑하는 사람에게도

천하를 맡길 수 있다.

寵辱若驚, 貴大患若身. 何謂寵辱若驚.

寵爲上, 辱爲下, 得之若驚, 失之若驚.

是謂寵辱若驚. 何謂貴大患若身.

吾所以有大患者, 爲吾有身. 及吾無身, 吾有何患.

故貴以身爲天下, 若可寄天下,

愛以身爲天下, 若可託天下.

　나는 어려서부터 자주 칭찬을 들으면서 자랐다. 아주 어렸을 적에는 착하고 잘 생겼고 인사성 밝고 부모님 말씀 잘 듣는다는 칭찬을 들으면서 자랐고, 조금 더 자라 학교에 다니면서부터는 공부도 잘하고 성실하며 매사에 모범적이라는 칭찬을 들으면서 자랐다. 그래서 내 주위에는 언제나 "잘한다, 잘한다."라는 말이 끊이질 않았고, 그런 얘기를 들을 때마다 나는 조금은 수줍어하면서도 괜스레 기분이 좋아 내심 우쭐해하곤 했었다.

　그렇게 천진하게 칭찬을 들으면서 자라던 나는 세월이 흘러 머리가 굵어지면서부터 나도 모르게, 자신은 언제나 무엇이든 잘하는 사람이라는 인식을 갖게 되었고, 그것은 자연스럽게 나를 언제나 무엇이든 잘해야 하는 사람이라는 무의식적인 요구와 부담으로 몰고 갔다. 그래서 나는 언제부터인가 조금씩 조금씩, 나도 모르게, 언제나 무엇이든 잘하는 사람으로 남들에게 보이고자 노력하기 시작했고, 그것은 필연적으로 나로 하여금 무슨 말을 하거나 행동을 하거나 간에 내면 깊은 곳에서는 끊임없이 남들을 의식하게 했으며, 또한 필연적으로 있는 그대로의 나를 살기보다는 남들의 인정과 칭찬을 받기 위해 스스로를 꾸미고 포장하고 미화하고 왜곡하는 끝없는 가식 속으로 나를 몰아넣었다.

그 천진하던 아이가 어느새, 자신도 모르는 사이에, 그렇게 되어 버린 것이다. 아, 그 거짓과 가식과 속임의 길고도 아득한 세월이여! 자신의 잘난 부분은 끝없이 부풀리고, 못나고 추한 부분은 끊임없이 숨기고 감추려고만 했던, 급기야 나중에는 남들을 의식하지 않고서는 손가락 하나 까딱하지 못하는 지경까지 되어 버렸던! 그러나 또한 그럴 수밖에 없었던!

내 나이 스물네 살 때의 일이다. 그때 내 삶의 모토는 '살아 있자! 뜨겁게 살아 있자!'였다. 그런데, 어느 날 문득 돌아본 나의 모습은 그것과는 너무나 거리가 먼, 게으르고 권태로우며 한없이 자기방기만을 일삼는 휑한 몰골을 하고 있는 것이 아닌가.

"아, 내가…… 썩어 있구나……."

"이래선 안 된다. 살아 있자! 그래, 나는 살아 있어야 해!"

그렇게 생각하고 다짐하며, 뜨겁게 살아 있기 위해 구미 금오산에 있는 자그마한 암자에 삭발을 하고 들어갔다. 그때의 기억과 일들은 나의 일기장에 고스란히 남아 있지만, 얼마나 처절히 다짐하고 결심하며 산을 올랐던지!

뜨겁게 살아 있기 위해 하나 가득히 책을 넣은 배낭을 무겁게 등에 메고, 왼손에는 밥을 해 먹을 수 있는 냄비와 작은 등산용 버너, 그리고 약간의 쌀과 밑반찬 등을 넣은 커다란 가방을, 오른손에는 간단하게나마 책걸상을 손수 만들어서 쓰려고 준비해 묶어 놓은 합판과 각목 등을 들고서 얼마나 비 오듯 땀을 흘리며 그 가파른 산길을 올랐던지!

"살아 있어야 해! 살아 있어야 해!"

그러나 나는 본질적으로 게으른 인간이며, 무언가 결심하고 다짐한 일에 대해서는 그 마음의 힘이 작심삼일은커녕 작심삼초밖에 되지 않는 존재였다. 그렇게 힘겹게 산을 올라가 다음 날 종일토록 뚝딱거리며 책걸상을 만들어 그야말로 뜨겁게 살 준비를 다 마쳐 놓고는 정작 성실하게, 정말이지 뜨겁게 살아야 하는 바로 그 순간부터 나는 너무나 아이러니하게도 게을러지기 시작하는 것이다. "살아 있어야 해!"를 연발하며 산을 올랐던 그 마음은 너무나 쉽게 잊혀 버리고—언제나 그랬다!—삭발까지 해 가며 열심히 하리라고 거듭거듭 다짐하고 계획했던 자기완성을 향한 공부와 노력은 본능적인 무책임과 게으름 앞에 맥없이 무너져 생색과 자기변명만이 남았다. 그렇게 날이 갈수록 더해 가는 자기방기 속에 조금씩 권태가 덧보태지고, 이윽고 시간마저 지겨워하게 될 때쯤이면 나는 또 습관처럼 화들짝 놀라는 것이다.

"아니, 떠나오기 전과 똑같은 모습이 아닌가!"

"아아, 내가…… 또…… 썩어 있구나…… ."

그러면 이번에는 그 긴 날들 동안 정말이지 조금도 나아진 것이 없는 자신을 몹시도 자조하고 질책하면서, 마치 그런 자신의 부끄러움을 황급히 묻어 버리기라도 하려는 듯 허겁지겁 산을 내려와 버리고 마는 것이다.

내 삶은 언제나 그런 식이었건만, 다른 사람을 만나기만 하면 그것은 언제나 각색되고 미화되었다. 나의 부끄러운 치부는 언제나 철저히 숨겨졌고,* 남들 앞에서 나를 드러내고 우쭐거릴 수 있는 부분은 빠짐없이 기억 속에 남아 있다가 언제 어느 때나 확대재생산 되어 활용되었다. 그리하여 나의 이 스물네 살 때의 암자 생활도 사실은 이미 말한 것처럼 온갖 게으름과 빈둥거림과 자기방기, 그리고 약간의 생색만으로 점철된 부끄러운 나날들이었건만, 나의 일기장에는 얼마나 아름답고 멋들어지게 그 모든 날이 기록되어 있는지! 얼마나 고독하고 처절한 수행자로 묘사되어 있는지! 아, 남들 앞에서는 또 어떻고!

대관령 목장에서 내려와 교직에 몸담았을 때도 그랬다. 초롱초롱한 눈망울의 맑디맑은 학생들 앞에 윤리 교사로서 어느 날 문득 섰을 때, '가르친다'는 사실이 내게는 너무나 크게 다가왔고, 그 앞에 파리하게 서 있는 자신의 왜소함과 부족함이 너무나 아득하여, 조금이라도 그 부족함을 메워 볼 마음에 부랴부랴 독서실 장기 이용권을 끊었다. 이후 7개월 동안 학교에서 퇴근해 돌아오기만 하면 저녁을 먹기가 바쁘게 독서실에 들어가 밤늦도록 교재 연구를 하거나 책을 보다가 돌아오기도 하고, 때로는 아예 거기서 새우잠을 자면서 밤을 새기도 했다. 한 사람의 교사로서 조금이라도 덜 부끄럽고 싶었던 것이다.

그런데 여기까지는 얼마나 그럴싸한가? 물론 그것이 사실이기도 했지

---

* 사실 이것은 거의 본능적으로 이루어져 나의 기억에조차 저장되지 않았다. 겉으로는 전혀 그렇지 않은 듯했으나, 나의 내면 깊은 곳에서는 끊임없이 남들의 인정과 칭찬에 목말라하며, '남들이 나를 어떻게 볼까? 어떻게 생각할까?'라는 것에 병적으로 집착하며 살았으니, 그럴 수밖에 없었으리라.

만, 조금만 더 자세히 그 안을 들여다보면 거기에는 전혀 다른 또 한 인간의 모습이 나타난다.

그때에도 나는 끊임없이 남들을 의식하며 살았는데, 겉으로는 전혀 그렇지 않은 듯했으나 내면으로는 일거수일투족 남들을 의식하지 않는 순간이 없었으니, 그 무게와 긴장을 어찌 상상이나 할 수 있겠는가. 그렇게 아침에 출근해서 저녁에 퇴근할 때까지 하루 온종일 남들이 알지 못하는 팽팽한 긴장감 속에서 살다가, 어느 누구도 의식할 필요가 없는 집으로 돌아오면, 내면의 긴장은 일순간에 풀어지고 고픈 배에 허겁지겁 저녁을 먹게 되는데, 그러고 나서 독서실을 가게 되니 앉자마자 졸음이 찾아오는 것은 너무도 당연한 일!

더구나 마음은, 끊임없이 남들을 의식하며 자신을 꾸미고 포장하고 미화하는 사람일수록 정작 혼자 있게 되면 이번에는 더없이 무책임하고 게을러져, 자신이 해야 하는 일에 대해서조차 몹시 귀찮아하면서 자기변명만을 일삼게 되는데, 내가 바로 그런 마음이었으니, 한 사람의 교사로서 조금이라도 덜 부끄럽고 싶어 독서실 장기 이용권을 끊은 그 처음의 마음과 뜻은 좋았지만, 이후 7개월 동안 나의 독서실 생활이 실제로는 어떠했는지는 앞의 금오산 암자 얘기에서 보듯 가히 짐작하고도 남으리라. 그런데도 그 후 오랜 세월 동안 나의 뇌리 속에는 오직 "한 사람의 교사로서 조금이라도 덜 부끄럽고 싶어서!" "독서실!" "7개월!"이라는 것들만 아름답게 각색되어 남아, 남들 앞에서 교묘히 자신을 높이면서 턱없는 자기우월감에 사로잡히게 하는 데에 단단히 한몫을 하게 된다.

또 있다…… 아니, 더 정확히 말하면, 내 삶의 어느 한 부분 그렇지 않은 적이 없다고 해도 과언이 아니다. 나는 언제나 그렇게 내 눈앞을 가린

본능적이고도 맹목적인 자기우월감 속에서, 있는 그대로의 자신의 진실은 조금도 보지 못한 채 허허로이 우쭐대며 살았던 것이다.

내 나이 서른 살 때, 스스로를 못 견뎌 하며 미친 듯이 지리산으로 들어갔을 때도 한동안은 교직마저 사직하고 산으로 들어왔다는 사실을 무슨 대단한 훈장처럼 떠벌리고 다녔고, 깊은 산 속 토굴에서의 긴긴 겨울밤을 초저녁만 되면 이 핑계 저 핑계 대면서 이불 속에 드러누워서는 다음 날 아침 해가 중천에 뜨도록 뒹굴며 일어나지 않아 허리가 아플 지경이었지만, 남들을 만나기만 하면, 밤늦게까지 책을 읽거나 마음공부를 하고 새벽같이 일어나 좌선(坐禪)을 하거나 명상을 한, 초저녁부터 이불을 깔고 드러누울 생각은 꿈에도 해 본 적이 없는 사람으로 표변하여 그들 앞에서 자랑스레 말하곤 했었다. 그렇게 나는 참으로 병(病)이 깊었던 것이다.

그러던 어느 날 바로 그 토굴에서 어떤 사람과 밤이 이슥하도록 오래 얘기를 나누던 중에, 내 모든 삶을 송두리째 뒤바꾸어 놓는 운명의 순간이 나에게 찾아왔다. 그때 그 사람은 끊임없이 내 살아온 과거 얘기를 듣고 싶어 했는데, 그러면 나는 마치 물 만난 물고기처럼 신명이 나서, 그동안 내가 많은 어려움에도 불구하고 얼마나 멋지고 훌륭하게 살아왔으며, 또한 지리산 이 깊은 산 속까지 들어올 만큼 얼마나 나 자신과 삶에 대해서 진실하게 몸부림치며 살아왔는가 하는 것을 마치 무슨 영웅담 늘어놓듯이, 때로는 자신을 무슨 비극의 주인공인 양하며 끝없이 자랑삼아 지껄이고 있었다. 그렇게 손짓 발짓까지 해 가며 자신의 훌륭함을 드러내던 그 어느 한 순간, 나는 갑자기 그 모든 것의 진실을 보고 말았다. 그

것이 얼마나 거짓되고 가식되며 위선으로 가득 차 있는가 하는 것을, 얼마나 자신을 특별한 존재라고 여기며 자신을 그렇게 한없이 높은 곳에 올려놓고는 세상과 사람들을 비아냥거리며 우쭐대며 살아왔던가 하는 것을, 지리산 이 깊은 산 속으로 들어올 만큼 자신과 삶에 대해서 진실하게 몸부림쳐 오기는커녕 서른 살이 될 때까지 그 오랜 세월 동안 단 한 순간도 진실해 본 적이 없는 자신의 커다란 허구를 비로소 보게 된 것이다.

그때부터 나는 새벽 햇살이 하얗게 방 안으로 비쳐 들어올 때까지 울고 또 울었다. 어릴 적 "잘한다, 잘한다."라는 칭찬을 들으면서부터 시작된 그 오랜 세월 동안의 삶과 존재의 한없는 거짓과 왜곡과 뒤틀림을 또렷이 보며 나는 통곡하고 또 통곡했다.

그 일이 있은 뒤부터 나는 조금씩 변하기 시작했다. 적어도 더이상은 나를 꾸미거나 포장하거나 미화하지 않게 되었고, 여전히 남들을 의식하는 마음의 작용 때문에 한동안 힘들기는 했지만, 그래도 조금씩 조금씩 있는 그대로의 나를 인정하고 받아들이기 시작했다. 그 인정과 받아들임 속에서 나도 모르게 조금씩 자유로워졌고, 그러던 어느 한 순간 문득 또 한 번 존재의 비약이 찾아와, 나는 마침내 힘들고 괴로웠던 내 삶의 모든 방황에 종지부를 찍게 되었다. 그 이후 지금까지 나는 참으로 감사하게도, 늘 평안하고 자유로우며 행복한 삶을 살고 있다. 그것은 또 다른 삶의 새로운 시작이었으며, 사랑으로 충만한 새로운 탄생이기도 했다. 아, 축복이어라!

이 장은, 인간이면 누구나 걸려들어 그것에서 자유롭지 못하게 되는 '칭찬과 비난'에 관한 글이다. 비록 처음에 "사랑을 받음과 비난을 받음에 놀라는 듯하니"라고 시작하지만, 나는 그것을 우리에게 더 익숙한 개념인 '칭찬과 비난'으로 풀었다. 그래서 노자의 얘기를 시작하기 전에 칭찬과 비난에 끝없이 끊임없이 끌려다니며 살았던 내 어리석은 삶의 긴 얘기를 먼저 했던 것이다.

사랑을 받음과 비난을 받음에 놀라는 듯하니,
이는 큰 병통을 자기 몸처럼 귀하게 여기는 것이다.
어째서 사랑받음과 비난받음에 놀라는 듯하다고 말하는가?
사랑을 받으면 기분이 좋아지고, 비난을 받으면 언짢아지니,
이는 얻어도 놀라는 듯하고, 잃어도 놀라는 듯하는 것이다.
이를 일컬어 사랑을 받음과 비난을 받음에
놀라는 듯하다고 말하는 것이다.

나도 그랬지만, 왜 사람들은 그냥, 있는 그대로의 자기 자신을 살지 못할까? 왜 꼭 남들이 알아주기를 바라고, 남들의 인정과 칭찬 혹은 비난에 그토록 민감해할까? 그래서 자꾸만 자신을 꾸미게 되고……. 남들이 나를 어떻게 볼까 하는 것은 분명히 그리고 전적으로 그 남들의 몫인데도, 왜 내가 그 모든 짐을 넘겨받아 스스로 주눅 들고 두리번거리며 끊임없이 그들을 의식하게 될까? 자승자박(自繩自縛)이라더니, 이는 분명 큰 병통임이 틀림없다.

어째서 큰 병통을 자기 몸처럼 귀하게 여긴다고 말하는가?
나에게 큰 병통이 있는 것은
'나'라는 자아가 있다고 여기기 때문이다.
만약 나에게 자아가 없다면,
무슨 걱정이 있겠는가?

왜 그럴까? 그것은 분명 오랜 세월 동안 만들어지고 다져지고 강화된, 그리하여 자기 자신에 대하여 턱없이 높은 점수를 주고 있는 '나'라는 자아 의식 때문일 것이다. 만약 그 '나'라는 자아 의식(아상, 我相)이 없다면 나에게 무슨 걱정이 있겠는가?

그렇다면, 어떻게 하면 그 '나'라는 자아 의식에서 자유로울 수 있을까? 다른 길이 없다. 매 순간 있는 그대로의 자기 자신을 받아들이고 인정하는 길밖에 다른 길이 없다. 지금 여기 있는 그대로의 자기 자신이 아닌 다른 사람이 되려는 모든 욕망과 노력을 정지하고, 어딘가에 도달하기 위한, 그리고 깨달음이라는 목표를 성취하기 위한 모든 실천과 수행을 멈춰 보라. 그리고 가만히 있어 보라. 그냥, 매 순간 있는 그대로의 자기 자신을 한번 살아 보라. 시간이 그리 오래 걸리지는 않을 것이니, 그렇게 조금만 기다려 보라. 조금만. 그러면 스스로 알게 되리라, 모든 진실을……!

그러므로 천하를 자기 몸처럼 귀하게 여기는 사람에게는
천하를 맡길 수 있고,
천하를 자기 몸처럼 사랑하는 사람에게도

천하를 맡길 수 있다.

이 맨 마지막 문장은 참으로 절묘한 비유라고 생각된다. 사람들은 마치 그 '나'라는 자아가 실재하는 양* 끊임없이 거기에 집착하고 그것을 귀하게 여기며 더없이 아끼고 사랑한다. 얼마나 자존심을 챙기며, 거기에 상처받기를 두려워하는가? 얼마나 자신을 높이며 지키며 '스스로 살고자' 하는가? 그렇게 자신의 자아에 대하여 더할 나위 없이 민감하듯, 세상과 사람들의 아픔과 기쁨에 대해서도 진실로 민감할 수 있는 사람에게는 천하를 맡길 수 있고, 가히 세상을 맡길 수 있는 것이다.

그런데, 그렇게 세상과 사람들을 진실로 사랑할 수 있으려면, 어쩔 수 없이 그 '나'라는 자아가 사라져야 한다. 자아로는 진실로 사랑할 수 없기 때문이다. '분리된 개인'으로서 자아는 진정한 사랑이 무엇인지 모른다. 그 허구의 자아가 사라질 때, 그 무아(無我) 속에서 저절로 솟구쳐 나오는 것이 바로 사랑이다. 그는 이제 비로소 평화롭고 자유로우며 무한히 행복한, 사랑의 사람이 된 것이다. 세상과 '나'가 둘이 아닌……! 아름다워라!

---

* 자아는 실재하지 않는다. 그것은 허구다.

14장

지금 구체적인
이 마음이 바로 진실이다

어느 순간 문득 구하는 마음이 사라지고 나니,

모든 것은 다만 지금 여기 있는 그대로일 뿐이었다.

그러고 나니 짜증이 곧 도요, 분노가 곧 진리였으며,

게으름이 곧 깨달음이었다. 탐하고 성내고 어리석은 마음이

그대로 '흔들림 없는 마음'이었으며,

미칠 것 같던 번뇌와 망상이 그대로 보리였다.

도덕경 14장

보아도 보이지 않는 것을 일컬어 이(夷)라 하고,

들어도 들리지 않는 것을 일컬어 희(希)라 하며,

잡아도 잡히지 않는 것을 일컬어 미(微)라 하나니,

이 세 가지는 어떻게 자세히 캐물어 밝힐 수 없다.

그러므로 뭉뚱그려 '하나'라고 한다.

그 하나의 위는 밝지 않고, 아래는 어둡지 않으며,

끊임없이 이어지는데, 어떤 이름도 붙일 수가 없구나.

다시 아무것도 없는 상태로 돌아가나니,

이를 일컬어 형상 없는 형상이라 하고

모양 없는 모양이라 하며,

또한 이를 일컬어 '있는가 하면 없고,

없는가 하면 있는 것'이라 한다.

앞에서 맞이하여도 그 머리를 볼 수 없고,

뒤따라가면서 보아도 그 뒷모습을 볼 수가 없구나.

옛 도를 잡고서 '지금'을 다스리나니,

옛 비롯함을 아는 것,

이를 일컬어 도의 실마리라 한다.

視之不見, 名曰夷. 聽之不聞, 名曰希. 搏之不得, 名曰微.

此三者, 不可致詰, 故混而爲一.

其上不皦, 其下不昧, 繩繩兮不可名, 復歸於無物.

是謂無狀之狀, 無象之象, 是謂惚恍.

迎之不見其首, 隨之不見其後.

執古之道, 以御今之有. 能知古始, 是謂道紀.

　내 나이 서른네 살 때의 일이다. 그때 나는 대구 영남일보에서 교열부 계약 사원으로 근무하고 있었는데, 스무 살을 넘기면서부터 "나는 누구인가?"라는 의문에서 시작된 내면의 방황과 갈증은 이때가 절정이었다. 사실, 그 문제 하나가 마음에서 해결되지 않으니 나는 그야말로 아무것도 할 수가 없었던 것이다. 자식으로서도, 남편으로서도, 아버지로서도, 한 가정의 가장으로서도 그 역할을 충분히 그리고 충실히 다하지 못했을 뿐만 아니라, 직장 생활과 인간관계에서도 자주 나를 사로잡아 버리는 불안감에 내 마음은 언제나 마른 낙엽 타들어 가듯 했다.

　아직도 선명히 기억하는 것은, 그 즈음 어느 날 밤, 태어난 지 백일을 막 넘긴 내 아들이 유난히도 울던 때의 일이다. 밤늦도록 녀석을 품에 안고 어떻게든 달래어 재워 보려고 애를 쓰고 있었는데, 어느 한 순간 갑자기 내 안에서 이런 의문 하나가 떠오른 것이다.

　"나는 이 아이의 아버지다. 그런데 아버지로서 이 아이에게 '이것이다!'

라고 분명하게 말해 줄 수 있는 것이 무엇인가……?"

"……."

아무것도 없었다. 정말이지, 아무것도 없었다! 나는 내 아들에게 '삶'에 대하여, '인간의 길'에 대하여, 그리고 '참된 것'에 대하여 아무것도 해 줄 수 있는 말이 없었다. 기껏해야 읽고 듣고 배워서 알게 된 지식 몇 조각 밖에 말해 줄 수 없었던 것이다. 그것은 거의 공포에 가까운 각성과 자각을 나에게 가져다주었고, 늘 불안하던 내 마음에 기름을 끼얹은 격이 되고 말았다. 나는 더이상 망설이지 않았다.

마침내 나는 50일 단식을 결심하고, 또다시 사표를 썼다. 풀리지 않는 내 안의 의문들을 그냥 그대로 안은 채로는 더이상 살아갈 수가 없었고, 삶에 대하여 나 자신에 대하여 인간의 길에 대하여 진정으로 아는 것이 아무것도 없다는 사실을 더는 견딜 수가 없었다. 아, 그 휑한 가슴이여, 목마름이여!

그리하여 그 오랜 세월 동안 집을 떠날 때마다 메고 다녔던 배낭을 다시 메고 아픈 걸음 떼며 집을 나서는데, 어머니는 연신 손을 내저으시며 그저 굶지 말고 밥 제때 챙겨 먹으며 몸조심하라 하시고, 이제 막 백일이 지난 아들 녀석을 등에 업은 아내는 발을 동동거리며 애틋하게 나를 말렸지만, 나는 떠날 수밖에 없었다.

그렇게 떠나온 곳은 상주에 있는 자그마한 암자였다. 나는 도착하자마자 곧바로 단식에 들어갔고, 34년 동안의 그 오랜 방황을 이제는 끝장낼 양으로, 온 우주를 뒤로 물린 채 면벽하고서는 가부좌를 틀었다. 그리하여 나는 마침내 진리를 얻으리라!

그러나…….

그 당시 나는 주로 '관법(觀法)'이라는 수행법을 행하고 있었는데, 그것은 일상생활 속에서 살아가는 이 몸의 움직임뿐만 아니라 내면에서 일어나는 다양한 감정과 느낌과 생각을 판단하지 않고 단지 바라보기만 하는 것이다. 이를테면 그것은 마치 비디오를 찍듯이, 이 몸과 생각의 움직임을 놓치지 않고 지켜보고 관찰하면서, 자신이 지금 이 순간 무슨 생각을 하고 있으며 어떻게 행동하고 있는지를 그때마다 알아차리는 것인데, 여러 해 동안 그렇게 하는 것만으로도 나 자신에 관한 새로운 발견과 이해와 체험을 많이 할 수 있어서 참 좋았다. 그러나 그것은 또한 닿을 듯 닿을 듯하면서도 닿지 않는 안타까움과 갈증을 언제나 주었고, 진척은 있으나 성취는 없는 그 애틋함을 나는 더이상 견딜 수가 없었다.

그리하여 단 한 순간도 놓치지 않는 완전한 집중과 몰두가 내겐 필요했고, 그를 위하여 이번에는 처자식마저 버려둔 채 이 깊은 산 속으로 들어왔으며, 그렇게 모든 것을 버리고 완전한 고독 속에서 내면의 떠오르는 생각과 마음의 움직임을 놓치지 않고 온전히 지켜보게만 된다면, 그토록 찾아 헤매던 '나'와 '삶'과 '인간의 길'에 관한 어떤 분명한 답이나 결론 같은 것이 확연히 내 앞에 나타나리라고 생각했다. 그러면 나는 마침내 진정한 자유를 얻게 될 것이고……!

그런데 이게 어찌 된 일인가?

면벽하고 가부좌를 틀고서, 내면에서 떠오르는 생각과 마음의 움직임을 놓치지 않고 지켜보려 하면 할수록 오히려 놓치지 않는 경우가 드문 것이 아닌가. 슬프게도 나는 언제나 망상과 잡생각에 사로잡힌 채 그 속에서 허우적댈 뿐 어느 한 순간도 제대로 지켜보고 있지 못하는 자신을 발견하곤 했다.

"아, 또 놓쳤구나!"

그러면 다시 타는 듯한 마음이 되어 집중에 집중을 더하려고 애썼고…… 그러나 어느 순간 문득 보면 또다시 엉뚱한 생각 속에서 이미 한참을 놓치고 있는 자신을 거듭거듭 목격하게 되는 것이 아닌가. 아, 나는 그야말로 망상 덩어리였다!

그렇게 일주일 동안 단식하며 애를 써 보았건만 아무런 진척이 없자, 이번에는 음식을 먹으면서 해 보기로 했다. 그렇게 많은 망상과 잡생각이 감당할 수 없을 만큼 한꺼번에 몰려오는 것은 아무래도 단식으로 인해 기력이 쇠했기 때문이라고 생각했던 것이다. 그래서 급한 마음에 허겁지겁 밥을 해 먹고는 이번에는 부른 배를 움켜쥐고 다시 면벽하고 앉았다. 그랬더니, 이번에는 그 많던 망상에 하나가 더 붙어, 졸음이 쏟아지는 것이었다. 얼마나 졸았던지! 그랬던 만큼 마음은 또 얼마나 절망감에 사로잡혔던지!

"아, 이래도 안 되는구나!"

그렇게 일주일이 또 지나던 어느 한 순간, 갑자기 "꽈당!" 하고 벼락 치는 듯한 소리에 화들짝 놀라 눈을 떠 보니, 졸던 그대로 머리를 방바닥에 부딪고 나동그라져 있는 것이 아닌가. 그 순간 나는 도무지 일어나 앉기가 싫었다. 그래서 그냥 그렇게 나동그라진 채로 얼마나 울었던지!

"아, 나는 결국…… 안 될 인간인가?"

"……."

"아니, 다시 하자! 처음부터 다시 하자! 그 오랜 세월 나 자신으로부터 자유하기 위해 몸부림쳐 온 결과가 이 모양이라면, 그리고 깨달음에 거의 다다랐다고 생각하고 마지막 도약을 위해 모든 것을 다 버리고 달려온 나의 몰골이 이 지경이라면, 그래, 처음부터 다시 시작하자!"

그러고는 마음도 비우고, 집으로 돌아갈 때 차비로 쓰려고 남겨 둔 돈도 버렸으며, 단식이 끝나면 먹으려고 남겨 두었던 한 줌의 쌀도 내버렸다. 또다시 이대로, 아무런 결론 없이 허망하게 산을 내려갈 수는 없었던 것이다. 그리하여 나는 처음 이곳에 왔을 때와 같은 모습으로 다시 단식하면서 면벽하고 가부좌를 틀었다.

......

"그러나 보라! 일은 전혀 뜻밖으로 결론이 나고 말았다! 나는 이미 진리 안에 있었다! 아니, 나만이 아니라 모든 사람, 모든 존재가 이미 진리 안에 있었고, 단 한 순간도 그것을 떠난 적이 없었다! 내가 그토록 애타게 찾아다닌 진리는 저만치 먼 곳에 있는 것이 아니었고, 그것을 얻기 위해 이토록 피나는 노력이 필요한 것도 아니었다. 정말 너무나 어처구니없게도 나는 이미 처음부터 진리 안에 있었기에 이렇듯 애쓰고 노력하여 진리를 얻으려던 나의 모든 시도는 처음부터 불가능을 전제로 한 것이었으며, 그것은 이미 진리 안에 있으면서 진리를 찾으려는 어리석음 이외의 아무것도 아니었다.

이럴 수가……! 아니, 도대체 이게 어찌 된 일인가. 그 무엇과도 비견될 수 없는 진리를 얻기 위해서는 모든 것을 버려야 하며, 심지어 목숨마저 내놓을 각오로 열심히 수행해야 한다고 믿고서 그렇게 달려왔고, 그러면서도 일체 경계가 사라진 밝은 깨달음의 경지가 쉽게 나타나 주질 않아 내 수행력의 부족함 앞에 몇 번이나 절망하며 안타까워했었는데, 더구나 이번에는 정말 마지막이라 생각하고서 달려들었다가 두 번씩이나 단식에 실패한 참담한 마음이었는데, 이렇듯 지치고 일그러진 이 모습 이대로가 이미 완전하다니, 이 모습 이대로가 이미 진리라니!

아니, 이젠 이 말도 합당치가 않다. '완전'이니 '진리'니 하는 이 말도 설 수가 없구나. 여기는 그 어떤 '이름'도 붙여질 수 없는 자리가 아닌가? 그냥 있는 그대로일 뿐 아무것도 아니지 않은가. 이럴 수가! 언어 이전의 세계는 무언가 큰 깨달음을 얻고 난 이후에 그 깨달음 속에서나 나타나는 무엇이 아니라 깨달음과는 무관한, 깨달음과 수행과 체험 이전의 지금 이대로가 아닌가. 그냥, 어쩔 수 없이, 이름하여 번뇌요 이름하여 보리(菩提)였지 번뇌도 보리도 아닌, 그냥 있는 그대로가 아닌가. 아, 모든 것이 있는 그대로였다! 새로이 깨달을 무엇도, 얻을 무엇도 없는!"

이것은 〈마침내 모든 방황에 종지부를 찍다!〉라는 제목으로 지난 94년 10월에 쓴 나의 구도기(求道記)의 마지막 부분이다. 그렇게 나는 '나'와 '삶'과 '인간의 길'과 '참된 것'에 대하여 모든 것을 분명하게 알게 되었고, 그와 동시에 나의 그 오랜 갈증과 의문도 끝이 났으며, 비로소 내 영혼에는 쉼이, 내 삶 속에는 평화가 깃들게 되었던 것이다.

그렇다. 그렇게 밝아진 눈으로 알게 된 진실은 이러했다. 나는 단 한 순간도 놓치지 않는 완전한 지켜봄 속에서 깨달음이랄까, 도랄까, 인생의 궁극의 답 같은 것을 구했건만, 사실은 단 한 순간도 놓치지 않고 지켜보려 하는 그놈이 바로 미망이요 허구였으며, 그놈이 바로 분별심이었던 것이다.

어찌 된 영문인지는 모르지만, 어느 순간 내 안에서 그 분별심이 사라져 버렸고, 그러고 나니 갑자기 나는 아무런 문제가 없는 사람이 되어 있었다. 그토록 끊임없이 솟구쳐 나와 나를 지치게 하고 힘들게 하던 망상과 잡생각은 여전했으나, 그것이 망상이라고도, 잡생각이라고도 여겨지지 않아 거기에 아무런 걸림이 없었고, 언제 어느 때나 목격할 수밖에 없어 늘 괴로워하던, 나의 부족함과 못남과 결핍을 증거해 주는 내 안의 많은 것도 그냥 그 모두가 다 '나'인 것을 왜 그동안 그것을 그토록 못 견뎌 했는지 도무지 이해가 가지 않았으며, 식욕과 성욕과 수면욕도 자기완성을 가로막는 더럽고 추하며 극복해야 할 욕망이 아니라, 내 삶을 한층 즐겁고 재미있고 풍요롭게 해 주는 아름답고 사랑스러운 것들이었다. 나는 여전히 이전과 다름없는 그대로의 나요, 조금도 달라진 것이 없건만, 그런 나를 옳다느니 그르다느니 하고 판단하던 그 한 마음이 사라지고 나니, 그냥 있는 그대로의 '나'가 언제나처럼 그렇게 여기 그냥 존재할 뿐이었다.

그때 나는 모든 것을 분명히 알게 되었다. 식욕, 성욕, 수면욕이 있고, 잡생각이든 망상이든 번뇌든 온갖 것들이 잠시도 가만히 있지 않고 언제나 죽 끓듯 하며, 기쁨이나 노여움, 슬픔, 근심, 불안, 두려움, 사랑, 미움, 욕심 등등 온갖 감정이 수시로 변화를 거듭하는 이 있는 그대로의 '나'가 잘못된 것이 아니라, 그런 '나'를 부족하고 못난 중생이라 하고, 그 '나' 안에 있는 식욕과 성욕과 수면욕, 분노, 게으름, 미움 등등을 떨쳐 버리거나 극복해야 할 번뇌라고 판단하고 규정해 버리는 바로 그놈, 그리

197

하여 있지도 않은 '완전'을 향해 끝없이 나를 내모는 바로 그놈(분별심)이 잘못되어 있다는 것을! 그런데 그 한 생각이 내려지고 나니, 도무지 구제할 길 없는 중생이라 여겼던 이 모습 이대로가 바로 부처요, 너무 많고 아득하여 어찌할 바를 모르던 번뇌가 그대로 보리였으며, 주체할 길 없이 솟구치던 분노와 슬픔이 그대로 '흔들림 없는 마음'이었다.

그렇게 진실을 알고 나니, 이제 거기에는 중생이랄 것도 없고 부처랄 것도 없었으며, 번뇌랄 것도 보리랄 것도, 부족이랄 것도 완전이랄 것도, 심지어 도니 진리니 흔들림 없는 마음이니 깨달음이니 할 것도 없었다. 그냥 단지 모든 것은 있는 그대로일 뿐 아무것도 아니었다. 아, 우리네 삶은 이토록이나 단순한 것을!

문득 승찬 스님이 쓰신 신심명(信心銘)의 한 구절이 생각난다.

참된 것을 구하지 말고
다만 옳다느니 그르다느니 하는 견해만 쉬어라.
한 마음 분별심이 일어나지 않으면
모든 것에 허물이 없다.

일승(一乘)으로 나아가고자 하거든
육진(六塵) 번뇌를 미워하지 말라.
육진을 미워하지 않으면
홀연히 바른 깨달음이다.

보아도 보이지 않는 것을 일컬어 이(夷)라 하고,

들어도 들리지 않는 것을 일컬어 희(希)라 하며,

잡아도 잡히지 않는 것을 일컬어 미(微)라 하나니,

이 세 가지는 어떻게 자세히 캐물어 밝힐 수 없다.

"보아도 보이지 않고, 들어도 들리지 않으며, 잡아도 잡히지 않는……"이라고 시작되는 이 장은 성경에서 하나님을 가리켜 묘사할 때 쓰는 많은 표현 가운데 하나를 연상시킨다. 하나님은 그 형상을 볼 수도 없고, 그 음성을 들을 수도 없으며, 그 무엇으로도 닿을 수 없지만, 사실은 또한 계시지 않은 곳이 없는 분이라는 표현 말이다.

석가모니도 금강경에서 말한다. "만약 모양으로 나를 보려 하거나 음성으로써 나를 구한다면 이 사람은 그릇된 길을 가는 것이라, 능히 여래를 보지 못하리라."

우리는 진리에 대해서도 이와 같은 이해와 표현을 하고 있다. 그리고 노자는 이 장에서 도가 바로 그러한 것이라고 말하고 있는 것이다.

사실 이 모두는 같은 것이며, 하나다. 다만 그 이름과 표현들이 서로 다를 뿐이다. 그런데 내가 여기에서 더욱 강조하여 말하고 싶은 것은, 그와 같이 도는 분명히 우리의 감각과 인식의 차원을 넘어서 있기는 하지만, 또한 명백히 그것을 떠나 있지도 않다는 것이다. "도는 보고 듣고 느끼고 아는 데 속하지 않지만, 또한 보고 듣고 느끼고 아는 것을 떠나 있지도 않다." 사실 도는 우리가 매일 매 순간 경험하고 있는, 너무나 구체적인 것이다. 노자도 이 장에서 정작 하고 싶어 하는 얘기는 바로 이런 것이다.

"보아도 보이지 않고, 들어도 들리지 않으며, 잡아도 잡히지 않는……"이라고 노자가 도를 말하기 시작하지만, 그것은 결코 보아도 보이지 않고 들어도 들리지 않으며 잡아도 잡히지 않는 어떤 것을 따로 두고 하는 말이 아니다. 그런 것은 존재하지 않는다. 또한 도는 깊은 명상 상태에서나 체험할 수 있는 무엇도 아니다. 도는 그렇게 특별한 것이 아니요, 어떤 특정한 상태나 단계에서 열렸다 닫혔다 하는 것도 아니다. 그렇기는커녕 도는 너무나 평범한 것이다. 그렇다면 "보아도 보이지 않고 들어도 들리지 않는……"이라는 것은 무슨 뜻일까?

도는 대상화되어 있는 무엇이 아니다. 도는 '나'와 분리되어 '나' 바깥에 있는 어떤 대상이 아니다. 만약 그것이 '나'와 분리된 어떤 대상이라면, 우리는 분명히 그것을 감각하거나 사고로써 인식할 수도 있을 것이다. 그러나 도는 대상이 아니며 '나'와 분리되어 있지도 않기에 우리는 그것을 따로 볼 수도, 들을 수도, 잡을 수도 없으며, 사고로써 찾을 수 있는 것도 아니다. 도는 그와 같이 감각과 인식의 대상이 아니라, 삶의 영역이다.

나의 경우를 보자. 앞에서도 얘기했듯이, 나도 다른 많은 사람처럼 도를 구했으며, 진리를 찾았고, 깨달음을 얻어 마침내 자유하기를 간절히 바랐다. 나도 정말 도가 따로 있는 줄 알았고, '참나'라는 것이 지금의 이 부족하고 못난 모습과는 전혀 다른 모습으로 어딘가에 있을 줄 알았다. 그리고 그 거룩한 자리에 닿으려면 수없이 많은 노력과 절제와 수행을 해야 하고, 사그라지지 않는 의지를 언제나 불태워야만 하는 줄 알았다. 그런데 그게 아니었다. 그 모두는 나의 무지요, 착각이었다. 건너가 닿아야 할 '저기'나 이루어야 할 '목표'라는 게 아예 처음부터 없었다.

어느 순간 문득 구하는 마음이 사라지고 나니, 모든 것은 다만 지금 여기 있는 그대로일 뿐이었다. 그러고 나니 짜증이 곧 도요, 분노가 곧 진리였으며, 게으름이 곧 깨달음이었다. 탐하고 성내고 어리석은 마음이 그대로 '흔들림 없는 마음'이었으며, 미칠 것 같던 번뇌와 망상이 그대로 보리였다. 그와 같이 우리네 삶, 우리네 일상, 그리고 그 속에서 살아가는 '나'의 안과 밖 그 어디, 그 어느 한 순간도 도(道) 아님이 없었다.

그러니 도란 얼마나 구체적인가. 우리가 지금 현재 그렇게 살고 있지 않은가? 때로 짜증내고, 때로 분노하며, 때로 망상에 사로잡히기도 하고, 슬퍼하기도 하면서, 그렇게 오욕(五慾)과 칠정(七情) 속에서 울고 웃으며 살아가고 있지 않은가? 또한 하늘과 바람과 별과 나무와 계절이 보여 주는 저 신비롭고 오묘하기 그지없는 모습들과, 언제나 태초의 음악같아 들을 때마다 전율하게 하는 온갖 소리와, 불현듯 나타나 우리를 취하게 만드는 온갖 아름다운 향기와 냄새와 맛과, 인간의 언어로는 어떻게도 온전히 표현해 낼 길이 없는 촉감들……. 그 모두가 다 도요, 어느 것 하나 진리 아님이 없는 것이다. 아, 우리는 모두 이미 깨달아 있다! 그러니 도란 얼마나 구체적인가? 우리가 매일 매 순간 경험하고 있는 이 모두가 다 도이니 말이다. 도란 얼마나 평범한가.

물론, 이 말은 오해의 소지가 있음을 안다. 지금 여기 있는 그대로의 '나'가 곧 길이요 진리요 생명이라고 하니, 그것을 단지 머리로만 이해하고는, 자기 자신과 삶을 경홀히 여겨 함부로 살면서도 "이것이 다 도인데, 뭐!"라고 생각할 수도 있기 때문이다. 이것은 '그렇게 아는 것'과 '그 자체가 되는 것'의 차이라고나 할까. 그런데 나의 이 말을 진실로 알게 되면, 그때는 존재의 비약이 있게 된다. 자기 자신과 삶을 함부로 살게 되는 것이 아니라, 오히려 가슴 벅찬 자유와 사랑과 행복이, 무어라 형언할 수 없는 내면의 평화가, 진정한 겸손이 언제나 삶에서 넘실대며 출렁이게 되는 것이다.

그러므로 뭉뚱그려 '하나'라고 한다.

이 '하나'는 일반적으로 도를 가리킨다. 그런데 그 도의 나타난 모양은 너무나 구체적이어서, 조금 전에도 말했던 것처럼, 지금 이 순간 '나'의 감정과 느낌과 생각이 바로 '그것'이다. 뿐만 아니라 눈에 보이고 귀에 들리며 냄새 맡고 맛을 보며 촉감을 느끼게 되는 모든 것도—그렇다고 경험의 주체와 대상이 따로 분리되어 있다는 것도 아니다—바로 '그것'이다. 그러니 오직 '하나'밖에 없지 않은가.

그 위는 밝지 않고, 그 아래는 어둡지 않으며,

이 또한 '밝다' '어둡다'라는 것 자체가 우리의 분별이요 구별일 뿐 실재하는 것이 아님을 말하고 있다. 예를 들면, 우리는 보통 분노와 짜증, 미움, 게으름 등에 대해서는 어둡고 부정적인 이미지를 갖고 있어서 그것에 저항하거나 극복하려고 한다. 반면, 그에 반대되는 사랑과 덕스러움, 성실 등은 밝고 좋은 것으로 여겨 그것을 추구한다. 그런데 사실은 우리가 극복하려 하는 분노나 짜증, 미움, 게으름 등은 '어둡고 부정적인 것'이 아니다. 그것이 '어둡고 부정적인 것'이 아닌 줄 알면, 추구해야 할 '밝고 좋은 것'도 없음을 동시에 알게 된다. 사실, '어둡고 부정적인 것'이니

202

'밝고 좋은 것'이니 하는 것 자체가 우리의 분별심이 만들어 낸 허구임을 노자는 이렇게 밝히고 있는 것이다.

끊임없이 이어지는데, 어떤 이름도 붙일 수가 없구나.

앞에서도 말했지만, "끊임없이 이어지는데"라는 이 문장을 읽을 때 사람들은 곧장 태초를 연상한다. 도란 태초부터 지금까지 끊이지 않고 이어져 오는 무엇이라고 이해하는 것이다. 그러나 이 말은 그런 뜻이 아니다. 태초라는 것은 관념이다. 도는 시간의 연장선상에 있지 않다. 도는 언제나 지금 이 순간 여기에 있다.

그럼 "끊임없이 이어지는데"라는 말을 어떻게 읽어야 할까? '오늘'의 우리의 삶을 한번 생각해 보자. 아침에 눈을 떠서 밤에 잠들 때까지, 아니 꿈속에서조차 온갖 생각과 감정과 느낌이 끊임없이 변화하며 이어진다. 우리 바깥—안과 밖이라는 것도 우리의 분별 속에만 존재할 뿐 실재하는 것이 아니다—은 또 어떤가? 순간순간 온갖 형상과 소리와 냄새와 맛과 촉감도 얼마나 변화무상하게 나타나고 사라지는가? 이것이 바로 "끊임없이 이어진다."는 말의 참뜻이다. 그 하나하나가 다 도라는 것이다. 그러니 우리는 이미 도로서 도 속에서 살고 있는 것이다. 끊임없이 이어지는 그 하나하나가 다 도라고 한다면, 도 아님이 없으니 따로 도라고 할 게 없지 않은가? 그러니 그냥 살면 되는 것이다.

"어떤 이름도 붙일 수가 없구나."에 대해서는, 1장에서도 밝혔듯이, 만물은 본래 이름이 없는 것이다. 우리는 흔히 분노니 짜증이니 미움이니 하고 말하지만, 그것은 그냥 붙여진 이름일 뿐 사실은 그 모두가 자연스러운 생명 에너지의 발현이요 움직임일 뿐이다. 어린아이가 때로 짜증내기도 하고 화내기도 하고 울기도 하지만, 어느 아이가 그것을 짜증이니 분노니 슬픔이니 하고 이름 붙이는가? 그는 다만 그런 모양으로 자신의 자연스러운 생명 에너지를 살고 있을 뿐인 것이다. "그때에 예수께서 대답하여 이르시되, 천지의 주재이신 아버지여, 이것을 지혜롭고 슬기 있는 자들에게는 숨기시고 어린아이들에게는 나타내심을 감사하나이다. 옳소이다, 이렇게 된 것이 아버지의 뜻이니이다."(마태복음 11:25~26) 마찬가지로 저 '파'와 '나무'와 '하늘'과 '꽃'과 '새'와 '사람'에게서 각각 그 붙여진 이름을 떼어 내고 나면……?

　　다시 아무것도 없는 상태로 돌아가나니,
　　이를 일컬어 형상 없는 형상이라 하고
　　모양 없는 모양이라 하며,
　　또한 이를 일컬어 '있는가 하면 없고,
　　없는가 하면 있는 것'이라 한다.

　이것은 불교에서 말하는 제행무상(諸行無常)을 연상시킨다. 즉, 모든 것은 변한다는 것이다. 그 어떤 것도 실체로서 고정되어 있는 것은 없다. 우리의 이 일상 속에서 매 순간 경험하게 되는 온갖 감정과 감각과 느낌과 생각뿐만 아니라 일체의 견문각지(見聞覺知)가 그렇다는 말이다. 그러니 그것을 그냥 가만히 내버려 두라. 나서서 간택하여 어떤 것은 취하고 어떤 것은 버리려 하지 말라. 조금만 기다리면 그것은 곧 사라져 없어지고, 다음 순간 다른 감정과 감각과 느낌과 생각이 우리 안을 채운다.

그 무엇도 손댈 게 없으며, 손가락 하나 까딱할 필요조차 없는 것이다. 이것이 바로 "다시 아무것도 없는 상태로 돌아가나니"라는 말의 뜻이며, 또한 이를 일컬어 "형상 없는 형상이라 하고 모양 없는 모양이라 하며", 또한 이를 일컬어 "있는가 하면 없고, 없는가 하면 있는 것"이라 한다. 그렇듯 물 흐르듯이 다만 지금 이 순간을 살라.

앞에서 맞이하여도 그 머리를 볼 수 없고,
뒤따라가면서 보아도 그 뒷모습을 볼 수가 없구나.

이 또한 앞의 "그 위는 밝지 않고, 그 아래는 어둡지 않으며"라는 말과 같은 맥락으로 보면 된다. 분별 없는 마음으로 지금 이 순간을 살아가니, 따로 보아야 할 것이 무에 있는가? 보지 말아야 할 것은 또 무엇인가?

옛 도를 잡고서 '지금'을 다스리나니,

사실은 '옛 도'도 없고, '(고정된) 지금'도 없으며, '다스린다'는 것도 없다. 다만 끊임없이 순간순간 나타났다가 사라지는 듯 보이는 지금, 여기에서의 삶만 있을 뿐이다. 그러니 오직 지금 이 순간에 있으라. 그 '현존'의 모습을 노자는 이렇게 표현하고 있는 것이다.

옛 비롯함을 아는 것,
이를 일컬어 도의 실마리라 한다.

지금 여기 있는 그대로의 '나'와 세계를 사는 것, 존재의 그 새로운 눈 뜸, 이것이 진정 "옛 비롯함을 아는 것"이며, 또한 그것이 바로 도의 실마리요 시작인 것이다. 그밖에 다른 것은 없다.

지금 이대로 완전하다

'미운 새끼 오리'의 몸은 처음부터

그 몸 그대로 아무런 변화가 없었다. 그런데

오직 자신을 바라보는 눈 하나가 달라지니,

조금 전까지 온갖 고통과 괴로움으로 가득하던 그 몸 그대로

그는 지극한 행복과 자유를 누리게 된 것이다.

도덕경 15장

옛적에 도를 잘 닦은 사람은

미묘하고 현통하여 그 깊이를 알 수 없나니,

알 수 없기에 억지로라도 그 모습을 묘사해 보면,

머뭇거리는 모습은 마치 겨울에 시냇물을 건너는 듯하고,

망설이는 모습은 마치 사방 이웃을 두려워하는 듯하며,

삼가는 모습은 마치 손님 같고,

풀어진 모습은 마치 녹아내리는 얼음 같다.

그 질박한 모습은 마치 다듬지 않은 통나무 같고,

그 텅 빈 모습은 마치 골짜기 같으며,

한데 뒤섞인 모습은 마치 탁한 물과도 같다.

누가 탁함으로써 고요하여 서서히 맑게 할 수 있으며,

누가 편안함으로써 움직여 서서히 살아나게 할 수 있는가?

이 도를 지닌 사람은 채우려 하지 않나니,

무릇 채우려 하지 않기에, 해어져도 새로이 이루지 않는다.

古之善爲道者, 微妙玄通, 深不可識. 夫唯不可識, 故强爲之容.

豫兮若冬涉川, 猶兮若畏四隣, 儼兮其若客, 渙兮若氷之將釋,

敦兮其若樸, 曠兮其若谷, 混兮其若濁.

孰能濁以靜之徐淸, 孰能安以動之徐生. 保此道者, 不欲盈.

夫唯不盈, 故能敝不新成.

안데르센 동화집에 보면 '미운 새끼 오리' 이야기가 나온다. 우리 대다수는 이미 그 이야기를 알고 있지만, 이제 조금 관점을 달리하여 그 얘기를 다시 한번 해 보자.

어찌 된 영문인지는 모르지만, 백조알 하나가 이제 막 부화를 기다리는 몇 개의 오리알 사이에 끼어 있었고, 어미 오리는 그것도 모른 채 새끼 오리들이 알을 깨고 나오기를 기다리며 사랑스러이 알들을 품고 있었다. 이윽고 때가 되어 새끼 오리들이 한 마리씩 알을 깨고 나오는데, 저마다 방금 깨고 나온 알껍데기들을 한 움큼씩 뒤집어쓴 채 "꽤액꽤액" 연신 소리를 지르며 자신들의 탄생을 세상에 알린다. 뒤이어 맨 나중에 우리의 주인공인 아기 백조(미운 새끼 오리)도 오래되고 두꺼운 껍데기를 깨고 수줍은 듯 기지개를 켜며 알 밖으로 고개를 내밀었다.

"아, 햇살 가득한 세상은 참 눈부시구나!"

그때 그의 눈에 가장 먼저 들어온 것은 따뜻하고 사랑스러운 눈길로 자신의 뒤늦은 탄생을 내려다보고 있는 어미 오리와, 자신보다 조금 먼저 알을 깨고 나와 뒤뚱뒤뚱 작은 날개를 파닥이며 서로 장난을 치고 있는 새끼 오리들의 모습이었다. 그랬기에 그는 너무도 당연히 자신도 한 마리 오리로 태어났다고 생각한다.

알을 깨고 나온 처음 한동안은 아무것도 모른 채 그저 서로 장난치고 뛰놀며 마냥 즐겁기만 했다. 그러나 날이 거듭되고 그들의 몸집이 조금씩 커 갈수록 뭔가 미묘한 기운이 그들 사이에 감돌기 시작했다. 뭔가가 좀 이상해진 것이다. 뭐랄까, 하여간 서로 다르다는 느낌이랄까……. 원래 백조는 오리보다 몸집이 크고 빛깔도 희며, 목과 다리도 길고, 서로 닮지 않은 점이 많다. 그러한 차이가 그들의 몸집이 커 가면서 더욱 구체적이고 분명하게 그들 사이에 드러난 것이다. 그러면서 조금씩 '미운 새끼 오리'는 그들에게, 그리고 이웃 오리들에게도 심한 따돌림과 놀림을 받게 된다.

"이 애는 어쩌면 이렇게 클까? 다른 아이들과는 조금도 닮지 않았구나."

"넌 참 이상하게도 생겼구나! 어쩜 그리도 못생겼니?"

"이 녀석은 너무 크고 흉측해."

"쳇, 저 새끼 오리는 도대체 무슨 꼴이람? 저렇게 못생긴 놈은 우리 가문의 수치야!"

"너같이 못생긴 녀석은 차라리 고양이한테 잡아먹히는 게 나아!"

"차라리 어디 먼 곳에라도 가 버렸으면 좋겠어!"

……

모두들 그렇게 말하며 그를 미워했다. 심지어 어떤 녀석은 '미운 새끼 오리'와 함께 있다는 것만으로도 치밀어 오르는 모욕감을 못 견디겠다는 듯 갑자기 달려들어 그의 목을 물어뜯기도 했는데, 그러한 일들은 날이 갈수록 심해져 갔다.

불쌍한 '미운 새끼 오리'는 어찌할 바를 몰랐다. 자신이 얼마나 못생겼으면 모두들 이렇게 미워할까 하고 생각하니 한없이 슬퍼지기만 했다. 어릴 때의 그 맑고 천진하던 얼굴에는 점차 웃음이 사라져 갔고, 온갖 어두운 그늘이 그 자리를 대신했다.

"아, 나는 왜 이렇게 못났을까?"

"나도 오리이건만, 왜 나는 이 모양일까?"

아무리 봐도 자신이 싫었다. 무엇 하나 제대로 된 것이 없고, 걸음조차 제대로 오리걸음으로 걷지 못하는 자신이 한없이 미워지기만 했다. 덩치는 또 왜 이리 크며, 온몸을 뒤덮고 있는 깃털은 다른 오리들처럼 노랗지 않고 왜 이리 보기 싫도록 희기만 한지! 또한 하늘을 찌를 듯 높이 솟아 있는 기다란 목은 그저 징그럽기만 했다. 그렇게 자신이 싫어질수록 그런 못난 모습으로 자신을 낳은 엄마가 원망스러웠고, 모두에게 미움을 받으며 살아갈 수밖에 없는 자신의 삶과 운명이 저주스럽기만 했다. 아무리 주위를 둘러보아도 '미운 새끼 오리'에게는 모든 것이 다만 자신이 무언가 크게 잘못되고 모자란 존재임을 증거하는 것들밖에 없었던 것이다.

그 고통과 자기환멸, 그리고 깊디깊은 절망감 속에서 '미운 새끼 오리'는 자신도 한 마리 '온전한' 오리가 되고 싶어서 얼마나 안달했으며, 얼마나 애타게 몸부림쳤는지! 오리처럼 몸집을 작게 하여 그들과 같이 되어 보려고 얼마나 자주 단식을 했으며, 음식을 먹을 때는 무엇보다도 덩치를 키우지 않기 위해 얼마나 주의 깊게 절제하며 음식을 가려 먹었던지! 또한 오리처럼 걷기 위해 그들의 보폭과 걸을 때의 뒤뚱거리는 자세를 세심하게 관찰하여, 한 걸음 한 걸음 발을 뗄 때마다 보폭과 뒤뚱거림을 정확히 맞추어 걷기 위해 얼마나 자주 넘어지며 연습하고 또 연습했던지! 그리고 오리에 비하면 너무나 긴 목을 그들처럼 짧게 해 보려고 온몸에, 특히 목과 날개 부위에 힘을 주고 얼마나 오므리고 또 오므렸던지!

그래도 여기까지는 간절하고 애틋한 마음으로 노력한 보람이 있어서 제대로 되어 가는 것 같았지만, 온몸을 뒤덮고 있어 누가 보더라도 한눈에 드러나 버리는 희디흰 깃털은 어이할꼬! 생각다 못한 '미운 새끼 오리'는 어느 날 걷기 연습을 하다가 우연히 보아 둔 호수 곁 진흙 구덩이에 들어가 몇 날 며칠을 뒹굴고 또 뒹굴었다. 혹시라도 자신의 보기 싫은 흰 깃털이 오리처럼 노랗게 될까 싶어서……. 뿐만 아니라 오리와 같은 목소리의 톤을 내기 위해 아프도록 입을 쩍쩍 벌리며 발성 연습을 한 게 얼마이며, 잠드는 순간까지도 오리들을 의식하며 그들과 같은 모습으로 잠들기 위해 얼마나 많은 밤을 주눅 들며 가슴 졸여야 했던지! 그는 자신이 받았던 깊디깊은 상처와 절망만큼이나 처절히 '온전한' 오리가 되기 위해 몸부림쳤다. 그래, 조금만 더, 조금만 더……!

정말이지, 처음 한동안은 진짜 오리가 된 것 같기도 했고, 그 우쭐한 기분에 때로는 그들 앞에 보란 듯이 으스대며 나서 보기도 했다. 그런 중에도 가끔씩은 설핏설핏 아직 오리가 되기에는 무언가 부족한 자신의 모습들이 보이기도 했지만, 그것은 뭐, 조금만 더 노력하면 될 일이기에, 마침내 자유할 수 있는 날이 곧 올 것만 같았다. 그리하여 아, 나도 한 마리 온전한 오리로 살아갈 수 있으리라, 그리고 그때 나의 이 모든 고통과 괴로움도 끝나리라!

그런데 이상하게도, 날이 갈수록 그 일은 자꾸만 더 힘겹고 어려워져만 갔고, 어떤 때는 아무리 마음을 모으고 애를 써도 조금의 진척이 없는 때도 있었다. 그런 날이 자꾸 반복될수록 이번에는 그 많은 노력과 간절함에도 불구하고 선뜻 오리가 되지 못하는 자신이 한없이 밉고 환멸스럽기까지 했으며, 오리가 되는 길이 그저 아득히 멀게만 느껴지기도 했다. 그렇게 다시 깊디깊은 절망감에 사로잡혀 갈 즈음의 어느 날, 그는 오랜 시간 그토록 애쓰고 노력하고 몸부림쳤음에도 불구하고 사실은 조금도, 정말이지 조금도 오리가 되어 있지 못한 자신을 문득 발견하고는 마침내 통곡하며 오열하고 만다.

"아, 나는 지금껏 단 한 발짝도 나아가지 못했구나…… 조금도 오리가 되지 못했구나!"

그 자각은 그에게 견딜 수 없는 고통을 안겨다 주었고, 더할 나위 없는 절망감은 자신도 모르게 온몸을 부르르 떨며 발작하듯 날개를 편 채 펄쩍펄쩍 뛰게 만들었는데, 바로 그 순간 그는 후드득 하고 공중을 날게 된다. 지금까지 단 한 번도 자신은 오리가 아니라는 생각을 해 본 적이 없기에 그것은 너무나 놀랍고도 뜻밖의 일이었다.

"어, 내가 날다니, 내가 날 수 있다니!"

바로 그 순간 전혀 다른 세계가 갑자기 그의 앞에 펼쳐져 버린 것이다. '미운 새끼 오리'는 그때 비로소 알게 된다. 자신은 오리가 아니라는 것을……. 자신은 이미 처음부터 오리가 아니었기에 '온전한 오리'가 될 수도 없었으며, 온전한 오리가 되려는 그 많은 노력이 사실은 모두가 부질

없는 헛된 몸부림이었다는 것을 비로소 깨닫게 된 것이다.

"아, 나는 오리가 아니다, 나는 오리가 아니다! 나는 그냥 나다!"

그러고는 온전한 오리가 되려고 몸부림치던 동안에 언제나 저주스럽고 환멸스럽던 그 몸 그대로 너무나 자유롭고 눈부시게 공중을 몇 번 휠휠 날다가, 때마침 저녁 하늘을 배경으로 아름다운 날개를 활짝 펴고 날아가는 한 떼의 백조들을 만나자, 그들 사이로 들어가 그들과 함께 행복한 날갯짓을 하며 '미운 새끼 오리'는 창공을 높이 날아올랐다.

"아, 나는 처음부터 오리가 아니었다! 나는 처음부터 그냥 나였다! 나는 못생긴 것이 아니며, 너무 커서 언제나 부끄럽고 저주스럽던 이 덩치도 큰 것이 아니다. 호수에 비칠 때마다 스스로 화들짝 놀라며 못 견디게 싫었던 이 희디흰 깃털도 잘못된 것이 아니며, 너무 길어 언제나 징그럽게만 느껴지던 이 목도 이제 보니 그냥 사랑스러운 내 목일 뿐이다. 아, 나는 그냥 처음부터 나였고, 하나도 잘못된 것이 없으며, 이 모습 이대로 나는 지금 너무나 행복하다!"

이것이 내가 조금 각색해 본 '미운 새끼 오리' 이야기다. 나는 이 이야기를 통해, 그리고 '미운 새끼 오리'가 잘못 생각하고 있던 몇 가지 점을 통하여 우리 자신을 한번 돌아보고 싶었다. (그런데 그 얘기를 시작하기 전에, 나는 우선 우리가 가지고 있는 선입견부터 지적해 두고 싶다. 우리는 대개 백조라고 하면 우아하고 고상하고 아름다우며 눈부시기까지 한 어떤 모습을 떠올리게 된다. 그리고 오리라고 하면 볼품없고 더러우며 아무런 느낌이 들지 않는 집오리를 연상하게 되는데, 나는 그런 전제 위에서 '미운 새끼 오리' 이야기를 시작한 것이 아니다. 그런 우열의 구별은 전적으로 우리의 몫이며, 백조와 오리에게는 있지 않다. 나는 단지 그들이 서로 다른 존재라는 점에서 이야기를 하고 있을 뿐이다.)

우선 '미운 새끼 오리'의 고뇌를 보자.

그가 알을 깨고 나왔을 때 그의 눈에 제일 먼저 들어온 것은 엄마를 비롯한 오리 형제들이었다. 그는 너무도 당연히 자신도 한 마리 오리로 태어났다고 생각하게 되는데, 바로 그 순간 자신도 모르게 자신의 모든 가치와 무게와 존재감을 오리에게 두게 된다. 이것은 뭐냐 하면, '미운 새끼 오리'는 이후 자신의 모든 삶 속에서 언제 어느 순간에나 오리의 관점에서 오리의 눈으로 자신을 바라보게 되었다는 것이다. 자신의 모든 기준과 잣대는 그 순간 오리가 되어 버린 것이다. 그렇게 오리의 관점에서, 오리의 눈으로, 오리의 잣대를 가지고 자신을 바라보니, 자신은 언제나 부족하고 못나고 보잘것없으며, 하나도 제대로 된 것이 없는 부끄럽고 수치스러운 존재로 보였던 것이다. 그러니 그 삶이 얼마나 괴로웠을까!

그런데 우리도 지금 그렇게 살고 있지 않은가? 자신이 바라는 이상적인 자아상—이것은 대개 현재의 자신이 느끼는 부족감과 결핍감 등이 대부분 극복된 어떤 충만하고 아름다운 모습으로 그려지기 마련인데—을 온통 미래에다 투영해 놓고, 언제나 그 관점과 기준으로 현재의 자신을 바라보면서, "아, 나는 왜 이렇게 못났을까? 왜 아직도 이 모양일까?"라고 하고 있지 않은가? 그러면서 그런 자신을 못 견뎌 하면서 그 이상적인 자아상에 한 발짝이라도 더 다가가기 위해 스스로 몸부림치며 괴로워하고 있지 않은가? 정확히 '미운 새끼 오리'가 그랬듯이 말이다.

이번에는 '미운 새끼 오리'의 변화와 자유, 그리고 그 행복한 날갯짓을 보자.

그는 마침내 자유하게 되는데, 과연 그 자유라는 것이 '미운 새끼 오리'가 생각했던 것처럼 온전한 오리가 됨으로써 비롯되었는가? 그렇기는커녕 자신을 바라보는 눈 하나가 달라짐으로써 그렇게 되지 않았는가? 그는 언제나 자신도 모르게 오리의 관점에서 오리의 잣대를 가지고 자신을 바라보았고, 그 때문에 온전한 오리가 되어 있지 못한 자신이 언제나 괴로웠다. 그러다가 어느 순간 문득 오리의 관점에서 자신을 바라보는 것이 아니라, 자신을 그냥 자신으로서 바라보게 되면서 '미운 새끼 오리'는 갑자기 자유하게 된 것이다. 그렇지 않은가? 그가 그토록 자신의 못남을 못 견뎌 하면서 괴로워할 때도 그 몸은 여전히 그 몸이었고, 그렇게 행복하게 날개를 활짝 펴고 아름답게 날아오를 때도 그 몸은 여전히 그 몸이었다. '미운 새끼 오리'의 몸은 처음부터 그 몸 그대로 아무런 변화가 없었다. 그런데 오직 자신을 바라보는 눈 하나가 달라지니, 조금 전까지 온갖 고통과 괴로움으로 가득하던 그 몸 그대로 그는 지극한 행복과 자유를 누리게 된 것이다.

　'깨달음'이라는 것도 마찬가지다. 우리는 언제나 자신을 부족하고 못난 존재라고 여기고 끊임없이 스스로 힘겨워하면서 '자기로부터의 해방'을 갈망하는데, 그 부족하고 못난 존재라고 하는 자기규정과 판단은 자신이 바라는 미래의 자아상에 비추어 현재의 자신을 바라보고 있기 때문에 비롯된 것이다. 그러나 오리의 관점과 기준에서 자신을 바라보지 않고 오직 자신을 자신으로서 바라보았을 때 '미운 새끼 오리'에게는 처음부터 아무런 문제가 없었듯이, 미래의 더 완전한 자아상이라는 관점과 기준으로 자신을 바라보지 않고 다만 현재를 현재로서 보면, '현재'는 부족하지 않으며, 거기에 '중생'이라는 것도 없다.

그와 같이 우리는 '깨달음'이랄까 '자기로부터의 해방'을 향하는 그 처음부터 이미 우리 자신을 크게 잘못 보고 있는 것이다. 우리는 묶여 있지 않다. 우리는 구속되어 있지 않으며, 따라서 깨달아야 할 무엇도, 해방해야 할 그 무엇도 없다.

내가 이 장을 뜻풀이하기 전에 '미운 새끼 오리' 이야기부터 먼저 한 것은 두 얘기가 너무나 절묘하게 맞아떨어지기 때문이다. 그런 의미에서 나는 이 장이 너무나 따뜻하다.

옛적에 도를 잘 닦은 사람은
미묘하고 현통하여 그 깊이를 알 수 없나니

이렇게 말하면 우리는 대뜸 정말 도를 잘 닦아 미묘하고 현통(그윽하게 '하나'가 된)하여 그 깊이를 알 수 없는 어떤 모습을 연상하게 된다. 뭔가 비범하고 그득하며, 우리와는 차원을 달리하고 있는 듯한, 그래서 감히 범접하지 못할 깊이와 풍모를 가진 사람을 말이다. 그러나 그게 아니다. 진정으로 도를 잘 닦아 미묘현통한 사람은 '미묘현통한' 모습을 하고 있지 않다. 그는 오히려 너무나 평범하다. 너무나 평범하여 차라리 아무것도 아닌 듯하기에 오히려 더욱 미묘현통하고 그 깊이를 알 수 없는 것이다.

그런 의미에서 본다면, 우리네 이 평범한 삶과 일상들이, 바로 지금 있는 그대로의 우리 자신이 사실은 너무나 미묘하고 현통하여 그 깊이를 알 수 없는 존재들이 아닐까? 미처 그런 줄을 모르니, 우리는 끊임없이

217

이 일상과 자기 자신을 떠나 미묘현통한 도를 따로 구하고 있는 것은 아닐까?

알 수 없기에, 억지로라도 그 모습을 묘사해 보면,

이 대목에서, 그리고 설명을 계속해 나가기 전에 나는 먼저 우리의 오래되고 깊은 편견 하나를 지적해 두고 싶다. 그것은 도 혹은 깨달음에 관한 우리의 잘못된 생각인데, 우리는 그것에 대해 너무 좋게만 말하려 한다는 것이다. 그래서 은연중에 '성스러움'과 '속됨'을 구별해 두고 언제나 성스러움과 결부하여 도 혹은 깨달음을 설명하려 하는데, 아니다. 속됨과 구별된 성스러움은 없으며, 사실은 속됨 그것이 바로 성스러움이다. 나는 그런 관점에서 '옛적에 도를 잘 닦은 사람'의 모습을 묘사해 나가는 노자의 말들을 해석해 보고 싶은 것이다.

머뭇거리는 모습은 마치 겨울에 시냇물을 건너는 듯하고,
망설이는 모습은 마치 사방 이웃을 두려워하는 듯하며,
삼가는 모습은 마치 손님 같고,
풀어진 모습은 마치 녹아내리는 얼음 같다.
그 질박한 모습은 마치 다듬지 않은 통나무 같고,
그 텅 빈 모습은 마치 골짜기 같으며,
한데 뒤섞인 모습은 마치 탁한 물과도 같다.

이 말들은 모두가 마치 지금 여기에서 살아가고 있는 우리의 모습을

묘사하고 있는 것 같지 않은가? 겨울에 꽁꽁 언 시냇물을 건너는 듯 머뭇거리는 모습은 마치 삶의 길을, 때로는 하루하루의 일상조차 제대로 걸어가지 못해 머뭇거리고 넘어지고 깨지며 아프게 상처받곤 하는 우리의 모습을 연상케 한다. 그러는 가운데 '망설이는 모습은 마치 사방 이웃을 두려워하는 듯하다'고 노자가 말하고 있는 것처럼, 우리는 안타깝게도 단 한 순간도 진정으로 자기 자신에게 뿌리를 내리지 못한 채 망설이고 주저하고 불안해하고 두려워하면서 언제나 내면 깊은 곳에서는 남들의 눈치를 보느라 두리번거리게 되지 않던가? '삼가는 모습이 손님 같다' 함은, 마치 우리가 어려운 사람의 초대를 받아 처음 그 집을 방문했을 때 어디에 앉든 무엇을 보든 그저 조심스럽기만 하고 괜스레 주눅까지 들어 쭈뼛거리게 되듯이, 매 순간 펼쳐지는 이 삶과 자기 자신에 대해서조차 늘 자신 없어 하며 당당하지 못한 모습을 가리킨다. 또 '풀어진 모습은 마치 녹아내리는 얼음 같다' 함은, 꽁꽁 언 얼음은 무언가 강하고 정제되어 보이며 어떤 범접할 수 없는 깊이마저 느끼게 하지만, 그것이 녹아내리고 있으니, 마치 어딘가 허물어지고 질서 잡혀 있지 않으며 볼품없는 우리 자신의 모습을 닮아 있지 않은가. 그리고 '그 질박한 모습은 마치 다듬지 않은 통나무 같다' 함은, 통나무를 쪼개고 다듬어 무언가를 만들면 때깔도 나고 볼품도 있고 또 여러 가지로 요긴하게 쓰이게도 되지만, 아직 그것을 다듬지 않았으니, 이것은 말하자면, 그 무엇도 아니어서 그저 애매하고 혼란스럽기만 할 뿐 아무짝에도 쓸모없는 것 같은, 그래서 누구의 관심도 받지 못하는 우리네 삶의 모습을 보여 준다. 또 뭔가 옹골찬 듯하고 단단해 보이기는커녕 골짜기처럼 휑하니 비어 있어 허허롭고 쓸쓸하기까지 하며, 온갖 걱정과 망상과 번뇌로 한데 뒤섞여 있어 마치 탁한 물과도 같은 모습 등은 아무리 보아도 지금 우리의 모습인 것만 같지 않은가?

그런데 노자는 말한다, 그 모든 것이 바로 미묘하고 현통하여 그 깊이를 알 수 없는 도인의 모습이라고. 그 머뭇거리고, 망설이며, 늘 손님 같고, 녹아내리는 얼음 같으며, 다듬어지지 않고, 텅 빈 듯하며, 한데 뒤섞인 탁한 물과도 같은 그 보잘것없는 모습들이 낱낱이 미묘하고 현통하기 그지없는 도라고. 그리하여 속됨 그것이 바로 성스러움이요, 번뇌 그것이 바로 보리이며, 중생 그것이 그대로 부처라고……!

그러니 따로 무언가를 찾고 구하지 말고 그냥 거기 있으라고. '미운 새끼 오리'처럼 온전한 오리가 되기 위해 바깥으로 뛰쳐나가지 말고, 그냥 거기 있으라고. 그러면 그때 비로소 ─'미운 새끼 오리'에게 갑자기 전혀 다른 세계가 펼쳐졌듯이─ 그 모든 것에서 놓여나게 되어 참 평안과 쉼이 오게 되고, 그 모든 것에도 불구하고 거기에 매이지 않고 물들지 않는 진정한 자유와 자재함이 온 삶을 가득 채울 것이라고.

누가 탁함으로써 고요하여 서서히 맑게 할 수 있으며,
누가 편안함으로써 움직여 서서히 살아나게 할 수 있는가.
이 도를 지닌 사람은 채우려 하지 않나니,

깨달음이란 탁함을 버리고 깨끗함으로 나아가는 것이 아니다. 탁함 속에 있으면서도 거기에 매이지 않고 물들지 않아 그 탁함과 그윽하게 '하나' 됨이 곧 그것이다. 그리고 그때 진정한 고요와 평화가 찾아온다. 그에게는 비로소 모든 '분별'과 '간택'이 끝난 것이다. 이제 그는 그냥 산다. 그냥, 주어지는 현실에서 하루하루를 열심히 살 뿐이다. 단지 그럴 뿐인데, 희한하게도 그의 안과 밖의 모든 삶은 저절로 서서히 맑아지며, 저절로 서서히 모든 것이 되살아난다. 분별과 간택 속에서 잊어버리고 잃어버렸던 모든 것이 전부 되살아나는 것이다. 진정한 생명과 사랑으로!

무릇 채우려 하지 않기에, 해어져도 새로이 이루지 않는다.

이제 그에게는 오직 새로움밖에 없다. 늘 처음밖에 없다. 그에게는 지금 이 순간이 언제나 태초와 같고, 늘 한결같다. 그리하여, "보라, 내가 새 하늘과 새 땅을 창조하나니, 이전 것은 기억되거나 마음에 생각나지 아니할 것이라. 너희는 내가 창조하는 것으로 말미암아 영원히 기뻐하며 즐거워할지니라."(이사야 65:17~18) 아멘!

우리는 이미
그 자리에 있다

우리네 삶과 영혼의 자유란 멀리 있는 게 아니다.

지금 서 있는 그 자리에서 자기 자신과 삶을

바라보는 눈 하나가 달라지면 '상대적인' 그 자리가

바로 '절대의 자리'인 것이다. 그렇듯 우리는

이미 '그 자리'에 와 있다. 아니, 우리는 언제나

그 자리에 있었다. 단지 우리가 그 사실을 몰랐을 뿐이다.

도덕경 16장

텅 빔에 이르기를 지극히 하고
고요함을 지키기를 돈독히 하라.
그리하면 만물이 무성하게 일어나지만
나는 그 돌아감을 본다.
만물은 많고 많지만,
저마다 그 근원으로 돌아간다.
근원으로 돌아감을 고요라 하고
이를 일컬어 본성을 회복한다고 한다.
본성을 회복함을 참되다 하고
참됨을 아는 것을 밝다 한다.
참된 것을 알지 못하면
망령되이 흉한 일들을 짓게 되나니,
참된 것을 알면 포용하게 되고,
포용하게 되면 공평하게 되며,
공평하게 되면 진정한 주인이 된다.
이 주인 됨이 곧 하늘이며,
하늘은 곧 도요,
도는 영원하나니,
몸이 다하도록 위태롭지 않다.

致虛極, 守靜篤. 萬物竝作, 吾以觀復. 夫物芸芸, 各復歸其根.
歸根曰靜, 是謂復命. 復命曰常, 知常曰明. 不知常, 妄作凶.
知常容, 容乃公, 公乃王, 王乃天, 天乃道, 道乃久. 沒身不殆.

텅 빔에 이르기를 지극히 하고
고요함을 지키기를 돈독히 하라.
그리하면 만물이 무성하게 일어나지만
나는 그 돌아감을 본다.
만물은 많고 많지만
저마다 그 근원으로 돌아간다.

여기에서 "텅 빔에 이르기를 지극히 하고, 고요함을 지키기를 돈독히
하면"이라는 것은 '우리의 마음이 텅 비고 고요하면'이라는 말이다. 이는
또한 '우리의 분별심이 내려지면'이라는 말인데, 그러면 "만물이 무성하
게 일어나지만 나는 그 돌아감을 본다."고 말하고 있다. 이어서 노자는
다시 이 부분을 환기시키는 듯한 말을 한다. 즉, "만물은 많고 많지만 저
마다 그 근원으로 돌아간다."라고.

그런데 여기에서 우리가 깊이 오해하거나 착각하게 되는 표현이 하나 있는데, 그것은 "근원으로 돌아간다."는 말이다. 근원으로 돌아간다고 하면, 우리는 대뜸 정말 돌아갈 '근원'이라는 것이 따로 있거나, 근원으로 '돌아가는' 현상이 실제로 있을 것 같은 생각이 든다. 그러나 그것은 전적으로 사실을 사실로서 다 담아낼 수 없는 언어의 한계에서 비롯된 우리의 오해이자 착각이며, 우리의 생각이 만들어 낸 허구의 분별일 뿐이다.

우리의 '생각'은 그 속성상 언제나 모든 것을 둘로 나눈다. 그래야만 직성이 풀리는 것이다. 그래서 '지금 여기'와 '미래의 저기'를 나누고, 차안(此岸)과 피안(彼岸)을 나누며, 번뇌와 보리를 나누고, 중생과 부처를 따로 둔다. 또한 마찬가지로, 마치 그것이 사실인 양, 속됨과 성스러움을 나누고, 부족과 완전을 나누며, 나타남과 돌아갈 근원을 나눈다.

그리고는 이 세계가 실제로 그렇게 둘로 나뉘어 있는지 여부는 자세히 캐묻지도 않고 그럴 틈도 주지 않으면서, 이번에는 그 둘 중 하나만을 가리고 선택하도록 우리의 생각은 끊임없이 우리를 내몬다. 다른 여지를 주지 않는 것이다. 아니, 사실 생각에는 다른 여지가 없다. 일단 둘로 나누면, 그 가운데 하나만을 가리고 선택하기 위해 잠시도 가만히 있지 못하고 언제나 안달하는 것이 바로 생각의 속성인 것이다. 그런데 우리가 생각 안에서 살고 있으니, 그리고 생각이 보여 주는 것이 전부이며 사실인 양 믿으며 살아가고 있으니, 우리가 끊임없이 그 양편 모두에 끌려다니며 살아가게 되는 것은 어쩌면 당연한 일인 것이다. 그러나 생각이 보여 주는 것은 실재가 아니다. 그것은 너무나 실재 같은 허구다.

노자가 이 장에서 "저마다 그 근원으로 돌아간다."는 말을 통하여 '근원으로 돌아감'을 말하고 있지만, 사실은 돌아가야 할 '근원'도, 근원으로의 '돌아감'이라는 것도 없다. 그러한 것들은, 앞에서도 말한 것처럼, 다만 우리의 생각이 만들어 낸 허구일 뿐이다. 우리는 지금 이 순간 이미 근원의 자리에 있으며, 지금 여기 있는 그대로의 내가 이미 근원이다. 우리는 단 한 순간도 그 근원의 자리를 떠난 적이 없다. 나는 이를 양자역학의 '불확정성의 원리'를 통하여 증명해 보이고자 한다.

그런데 사실 나는 물리학의 세계를 잘 모른다. 고등학교 다닐 때까지 물리 혹은 생물 과목이란 말만 들어도 머리가 띵해지고 가슴이 답답해지는 게, 도대체 그 내용들이 내게는 그저 어렵고 이해할 수 없는 것들이었다. 그런데 갑자기 도덕경의 이 장을 풀이하면서 잘 알지도 못하는 물리학의 이론을 들먹이는 것은, 나는 오직 삶과 인생과 인간과 자아 등에 관하여 관심이 많은데, 우연히 어떤 책을 읽다가 하이젠베르크의 불확정성의 원리의 그 짧막한 명제와 그에 대한 약간의 설명을 접하는 순간 그것이 나에게는, 우리가 그토록 갈망하는 '삶과 영혼의 자유'가 어디에 있는지를 쉽게 설명할 수 있는 너무나 절묘한 방편으로 다가왔던 것이다. 그래서 노자가 말한 '근원으로 돌아감'을 그 원리에 기초하여 설명하고 싶은 것인데, 그때 내 가슴을 울린 진동만큼이나 잘 설명할 수 있을지!

불확정성의 원리*에서 내가 주목한 것은, 하나의 입자(粒子)는 위치와

---

* 불확정성의 원리는 양자 역학의 기본 원리로서, 입자와 파동의 이중성을 이해하기 위해 1927년 하이젠베르크가 도입한 원리다. 이것은 한마디로 말하면, "입자의 위치와 운동량은 동시에 확정된 값을 가질 수 없다."는 것이다. 즉, 하나의 입자는 위치와 운동량이라는 두 가지 성질을 동시에 가지는데, 입자의 위치를 정확하게 측정하려 하면 운동량의 측정이 부정확해지고, 반대로 입자의 운동량을 정확하게 알고자 하면 입자의 위치는 완전히 불확실하고 알 수 없게 된다는 것이다.
이러한 하이젠베르크의 불확정성의 원리로 인해 19세기 초 뉴턴 역학을 바탕으로 한

운동량이라는 두 가지 성질을 동시에 지닌다는 것이다. 그래서 위치라는 관점에서 볼라치면 운동량의 측정이 불확실해지고, 반대로 운동량의 관점에서 보면 위치가 불분명해져 도무지 알 수 없게 된다는 것인데, 이를 그대로 우리 자신과 삶에 적용해 보면, 지금 이 순간의 우리 자신과 삶 자체에도 분명 위치와 운동량이라는 두 가지 성질이 동시에 존재한다. 그런데도 우리는 언제나 '운동량'이라는 측면에서만 자기 자신과 삶을 들여다보고 '위치'라는 관점을 놓쳐 버리기에, 안타깝게도 어느 순간에건 자기답지 못하고, 자기다움의 모든 것을 잃어버린 채 부초(浮草)처럼 떠다니게 되는 것이다.

여기 한 점(點)—우리 존재와 삶이 현재 점하고 있는 어떤 위치—이 있다고 하자. 그런데 우리는 살아오면서 언제나 그것을 다른 '점'들과의 비교선상에서만 바라보도록 오랫동안 조건 지어져 왔으며 또한 그렇게 길들어 왔다. 그래서 이제는 아예 그 '점'을 그 '점' 자체로서 바라보는 눈을 잃어버려* 어떤 것이든지 다만 '비교선상의 한 점'으로밖에 볼 수 없게 되었으며, 나아가 삶과 세계가 실제로 그렇게 되어 있다고 믿어 버리게 된 것이다. 말하자면, 비교하지 않으면 이해하지 못하게 된 것이다. 그렇게 우리는 언제나 비교선상에서만 자기 자신과 삶을 보아 왔고, 또

결정론적 세계관이 무너지고, 물리 세계에서의 미래를 정확하게 예측할 수는 없고 단지 통계적으로만 기술할 수 있다는 비결정론적인 새로운 세계관이 대두하게 되었다.

* 그러나 어린아이들은 그렇지 않다. 그들은 아직 이 눈을 잃어버리지 않았다. 그래서 자신을 남과 비교하지 않으며, 자신의 현재의 모습을 과거나 미래의 모습과 비교하지도 않는다. 어린아이들은 매 순간 다만 있는 그대로의 자기 자신으로서 존재할 뿐이며, 오직 현재를 살 뿐이다. 그래서 그들은 언제나 자유롭고 행복한 것이다. 예수도 말하지 않았던가? "진실로 너희에게 이르노니, 너희가 돌이켜 어린아이들과 같이 되지 아니하면 결단코 천국에 들어가지 못하리라."(마태복음 18:3)라고.

한 그런 측면에서만 인간과 관계들을 이해해 왔기에, 단 한 순간도 진정으로 자기 자신과 삶에 뿌리내리지 못한 채 언제나 두리번거리며 우왕좌왕할 수밖에 없었던 것이다. 이것은 마치 불확정성의 원리에서 운동량에 주목하면 위치가 불분명해져 도무지 그것을 알 수 없게 되는 것과 똑같다.

그러나 하나의 입자가 위치와 운동량이라는 두 가지 성질을 동시에 지닌 것처럼, 우리네 삶과 존재도 다만 비교나 상대적인 관점에서만 바라볼 수 없는 어떤 '절대의 창(窓)'을 지금 이 순간 동시에 갖고 있다. 그리하여 오랜 세월 언제나 비교선상의 자신만을 바라보다 보니 어느새 우리 대부분에게 잊혀 버린 이 창(窓)—비교와 분별이 끝난, 그래서 다만 자기 자신을 자기 자신으로서 있는 그대로 바라보고, 과거나 미래와의 비교 속에서가 아니라 현재를 다만 현재로서 바라보는 것—이 삶의 어느 순간 다시 열리기만 하면* 그 순간 우리 안에서는 지금까지와는 전혀 다른 눈이 떠, 그토록 나를 지치게 하고 힘들게 하던 그 모든 영혼의 갈증이 끝나고, 비로소 있는 그대로의 자기 자신과 삶에 편안할 수 있는 것이다.

내가 교직에 있을 때의 일이다. 점심시간이 막 지난 5교시 수업을 할 때였는데, 나른한 봄날 오후였기에 수업을 하다 보면 여기저기서 쏟아지

---

* 그러나 사실 이 창(窓)은 닫힌 적이 없다. 언제나 열려 있다. 그렇듯 우리는 지금 이 순간 이미 '절대'의 자리에 와 있다. 그런데도 우리 눈앞을 가리는 한 가닥 분별심 때문에 이를 깨닫지 못하고, '지금' '여기'는 아직 아니라 하며 끊임없이 '미래'를 향하여 방황하고 있는 것이다.

성경에도 다음과 같은 절묘한 구절이 보인다.

"열면 닫을 사람이 없고 닫으면 열 사람이 없는 그이가 이르시되, 볼지어다, 내가 네 앞에 '열린 문'을 두었으되 능히 닫을 사람이 없으리라."(요한계시록 3:7~8)

는 졸음을 견디다 못해 아예 책상에 엎드려 자는 학생들이 몇 있었다. 그러면 대개는 수업을 하다 말고 창문을 열게 하거나 간단한 몸풀기를 통해 잠을 깨우는 경우가 많은데, 어느 날엔가는 문득 짓궂은 생각이 들어 나름대로 실험을 한번 해 보기로 했다. 그래서 창가에 앉아 따뜻한 봄 햇살을 맞으며 곤히 잠들어 있는 어떤 학생을 깨우며 내가 말했다.

"애야, 너는 생긴 것도 장미꽃처럼 생겼더니, 자는 모습도 어쩌면 그렇게 장미꽃을 닮았니?"

그랬더니, 조금 전까지 부스스하고 미안해하던 그 모습은 온데간데없고, 갑자기 만면에 미소를 가득 띠면서 하는 말이,

"어머나, 선생님! 선생님은 정말 사람 볼 줄 아시네요! 어쩜!"이라고 하는 것이었다. 하하하……

그래서 다음 날에는 다른 반의 5교시 수업을 들어가 또 어제처럼 심히 졸고 있는 어떤 학생을 깨우며, 이번에는 이렇게 말해 보았다.

"애야, 너는 생긴 것도 호박꽃처럼 생겼더니, 자는 모습도 어쩌면 그렇게 호박꽃을 닮았니?"

그랬더니 이 여학생은 갑자기 잠이 확 깬다는 듯, 그리고 심히 짜증 섞인 어투로,

"선생님! 왜 그러세요! 그렇게 말씀하지 마세요! 제가 수업 시간 중에 졸았다는 사실에 대해서만 나무라세요!" 하는 것이었다.

그의 좀 거친 항변에 나도 깜짝 놀랐지만, 어쨌든 우리는 자신도 알지 못하는 사이에 어느새 이렇게 깊이 물들어 있는 것이다. 정말 장미꽃은 예쁘고, 호박꽃은 그렇지 않은가? 아니다. 장미꽃은 장미꽃이고, 호박꽃은 호박꽃일 뿐이다. 거기 어디에도 우열은 없다. 그 둘은 서로 다를 뿐

비교의 차원을 넘어서 있다. 이것은 비단 장미꽃과 호박꽃의 경우에만 해당하지 않는다. 자연의 모든 존재에 대해서도 똑같은 말을 할 수 있다. 결국 우열이란 사물에 실재하는 것이 아니라, 비교하고 분별하는 우리의 마음이 만들어 낸 허구가 아닌가.

그렇다면 이번에는 우리 자신에게로 눈을 돌려 보자. 지금 이 순간의 '나', 지금 여기에서의 '나'는 못나거나 혹은 잘난 존재인가? 아니다. 나는 단지 나일 뿐 아무것도 아니다. 비교하면 '못남'과 '잘남'이 나타나지만, 그래서 그 허구에 스스로 끌려다니며 한없이 주눅 들기도 하고 허망하게 우쭐거리게도 되지만, 그냥 나를 나로서, 현재를 현재로서, 사물을 사물 그 자체로서 바라보는 눈이 내 안에서 뜨이면 '나'는, '현재'는, 그리고 하나하나의 사물은 모두가 비교할 수 없는 소중한 '절대자(絕對者)'요, 절대의 순간들일 뿐* 그 어느 것 하나 어느 한 순간도 높이거나 경홀히 할 수 없음을 알게 된다. 그렇게 모든 것을 다만 있는 그대로 바라보게 되면서, 그리고 바로 이러한 자각 속에서 진정한 '자기로부터의 해방'이 찾아온다.

깨달음이란, 그리고 우리네 삶과 영혼의 자유란 멀리 있는 게 아니다.

---

* 이것은 마치 불확정성의 원리에서 '위치'에 주목하면 '운동량'이 보이지 않게 되는 것과 똑같다. 그리고 이러한 사실은 문득 앞에서 말한 원효 대사의 시를 다시 떠올리게 한다. "마음이 일어나니 온갖 법이 일어나고, 마음이 사라지니 토굴과 무덤이 둘이 아니구나! 또한 삼계(三界)가 오직 마음이며, 만법이 오직 식(識)이로다. 마음 바깥에 법이 없으니 어찌 따로 구하겠는가?"
 분별하는 마음이 일어나면 온갖 종류의 법(法)—이를테면, 더럽다 깨끗하다, 아름답다 추하다, 앞섰다 뒤처졌다, 잘났다 못났다, 번뇌 보리 등등—이 일어나지만, 마음이 사라지면 너무나 실제 같던 그 '둘'은 단지 마음이 만들어 낸 허구임을 분명하게 알게 되어, 다시는 거기에 끌려다니지 않게 된다.

지금 서 있는 그 자리에서 자기 자신과 삶을 바라보는 눈 하나가 달라지면 '상대적인' 그 자리가 바로 '절대의 자리'인 것이다. 그렇듯 우리는 이미 '그 자리'에 와 있다. 아니, 우리는 언제나 그 자리에 있었다. 단지 우리가 그 사실을 몰랐을 뿐이다. 아, 우리는 이미 더할 나위 없는 풍요의 자리에 와 있다. 내가 이미 '그것'이다.

　　근원으로 돌아감을 고요라 하고
　　이를 일컬어 본성을 회복한다고 한다.

　진실로 이러한 사실을 알게 되면, 진실로 지금 여기가 곧 근원임을 알게 되면 그때는 고요함이 찾아온다. 즉, 그 어떤 끌려다님 속에서도 끌려다니지 않고 물들지 않게 되는 것이다. 그와 동시에 내 영혼에는 쉼이 찾아오고, 마음에는 한없는 평화가 깃든다. 이를 일컬어 '본성을 회복한다.'고 한다.

　　본성을 회복함을 참되다 하고
　　참됨을 아는 것을 밝다 한다.

　그렇게 본성을 회복하면 우리는 비로소 밝아진다. 모든 것을 '둘'로 나누어 보던 마음으로 인해 오랜 세월 '나'와 삶과 세계를 무겁게 뒤덮고 있던 어둠이 마침내 걷히고, 온 세상이 환하게 드러나는 것이다. 마치 태양이 떠오르면 어둠 속에 있던 하늘의 모든 별과 달은 그 자취를 감추고, 이 땅의 모든 것은 티끌 하나 예외 없이 온전히 그 빛으로 반짝이듯이.

참된 것을 알지 못하면
망령되이 흉한 일들을 짓게 되나니,

이 참된 것을 알지 못하면 우리는 어쩔 수 없이 '흉한 일들'을 짓게 되는데, 이때의 흉한 일들이란 반드시 '흉한' 모양만을 하고 있는 것은 아니다. 사실은 '근원으로 돌아가려는' 모든 몸짓과 노력이 다 흉한 일인 것이다. 왜냐하면 그것은 이미 근원에 있으면서 근원으로 돌아가려는 어리석음 이외의 아무것도 아니기 때문이다.

참된 것을 알면 포용하게 되고,
포용하게 되면 공평하게 되며,
공평하게 되면 진정한 주인이 된다.
이 주인 됨이 곧 하늘이며,
하늘은 곧 도요,

오직 하나, 비교하고 분별하는 우리의 마음이 내려지면, 눈앞에 펼쳐져 있는 온갖 상대적인 차별이 차별 그대로인 채로 평등하고 공평한 '하나'임을 분명하게 알게 되어 저절로 모든 것을 포용하게 된다. 실재하는 것은 오직 이 '하나'뿐이기 때문이다.* 이 '하나'가 곧 '나'라는 진실에 눈뜨는 것, 이를 일컬어 노자는 진정한 주인 됨이요 하늘이며 도(道)라고 말하는 것이다.

---

* 그래서 천상천하유아독존(天上天下唯我獨尊)이다.

도는 영원하나니,

몸이 다하도록 위태롭지 않다.

'영원'은 곧 지금 이 순간을 가리킨다. 오직 '지금'밖에 없기 때문이다. 그래서 도는 영원하다. 형상을 갖고 있는 우리의 몸은 시간 속에서 나타났다가 사라지지만—단지 우리에게 그렇게 보일 뿐 사실은 생멸(生滅)이 없다—형상 이전의 '나'는 그 모든 것의 근원 혹은 바탕으로서 언제나 여기에 있다. 그러니 어찌 '몸이 다한다'는 것이 있겠으며, '위태로움'이라는 것이 어디에 있겠는가.

내 안의 백성들을
내버려 두어라

내가 나를 질서 잡으려는 모든 노력을 멈출 때, 비로소

본래부터 내 안에 있던 무한의 질서 에너지가 작동하기 시작한다.

그리하여 나는 아무것도 하지 않건만, 나와 내 온 삶은

온통 우주적인 에너지로 가득 차게 되는 것이다.

도덕경 17장

가장 훌륭한 통치자는 백성들이 그가 있다는 것만 알고,

그다음은 백성들이 그를 가까이하고 칭송하는 것이며,

그다음은 그를 두려워하는 것이고,

그다음은 그를 업신여기는 것이다.

믿음이 부족하면 불신이 있게 되나니,

삼가 말을 아껴

공(功)이 이루어지고 일이 완수되어도

백성들은 모두 말하기를,

저절로 그리되었다고 한다.

太上, 下知有之, 其次, 親而譽之, 其次, 畏之, 其次, 侮之.

信不足焉, 有不信焉. 悠兮, 其貴言, 功成事遂, 百姓皆謂我自然.

"가장 훌륭한 통치자는 백성들이 그가 있다는 것만 알고……"로 시작
되는 이 장을 읽노라면 논어 위령공편(衛靈公篇)에 나오는 다음 구절이
생각난다.

> 공자께서 말씀하시기를, 아무것도 하지 않고도 잘 다스리신 분은 저 순
> (舜) 임금이실 것이다. 무엇을 하셨는가? 다만 자신을 공손히 하고 바르
> 게 남면(南面)하셨을 뿐이다.

'남면(南面)'이란 임금 자리가 북쪽에 있어 임금이 자리에 앉으면 몸이
남쪽을 향하게 됨을 의미한다. 그러니까 "바르게 남면하셨을 뿐이다."라
는 것은 곧 몸가짐을 공손히 하고 바르게 하여 단지 임금 자리에 앉아 있
었을 뿐이라는 말이다. 그런데도 나라는 요(堯) 임금 때와 마찬가지로 태
평성대를 이루고, 백성들은 "해 뜨면 나가서 일하고 해 지면 들어와서 쉬

네. 우물 파서 물 마시고 밭을 갈아 내 먹으니, 임금의 힘이 어찌 나에게 미치리오."라는 태평가를 지어 불렀다고 하니, 요순임금 시절의 이 이야기가 여기 이 장과 너무나 걸맞다.

그렇기에 이 장은 일반적으로 나라를 다스리는 네 등급의 통치자들에 관한 이야기로 푼다. 그래서 "가장 훌륭한 통치자는 순 임금의 경우처럼 백성들이 그가 있다는 것만 알 뿐 전혀 그 무게를 느끼지 못하는 것이요, 그다음 통치자는 덕으로써 다스림을 베풀어 백성들이 그를 친근히 여기고 칭송하는 것이며, 그다음 통치자는 법과 권력과 형벌로써 다스려 백성들을 두렵게 하는 것이다. 가장 하급의 통치자는 마침내 백성들에게 업신여김을 당하는 지도자로서……" 등으로 설명한다. 그 말도 맞다. 그래서 역사에 실제로 있었던 여러 통치자를 등급별로 예를 들면서 오늘날의 거울로 삼기도 한다.

그런데 그렇게만 풀면 이 장은 지금 이 순간 여기에서 이 글을 읽고 있는 우리 자신과는 아무런 상관이 없는 글이 되고 만다. 경전은 그런 책만이 아니다. 좀 더 입체적일 수 있는 것이다. 그래서 이 글을 우리 안으로 가져가 우리 내면의 이야기로 다시 한번 읽어 보자. 그러면 '통치자'는 우리 각자 자신이 되고, '백성'은 내 안의 백성—기쁨, 슬픔, 짜증, 분노, 미움, 사랑, 게으름, 막막함, 무기력 등 지금 이 순간 내게 와 있는 온갖 감정과 느낌과 생각들—이 된다. 이렇게 읽었을 때 이 글은 좀 더 우리 자신과 가까워질 수 있는 것이다.

가장 훌륭한 통치자는 백성들이 그가 있다는 것만 알고

이는 '내 안의 백성들'을 이렇게 저렇게 간섭하거나 억압하지 않고 그 냥 내버려 두는 것을 말한다. 내 안의 백성들을 있는 그대로 내버려 두 면, 그리하여 순임금처럼 다만 무위(無爲)하면, 일견 우리 내면은 영 엉 망이 되어 버릴 것 같아 잠시도 그렇게 해서는 안 될 것 같지만, 아니 조 금만 더 기다려 주면, 조금만 더 그렇게 그들을 있는 그대로 내버려 두면 그 '무위' 속에서, 그 '기다림' 속에서 우리 내면은 서서히 전혀 다른 차원 으로 깨어나기 시작한다. 말하자면, 우리 자신을 진정한 자유와 풍요로 인도하는 삶과 존재의 근본적인 변화와 각성이 그때 일어나게 된다는 것 이다.

그런데 안타깝게도 우리는 그 잠시를 기다려 주지 못한다. 도무지 이 런 말들을 믿지 못하는 것이다. 언제나 나를 힘들게 하는 내 안의 온갖 결핍과 부족을 어떻게 그 무엇으로도 채우지 않고 그냥 내버려 둘 수 있 다는 말인가? 어떻게 그런 노력조차 기울이지 않고 잠시인들 가만히 있 으라는 말인가? 스스로를 질서 잡으려는 노력을 아무리 해도 늘 이렇게 가슴은 메마르고 텅 빈 듯하건만, 그 모든 몸짓을 멈추고서야 어떻게 마 음의 평화를 얻을 수 있다는 말인가?

내가 교직에 있을 때 가르친 학생 가운데 지금은 두 아이의 엄마가 된 어떤 이가 있다. 여고 시절 그는 예뻤고 모범생이었으며 운동도 잘해 모 든 선생님의 사랑을 받는 그야말로 팔방미인이었다. 그랬던 그가 대학 1 학년 때 자판기 커피를 한 잔 빼 들고 수업을 듣기 위해 강의실로 들어가 던 어느 한 순간 갑자기, 그 모든 것이 사실은 모든 사람에게 언제나 인 정과 칭찬과 사랑을 받아야만 하고 또 늘 모든 것을 잘해야만 한다는 끊임없는 긴장과 강박 속에서 만들어진 모습들이라는 것과, 그러다 보니 언제나 남들을 의식하며 살았고, 단 한 순간도 진정으로 자기 자신에게 뿌리내리지 못한 채 오랜 세월 불안과 두려움 속에서 부초(浮草)처럼 살아왔다는 것을 발견하게 된다. 그 자각은 그를 한없이 무너지게 했고, 이후 휴학과 복학을 거듭하면서 참 많이도 아파하더니, 그래도 졸업을 하고 직장 생활을 할 무렵에는 제법 건강하게 자기 자신에 닿아 있어 스스로도 "선생님, 저 많이 컸어요!"라고 말할 만큼 많이 성숙해 있었다. 또 몇 해가 흐른 뒤의 어느 날엔가는 두 아이의 엄마가 되어 다시 연락이 왔는데, 오랜만에 반갑게 만나 따뜻한 차 한잔 나누며 그간에 있었던 이런저런 많은 일과 세월을 얘기하는 중에 언뜻언뜻 아직 끝나지 않은 '궁극의 갈증'을 내비쳤고, 급기야 더는 참을 수 없다는 듯 간절한 마음이 되어, 도대체 어떻게 해야 이 오랜 목마름에서 벗어날 수 있느냐고 물었다.

그는 말하자면 가치 지향적인 사람이었다. 한 번밖에 없는 이 삶을 무언가 의미 있고 가치 있게 살고 싶어 했고, 매일매일을 뜨겁고 열정적으로 살고자 했다. 그래서 언제나 그런 고삐를 자신에게서 늦추지 않았고, 무엇을 하든 '삶의 보람'을 찾아 항상 목말라했다. 대학을 다닐 때도 시간만 나면 이런저런 봉사와 다양한 '활동'에 매달렸고, 대학을 졸업하고 직장 생활을 할 때나 심지어 아이를 키울 때도 많은 순간이 뜻깊고 가치 있는 일들로 채워지지 못한 채 그냥 무의미하게 흘러가는 것만 같아 언제나 스스로 안달하곤 했다.

그렇게 속을 태우면서까지 열심히 살고자 했고, 그런 만큼 자기 자신에게 잠시의 게으름이나 무의미함도 용납하지 않으며 오직 인간이라는 이름에 부끄럽지 않은 삶을 살기 위해 몸부림쳐 왔건만, 이제 와서 그는 오히려 그 흐른 세월만큼이나 더 깊어지고 더 커져 있는 자기 내면의 공허를 목격해야 했을 뿐만 아니라, 사실은 자신 속에 단 한 톨의 진정한 '평화'도 '생명'도 없다는 참담한 자각마저 하게 되어, 이제 더이상 아무 일도 하지 못한 채 그저 파리하게 떨고만 있었던 것이다.

"정말 그걸 이젠 끝내고 싶니? 네 오랜 갈증 말이야."

"네, 그래요. 정말요! 정말 그러고 싶어요. 이대로는 더이상……!"

그는 말을 잇지 못했다.

"그래, 그럼 선생님이랑 이렇게 한번 해 보자꾸나. 네가 그토록 갈구하는, 삶의 모든 갈증이 끝난 진정한 풍요와 자유는 그렇게 오는 것이 아니야. 말하자면, 그것은 네가 그 오랜 세월 스스로를 질서 잡으려고 피말리듯 기울여 온 노력과 열심을 통해서 오는 게 아니라는 말이지. 노력과 열심은 우리에게 많은 성과를 가져다줄지는 모르지만, 우리를 자유케 하지는 못해. 왜냐하면 우리가 기울이는 많은 노력과 열심은 대개 미래를 향해 있지만, 자유는 언제나 지금 여기, 이 현재에 있거든. 그러니까 네가 진실로 자유하고 싶다면 이렇게 한번 해 보렴."

그러면서 나는 그에게 다음과 같은 '한 달간의 실험'을 제안했다. 즉, 지금까지 자신의 삶이 이미 충분한 증거가 되듯이, 그가 가 닿으려는 자리는 결코 그런 다짐과 결심과 노력을 통해서는 갈 수 없다는 것을 우선 깊이 이해해야만 한다는 것, 따라서 지금까지 기울여 온 자기완성을 향한 모든 노력과 열심을 멈추고, '실험'에 들어가는 이 한 달간만이라도 아무것도 하지 않은 채 그냥 있어 보라는 것, 그런데 끊임없이 무언가를 함으로써 자기 삶의 의미와 가치를 확인하려 해 왔던 지금까지의 삶의 모습에서 보면 아무것도 하지 않는다는 것은 거의 정신적 공황(恐慌)과도 같은 견딜 수 없는 힘겨움과 고통을 가져다주겠지만, 그것은 그리 오래 가지 않을 것이라는 것, 그렇게 적어도 긴 인생 가운데 단 한 달만이라도 아무것도 하지 않고 있어 보면 그 '무위(無爲)' 속에서, 그 '멈춤' 속에서 지금까지와는 전혀 다른 참으로 많은 내적인 발견들이 있게 될 테고, 그러면 그 한 달이 채 지나기 전에 그의 오랜 갈증은 끝날 것이라는 것 등을 힘주어 말해 주었다. 그랬더니, 그는 자신의 갈증이 끝날 수 있다는 말에 뛸 듯이 기뻐하면서도 다음과 같은 질문들을 쏟아 냈다.

"그러면 선생님, 책은요? 한 달 동안 책도 읽지 말아야 하나요? 음악도 듣지 말구요? 여행은요? 얼마 전에 스쿼시를 배우려고 등록해 두었는데, 그것도 가지 말아야 하나요? 또 동네 아줌마들 몇이서 아이들에 대한 바른 교육을 연구해 보자며 모임을 하나 만들었는데, 그것은요? 그것도 그만두어야 하나요?"

"그래, 그 모든 것은 얼핏 보면 열심히 사는 모습들인 것 같고, 너 자신과 세상의 향상을 위한 아름다운 몸부림들인 것 같지만, 적어도 지금의 네 경우에는—그리고 다른 많은 사람의 경우도 마찬가지지만—가만히 그 내면을 들여다보면, 그 일을 하는 기쁨이나 편안함 같은 것은 어디에도 없고, 끊임없이 무언가에 쫓기는 듯한 불안과 의무감 같은 것밖에 보이질 않아. 말하자면, 자신 속에는 모두를 진정으로 살릴 수 있는 생명의 씨앗이 없으면서도 끊임없이 상생(相生)을 외치고 있는 것과 같다고나 할까. 그러니 이제 그만하자는 거야. '바깥'을 향한, 의미나 가치를 향한 그 모든 몸짓을 멈추고, 다만 현재 너의 그 메마름 속에 그냥 있어 보라는 거야. 그러면 돼. 네가 그토록 목말라하는 진정한 충만은 바로 그 현재의 메마름 속에 있건만, 너는 끊임없이 그 메마름을 벗어나고 극복하고자 바깥으로만 달려 나가고 있으니, 그 모든 애틋함에도 불구하고 갈증이 끝나질 않는 거야. 그래서 선생님은 이 '한 달 실험'이라는 것을 통하여 바깥을 향한 너의 그 모든 안팎의 '구멍'들을 틀어막고, 다만 너를 이 현재에 묶어 두려는 거고……. 무슨 말인지 알겠니?"*

한참을 귀 기울여 듣던 그는 자신의 끝나지 않는 목마름에 관해 무언가를 새롭게 이해하게 된 듯 고개를 끄덕이며 일어서더니 다시 자신의 삶으로 돌아갔고, 자신 속에 진정한 생명이 없음을 더이상 견딜 수 없던 그는 곧바로 실험에 들어갔다. 처음 일주일 동안은 정말이지 아무것도 하지 않았단다. 설거지는 물론이요, 빨래도, 청소도, 심지어 아이가 아파 울어도 병원에조차 데려가지 않았단다. 아, 얼마나 그 마음이 절박했으면! 그래도 생활의 최소한의 필요를 충족시키려고 움직이는 것이 반드시 자기향상의 몸부림만은 아니라는 것을 그에게 말해 주었다. 2주째가 되자 다시 그에게서 전화가 왔는데, 이번에는 자신이 지금 잘하고 있는지 어떤지를 모르겠다는 것이다. 그래서 내가 말했다.

"그냥 그런 채로 하는 거란다. 실험이란 반드시 모든 것을 분명하게 알고 또 이해하고서 하는 게 아니야. 그러니 그냥 그 모호함 속에, 그 '모름' 속에 있어 보렴. 그냥 모호하렴. 지금의 그 모호함과 '확신 없음'을 믿어주렴."

그런데 그게 그와의 마지막 통화였다. 그 전화를 끝으로 그는 실험을 약속한 한 달이 훨씬 지나도록 아무런 연락이 없었고, 나도 그 한 달 동안 그와 마음을 함께했었기에 점점 궁금해지기 시작했다. 근 한 달 보름

---

* 이것은 말하자면, 이 장에서 노자가 말하고 있는 '내 안의 백성들을 간섭하지 않고 내버려 두기'를 한 달이라는 기간을 두고 '실험'한 것이다.

이 지난 어느 날 그에게서 전화가 왔는데, 너무나 반갑고 또 실험이 어떻게 되었는지도 궁금해 대뜸 물었다.

"하이고, 애야! 그동안 어떻게 지냈니? 왜 그렇게 소식이 없었더냐!"

그랬더니 그가 하는 말이,

"사는 게 너무 재미있어서 선생님을 완전히 잊고 살았어요. 호호호, 죄송해요."

아, 그의 그 오랜 갈증은 이미 끝나 있었다. 전화선을 타고 일렁여 오는 그의 목소리 하나하나에서 나는 충분히 그것을 느낄 수 있었다. 얼마나 감사하고 또 기쁘던지!

그러고는 며칠이 지나서 맛있는 점심을 사 드리고 싶다며 나를 찾아왔는데(그는 멀리 다른 도시에 살고 있었다), 생전 처음 먹어 보는 안동 찜닭을 사이에 두고 오랜만에 얼굴을 마주하고 앉았을 때, 그가 잔잔히 미소 지으며 내게 들려준 말은 아직도 귀에 선하다.

"선생님, 불상현(不尙賢), 그게 진리였어요!"

그는 그렇게 다시 '자기 자신'과 '현재'로 돌아왔고, 있는 그대로의 자신을 믿게 되면서부터 들려오기 시작한 내면의 부름을 따라 이제는 또 다른 모습으로, 삶과 자기 자신으로부터 끊임없이 배우며 성장하며 힘 있고 당당하게 살아가고 있다.

그와 했던 실험을 조금 설명하자면 이렇다.

우리 안에는 어마어마한 에너지가 들어 있다. 아니, 엄밀히 말하면 우리 자신이 바로 그 어마어마한 에너지 덩어리다. 에너지는 곧 '질서(cosmos)'인데, 이 에너지 혹은 질서는 에너지나 질서의 '모양'을 하고 있지 않다. 그래서 우리에게는 늘 우리 자신이 어마어마한 에너지 덩어리로 보이기는커녕 맥없고 약하기 짝이 없는 보잘것없는 존재로 보이고, 그저 무질서하고 혼란스럽게만 여겨지는 것이다.

있는 그대로의 자기 자신에 대한 이러한 무지와 불신이 끊임없는 노력과 열심으로 스스로를 질서 잡으려는 더 큰 어리석음으로 우리를 이끌어 가는데, 더욱 아이러니한 것은, 그것이 어리석음으로 보이지 않고 오히려 참된 자유와 완성을 향한 바른 노력의 길로만 보이니, 이 거듭된 삶의 실족(失足)을 어찌할꼬!

내가 나를 질서 잡으려는 모든 노력을 멈출 때, 비로소 본래부터 내 안에 있던 무한의 질서 에너지가 작동하기 시작한다. 그리하여 나는 아무것도 하지 않건만, 나와 내 온 삶은 온통 우주적인 에너지로 가득 차게 되는 것이다.

그다음은 백성들이 그를 가까이하고 칭송하는 것이며,
그다음은 그를 두려워하는 것이고,
그다음은 그를 업신여기는 것이다.
믿음이 부족하면 불신이 있게 되나니,

나는 이 문장들도 우리의 내면으로 가져가서 우리 내면의 이야기로 풀었다. 즉, "그다음은 백성들이 그를 가까이하고 칭송하는 것이며"라는 것은 '나'와 '내 안의 백성들' 사이에 친밀함과 따뜻함이 있어 서로 아무런 충돌이나 문제 없이 편안하기는 하나, 삶의 진정한 자유와 충만함에는 닿지 못한 모습으로, "그다음은 그를 두려워하는 것이고"는 지나치게 깨달음이나 자기완성에 집착한 나머지 자기 안의 백성들을 오직 한 방향으로만 몰아붙임으로써 언제나 그들을 주눅 들게 하고 두려워하게 하는 모습으로, 그리고 "그다음은 그를 업신여기는 것이다."는 서로가 서로를 믿지 못해 언제나 업신여기거나 비아냥거리기만 할 뿐 단 한 발짝도 제대로 자기 자신과 삶 속으로 발을 떼어 놓지 못하는 모습으로 풀었다. 이 모두가 있는 그대로의 자신에 대한 무지와 불신에서 비롯된 안타까운 몸짓들인 것이다.

삼가 말을 아껴

말은 곧 '생각(분별심)'인데, 삼가 말을 아낀다 함은, 그 생각(분별심)을 따라 내 안의 백성들에 대하여 함부로 이래라 저래라 간섭하거나, 그 있는 그대로를 어떤 형태로든 억압하지 않음—곧 무위(無爲)—을 의미하고,

공(功)이 이루어지고 일이 완수되어도

이는 곧 무위를 통하여 내 안에 본래부터 있던 우주적 에너지와 하나가 되어 마침내 자유하게 됨을 가리키며,

백성들은 모두 말하기를,
저절로 그리되었다고 한다.

그렇게 내가 비로소 '우주(cosmos) 자체인 나'로 돌아와 태평성대(太平聖代)한 삶을 살게 되었는데, 그때 내 안의 모든 백성들이 말하기를, "저절로 그리되었다." 한다.

영원한 만족은
노력을 통해 오지 않는다

진정한 만족은 그와 같이 어떤 내적 혹은

외적인 조건이나 상태와 결부되어 있는 것도 아니고,

바깥으로부터 주어지는 것도 아니다.

더구나 그것은 미래의 어느 순간에 오는 것도 아니며,

우리의 노력과 수고와 인내의 결과물은 더더욱 아니다.

도덕경 18장

큰 도가 무너지니
인의가 있게 되었고,
지혜가 드러나니
큰 거짓이 있게 되었으며,
육친이 화목하지 못하니
효도니 자애니 하는 것이 있게 되었고,
국가가 혼란하니
충신이 있게 되었다.

大道廢, 有仁義. 智慧出, 有大僞.
六親不和, 有孝慈. 國家昏亂, 有忠臣.

우리 모두는 자기 자신이나 삶에 진정으로 만족하기를 원한다. 진정한 만족은 우리 영혼을 깊이 쉴 수 있게 해 주고, 존재의 모든 메마름과 긴장과 갈증을 넉넉히 풀어 주며, 마침내 삶 속에서 우리를 자유롭고 행복하게 해 주기 때문이다. 그렇기에 우리는 지금 이 순간에도 많은 노력을 기울여 가며 진정한 만족을 찾아 다양한 삶의 길을 걸어가고 있는 것이다.

그러나 다른 한편으로 보면, 우리가 '진정한 만족'을 추구한다는 것은 곧 지금의 삶과 우리 자신이 뭔지 모를 불만족으로 늘 가슴 한 켠이 헛헛하다는 것이다. 만약 우리가 지금 진정으로 만족하다면, 그냥 살 뿐 다시 그것을 추구하거나 찾아 나서지는 않을 것이기 때문이다. 그렇지 않은가?

그런데 참 안타까운 것은, 우리 가운데 너무나 많은 사람이 지금 자기 자신과 삶에 대하여 불만족하다는 것이다. 아무리 이런저런 모양으로 애를 쓰고 노력해도 우리 가슴은 왠지 모르게 늘 텅 빈 것 같기만 한 것이다. 그러니 우리는 또다시 앞에서 언급한 사마리아 여인처럼 마침내 우리 영혼을 쉬게 해 줄 '그 무엇'을 찾아 허전한 발걸음을 뗄 수밖에 없는 것이다. 그러나 어디로 가야 할지, 무엇을 해야 할지, 어떻게 해야 이 텅 빈 가슴이 진정으로 채워질 수 있는지를 우리는 알지 못한다. 아, 이 아픈 삶이여!

그렇듯 우리에게는 존재의 이 깊은 불만족이 마치 천형(天刑)처럼 무겁게 드리워져 있는 것만 같다. 어떻게 해도 벗어날 수 없고 무엇을 해도 다시 거기에 갇혀 버릴 것 같은……. 결국 인간에게는, 그리고 이 삶 속에는 다시 목마르지 않고 다시 허기지지 않는 영원하고도 완전한 만족이란 존재하지 않는 것일까?

있다! 그것은 분명히 있다. 그것도 아주 가까이에! 아니, '가까이'라는 말 자체가 성립될 수 없을 만큼 아주아주 가까운 자리에서 그것은 언제나 우리를 기다리고 있다. 그렇기에 우리는 아주 쉽게, 조금의 힘도 들이지 않고, 가슴속에 켜켜이 쌓여 온 그 불만족과 오랜 세월 우리를 지치게 만든 그 헛헛함을 단칼에 베어 버릴 수 있는 것이다. 마치 고르디우스의 매듭을 단칼에 베어 버린 알렉산더 대왕처럼. 아, 진정으로 우리 가슴이 영원한 만족으로 가득 차게 되는 존재의 비약과 해방의 순간은 분명코 있다!

아니, 가만! 우리는 어쩌면 이미 그 속에서 살고 있는지도 모른다. 뜻밖에도 우리 가슴은 텅 비어 있지 않을지도 모르며, 헛헛하기는커녕 온갖 아름답고 눈부신 것으로 이미 가득 차 있는지도 모른다. 어쩌면 오직 이것만이 진실일지도 모르는데, 단지 우리 눈앞을 가리고 있는 보이지 않는 한 꺼풀의 막—불만족이니 만족이니, 지금이니 미래니 하는 등으로 모든 것을 둘로 나누어 버리는 우리의 생각 혹은 분별심—때문에 그 진실을 보지 못하고 있을 뿐일지도 모른다.

그렇기에, 만약 우리 눈앞을 가리고 있는 바로 그 한 꺼풀의 막만 벗겨진다면, 그 순간 우리는 모든 것을 있는 그대로 볼 수 있는 눈을 뜨게 되어, 마침내 '생각(분별심)'이 만들어 낸 허구의 구속과 굴레에서 벗어나, 손가락 하나 까딱하지 않았는데도, 매 순간 우리 가슴을 가득 채우는 진정한 만족과 감사와 마르지 않는 기쁨으로 이 일상을 살아가게 될지도 모른다. 그러니 그 '길'은 얼마나 쉬운가! 또한 얼마나 가까운가!

그렇다면 그 '가까운 길'은 어디에 있을까? 이제 좀 더 자세히 설명해 보자.

우선 만족과 불만족에 대하여 우리가 크게 착각하고 있는 것이 두 가지가 있다. 하나는, 우리의 현재 불만족은 불만족할 수밖에 없는 어떤 내적 혹은 외적인 상태나 조건 때문이라고 생각하고는 대뜸 그리고 맹목적으로 그 상태와 조건을 바꾸거나 극복하려는 쪽으로 달려 나가는 것이며, 둘째는 진정한 만족이란 언제나 현재가 아니라 미래에, 그것도 불만족을 극복하기 위한 수많은 노력과 수고와 인내의 결과로 얻게 되는 것이라고 굳게 믿고 있는 것이다.

그러나 이는 전적으로 우리의 생각이 만들어 낸 허구요 착각일 뿐, 진실이 아니다. 진정한 만족은 그와 같이 어떤 내적 혹은 외적인 조건이나 상태와 결부되어 있는 것도 아니고, 바깥으로부터 주어지는 것도 아니다. 더구나 그것은 미래의 어느 순간에 오는 것도 아니며, 우리의 노력과 수고와 인내의 결과물은 더더욱 아니다.

진정한 만족은 언제나 그리고 무조건적으로 이미 우리 안에 있으며, 미래가 아니라 바로 지금 이 순간 속에 있다. 뿐만 아니라 우리는 단 한 순간도 그것을 잃어버린 적이 없으며, 그것과 분리된 적도 없다. 다시 말해, 우리는 지금까지 언제나 어느 곳에서나 진정한 만족 속에서 살아왔으며, 지금도 그 속에서 살고 있고, 앞으로도 영원토록 그럴 것이라는 말이다. 그렇기에 우리가 진정으로 만족하기 위해 해야 할 일은 본래 아무것도 없다. 우리가 이미 '그것'인데, 다시 무엇을 할 수 있으며 다시 어떻게 해야 한다는 말인가. 오직 이것만이 진실이건만, 그러나 이 얼마나 이해하기 어렵고 수긍하기 힘든 말인가.

불만족의 원인은 불만족할 수밖에 없는 어떤 내적 혹은 외적인 상태나 조건에 있는 것이 아니라, '만족을 구하는' 마음 자체에 있다. 우리는 만족을 구하기 때문에 오히려 늘 불만족을 경험할 수밖에 없는 것이다. 만약 우리 안에서 '만족을 구하는' 마음이 진실로 멈춘다면, 그 순간 우리에게는 지금까지 한 번도 경험하지 못한 존재의 비약이 일어나, 늘 우리를 힘들게 하던 불만족도 동시에 사라져 버렸음을 깨닫게 될 것이다. 이는 마음이 일으킨 '착각'의 문제이지, 결코 우리가 애쓰고 노력해야 하는 '행위'의 문제가 아니라는 말이다.* 그리하여 마침내 우리의 삶에 자유가 찾아와 '소유'를 통한 메마른 만족이 아니라 다만 '존재'함으로 말미암는

---

* 예수도 말한다. "수고하고 무거운 짐 진 자들아, 다 내게로(지금 여기로, '참나'에게로, 어디에나 있고 언제나 존재하는, 모든 것의 근원인 '하나'에게로) 오라. 내가 너희를 쉬게 하리라. 나는 마음이 온유하고 겸손하니, 나의 멍에를 메고 내게 배우라. 그리하면 너희 마음이 쉼을 얻으리니, 이는 내 멍에는 쉽고 내 짐은 가벼움이라 하시니라." (마태복음 11:28~30)

영원한 만족이 우리 안을 가득 채우게 되는 것이다. 그와 같이 '만족하고자 하는' 마음이 사라질 때 우리는 비로소 우리 자신에게 무조건적이고도 완전하게 만족할 수 있게 되는 것이다. 이 얼마나 놀라운 일인가! 진정한 만족은 우리가 찾고 구하기도 전에 이미 우리 안에 언제나 있었다니!*

한때 나는 작고 초라한 내가 참 싫었다. 자존감도 낮고 남모르는 열등감도 심해 언제나 내면 깊은 곳에서는 사람들에게 버림받지 않을까 하는 거부에 대한 두려움과 비난에 대한 두려움, 실망에 대한 두려움으로 벌벌 떨며 안절부절못하는 자신이 너무나 괴로웠다. 자나 깨나 단 한 순간도 마음 편히 숨 쉬어 본 적이 없는 그때의 삶이란……!

그래서 그런 보잘것없는 나를 자그마한 '소주잔'에 비유하며 언제나 자신을 부끄러워했다. 생각해 보라, 그 조그만 소주잔에 무얼 담은들 얼마를 담겠으며, 그저 톡 건드리기만 해도 한없이 넘어지고 자빠지고 깨지지 않는가. 그런 작은 자신을 견딜 수가 없었다. 그래서 소주잔보다 훨씬 크고 넓고 깊은 '3,000cc 생맥주잔' 같은 존재가 되기를 언제나 갈망했다. 소주잔인 내가 보기에 그 생맥주잔은 너무나 크고 넓고 아름다워 보였으며, 웬만한 자극에는 꿈쩍도 하지 않는 그 그득함이 한없이 부러웠다. 그런 생맥주잔 같은 존재가 되기만 하면 그동안의 모든 갈증과 메마름과 괴로움도 영원히 끝이 나고, 나는 비로소 나 자신에게 진정으로 만족하며 기뻐하며 당당하게 살아갈 수 있을 것 같았다. 그래서 그 오랜 세

---

* 구약성경에서도 이와 똑같이 말하고 있다. "그들이 부르기 전에 내가 응답하겠고, 그들이 말을 마치기 전에 내가 들을 것이며…… 여호와께서 말씀하시니라." (이사야 65:24~25)

월 동안 생맥주잔이 되기 위해 얼마나 몸부림치며 노력하고 또 노력했던지!

그러나 내 영혼의 해방은 그렇게 오지 않았다. 소주잔인 내가 그토록 바라던 크고 넓고 깊은 생맥주잔이 됨으로써 존재의 해방이 온 것이 아니라, 오히려 정반대로, 언제나 갈망하던 생맥주잔이 어느 순간 갑자기 내 눈앞에서 사라져 버린 것이다! 단지 그뿐이었다. 그리고 나니 소주잔인 나만 남았는데, 나는 그냥 소주잔일 뿐 아무것도 아니었다.

그렇게 어느 순간 갑자기 소주잔인 나 자신으로 돌아오니, 소주잔은 결코 생맥주잔보다 작은 것이 아니었고, 생맥주잔은 결코 소주잔보다 큰 것이 아니었다. 그냥 소주잔은 소주잔이었고 생맥주잔은 그냥 생맥주잔일 뿐, 거기 어디에도 '크다'느니 '작다'느니 하는 것이 없었고, '우열'이란 것도 존재하지 않았다. 마침내 나에게서 마음이 만들어 낸 '착각'이 사라지고, 모든 것을 다만 있는 그대로 볼 수 있는 눈이 뜨인 것이다. 그러고 나니, 놀랍게도 소주잔 거기에 '우주'가 들어와 있었다. 아니, 소주잔 그것이 바로 우주였다. 더할 나위 없이 크고 넓고 깊은! 도무지 '한계'란 찾아볼 수 없는! 그러면서도 또한 또렷이 작은 소주잔으로 눈앞에 있는!

그런데 나는 이미 처음부터 소주잔이었다. 그렇지 않은가? 그렇다면 나는 이미 처음부터 작지도 초라하지도 않았고, 이미 처음부터 묶여 있거나 구속되어 있지 않았으며, 이미 처음부터 완전하게 해방되어 있었다. 아, 나는 이미 처음부터 조금도 헛헛하지 않은 '진정한 만족' 속에 언제나 살고 있었다! 그랬기에 따로 찾고 구해야 할 진정한 만족이란 아예 처음부터 존재하지 않았던 것이다.[*]

---

[*] 이를 두고 금강경에서는 일찍부터 "無所得(얻은 바 없음)"이라 했다.

그렇다면 도대체 무엇이 달라졌는가? 내가 그토록 작고 보잘것없는 소주잔과 같은 존재임을 한없이 괴로워하며 크고 넓고 깊은 생맥주잔이 되기 위해 몸부림칠 때도 나는 여전히 소주잔이었고, 마침내 존재의 해방을 맞아 나 자신을 깊이 호흡하며 진실로 감사하며 기뻐하며 가슴 벅차 할 때도 나는 여전히 소주잔이었다. 소주잔이라는 사실에는 아무런 변화가 없었는데도 나는 어떻게 그토록 극명하게, 고통과 고뇌에 찌들어 숨조차 제대로 쉬지 못할 만큼 헉헉거리다가, 한없는 평화와 자유와 자신에 대한 완전한 만족이 넘실대는 삶을 살게 되었는가?

그것은 오직 하나, 있는 그대로의 내가 아닌 무언가 더 크고 넓고 지혜롭고 충만한 존재가 됨으로써 자신에게 만족하고자 했던 바로 그 마음이 내게서 사라져 버린 것이다. 단지 그뿐이다. 내게서 그 한 마음이 사라지니, 나는 소주잔 그대로 완전했고, 그토록 부러웠던 모든 생맥주잔들이 내게서 사라져 버렸으며, 텅 빈 가슴 이대로 충만했고, 중생이 그대로 부처였으며, 번뇌가 곧 보리였다. 아니, 거기에는 중생이니 부처니, 번뇌니 보리니, 소주잔이니 생맥주잔이니 하는 것들도 있지 않았다. 모든 것은 다만 있는 그대로일 뿐 아무것도 아니었다.

그렇게 내 마음은 다시 있는 그대로의 나 자신으로 돌아왔고, 그럼으로써 생애 처음으로 나를 좋아하고 사랑하게 되었으며, 그와 동시에 진정으로 남을 존중하며 사랑할 줄도 알게 되었다. 마침내 삶의 모든 매듭과 문제가 다 풀린 것이다. 아니, 본래 아무런 문제가 없었음을 비로소 분명하게 보게 된 것이다.

큰 도가 무너지니

인의가 있게 되었고,

지혜가 드러나니

큰 거짓이 있게 되었으며,

육친이 화목하지 못하니

효도니 자애니 하는 것이 있게 되었고,

국가가 혼란하니

충신이 있게 되었다.

여기서 말하는 '인의'니 '지혜'니 '효자'니 '충신'이니 하는 것들도 마찬가지다. 그 모두를 한마디로 말하면, 우리가 바람직하고 또한 마땅한 가치와 덕목이라고 여겨서 언제나 그 실현을 위해 '노력'하고 '추구'하는 것들이다. 즉, 그 완전한 실현을 언제나 '미래'에 두고 있는 것들이라는 말이다. 그러나 다른 한편으로 보면, 우리가 그와 같이 인의니 지혜니 효자니 충신이니 하는 것들을 강조하면서 그 덕목들을 우리네 삶 속에 온전히 실현하기 위해 노력하고 애쓴다는 것은 곧 지금 우리가 그렇게 살고 있지 못하다는 것이다. 만약 우리가 지금 그러한 가치와 덕목들 속에 온전히 살고 있다면, 그냥 그렇게 살 뿐 따로 그것을 강조하거나 추구하거나 그 실현을 위해 노력하지는 않을 것이기 때문이다. 그렇지 않은가?

그런데 인의니 지혜니 효자니 충신이니 하는 가치와 덕목들을 우리의 노력과 수고를 통하여—그것도 언젠가의 미래에—우리 자신과 삶 속에 온전히 실현할 수 있을까? 우리는 늘 그 완전한 실현과 성취를 위하여 애쓰고 노력할 수 있을 뿐, 진실로 그 자리에 닿아 그 자체가 됨으로써 그것마저 사라져 버리는 존재의 완전한 해방과 질적인 비약이 우리의 노력으로써 가능할까? 다시 말해, '자유'라는 것이 과연 우리 노력의 영역일까 하는 것이다.

　노자도 지적하고 있듯이, 만약 우리에게 대도가 있다면, 인이니 지혜니 효자니 충신이니 하는 덕목들을 따로 구별하여 강조하면서 그 실현을 위해 그토록 노력하고 애쓰지 않더라도, 우리는 완전한 질서와 조화 속에서 저절로 그러한 가치와 덕목들을 우리 자신과 삶 속에서 아름답고 풍성하게 열매 맺는 삶을 살지 않을까? 그런데 우리에게 대도가 없으니, 필연적으로 우리는 존재의 갈증과 삶의 허기를 느낄 수밖에 없고, 그렇기에 더욱 인이니 지혜니 효자니 충신이니 하는 덕목들을 내세우며 그 완전한 실현을 통하여 갈증과 허기를 해소해 보려 하지만, 그러한 덕목들은 결코 우리를 진정으로 목 축여 줄 수 없다. 그러한 교훈적인 가치와 덕목과 율법과 계명은 우리를 진정으로 자유케 할 수 없다. (이것은 우리가 이미 삶 속에서 충분히 경험하고 있지 않은가?) 해방은 그렇게 오는 것이 아니다. 그러한 노력과 실천을 통하여 오는 것이 아니다. 엄밀히 말해, 우리는 우리 자신의 노력으로써 우리를 완전케 할 수 없다. 왜냐하면 우리는 이미 완전하기 때문이다.

　그러므로 다른 통로가 있는 것이다. 진리와 자유와 우리 존재의 완전한 해방에 이르는 '다른 길'—언제나 있던 옛길이면서 동시에 언제나 처음 가는 길이다—이 있는 것이다. 그 길은 결코 추구의 대상이 아니며, 노력의 대상도 아니다. 또한 어떻게 갈 수 있는 것도 아니다. 그런데도 분명히 갈 수 있다. 그 길 없는 길을 노자는 바로 다음 장에서 또 다른 이야기로 분명하게 밝혀 놓고 있다. 이제 19장을 펼쳐 보자.

19장

노력을 그치고
있는 그대로 받아들이면

우리도 성스러움과 지혜, 어짊과 의로움,

정교함과 예리함에 매달리며 그것으로써

자신을 온전케 하려는 바로 그 마음 때문에

얼마나 많은 '내 안의 나'를 죽이고 있는지!

그러나 그러한 것들은 결코 우리를 자유케 해 주지 못한다.

도덕경 19장

성스럽고자 하는 마음을 끊고 지혜롭고자 하는 마음을 버리면
백성들의 이로움이 백배나 더하고,
어질고자 하는 마음을 끊고 의롭고자 하는 마음을 버리면
백성들이 다시 효성스럽고 자애롭게 되며,
정교하고 예리한 존재가 되려는 마음을 내려놓으면
도적이 있지 않게 된다.
이 세 가지는 겉을 꾸미는 데 그칠 뿐이기에,
도에 이르기에는 부족하다.
그러므로 마땅히 속해야 하는 곳이 있나니,
있는 그대로를 드러내고
다듬지 않은 통나무를 껴안으라.
그리하면 삶은 저절로 질서 잡혀 가리니!

絕聖棄智, 民利百倍. 絕仁棄義, 民復孝慈. 絕巧棄利, 盜賊無有.
此三者, 以爲文, 不足. 故令有所屬, 見素抱樸, 少私寡欲.

구약성경 사사기 12장에 보면 다음과 같은 이야기가 나온다. 오늘은 그 이야기를 통하여 노자가 이 장에서 말하고자 하는 그 뜻을 풀어 보자.

"에브라임 사람들이 모여 북쪽으로 가서 입다에게 이르되, 네가 암몬 자손과 싸우러 건너갈 때에 어찌하여 우리를 불러 너와 함께 가게 하지 아니하였느냐. 우리가 반드시 너와 네 집을 불사르리라. 입다가 그들에게 이르되, 나와 나의 백성이 암몬 자손과 크게 싸울 때에 내가 너희를 부르되 너희가 나를 그들의 손에서 구원하지 아니한 고로 나는 너희가 도와주지 아니하는 것을 보고 내 목숨을 돌아보지 아니하고 건너가서 암몬 자손을 쳤더니 여호와께서 그들을 내 손에 넘겨주셨거늘, 너희가 어찌하여 오늘 내게 올라와서 나와 더불어 싸우고자 하느냐 하니라. 입다가 길르앗 사람을 다 모으고 에브라임과 싸웠으며 길르앗 사람들이 에브라임을 쳐서 무찔렀으니, 이는 에브라임의 말이 너희 길르앗 사람은 본

래 에브라임에서 도망한 자로서 에브라임과 므낫세 중에 있다 하였음이
라. 길르앗 사람이 에브라임 사람보다 앞서 요단강 나루턱을 장악하고,
에브라임 사람의 도망하는 자가 말하기를 청하건대 나로 건너가게 하라
하면 길르앗 사람이 그에게 묻기를, 네가 에브라임 사람이냐 하여 그가
만일 아니라 하면 그에게 이르기를 십볼렛이라 발음하라 하여, 에브라임
사람이 바로 말하지 못하고 십볼렛이라 발음하면 길르앗 사람이 곧 그를
잡아서 요단강 나루턱에서 죽였더라. 그때에 에브라임 사람의 죽은 자가
사만 이천 명이었더라.”(사사기 12:1~6)

　구약성경의 사사기(士師記)는 모세의 뒤를 이어 이스라엘 백성들을 젖
과 꿀이 흐르는 땅 가나안으로 인도했던 여호수아가 죽고 난 후 왕정 수
립 이전까지 활약했던 여러 지도자에 관한 기록이다. 그리고 사사기 12
장 1~6절에 나오는 이 이야기는 그 가운데 한 사사(士師)였던 입다가 활
약했던 시대의 이야기로서, 에브라임 족속과 길르앗 족속 간에 있었던
전쟁에 관한 이야기다.

　어느 날 에브라임 사람들이 길르앗 족속의 우두머리인 입다에게 몰려
가서 시비를 건다.
　“네가 암몬 자손과 싸우러 건너갈 때에 어찌하여 우리를 불러 너와 함
께 가게 하지 아니하였느냐. 우리가 반드시 너와 네 집을 불사르리라.”
고.
　그런데 이때는 입다가 이방 민족인 암몬 자손과의 전쟁을 막 치르고
돌아온 뒤라, 비록 싸움에서는 이겼지만 병사들을 포함하여 모두들 지쳐

있을 때였다. 이때를 놓칠세라, 평소 자존심과 시샘이 강했던 에브라임 족속이 군대를 이끌고 와서는 "너희가 어찌하여 우리에게 지원군을 요청하지 않았느냐."라는 등으로 시비를 걸어, 사실은 길르앗 족속의 땅을 집어삼킬 속셈이었던 것이다.

그리자 입다는 "그게 도대체 무슨 말이냐? 내가 너희들에게 지원군을 요청하지 않았더냐. 그런데 너희가 우리의 요청을 거절해 놓고선 이제 와서……!"라며 크게 분노한다. 그러면서 지친 길르앗 사람들을 다시 모아서는 시비를 걸어온 에브라임 족속과 전쟁을 치르게 되는데, 분노에 찬 입다와 길르앗 사람들이 또다시 승리하고야 만다.

그런데 기세등등한 길르앗 사람들의 전의(戰意)에 일찌감치 패한 에브라임 사람들이 혼비백산하여 달아나기 시작하는데, 그들이 달아날 수 있는 길목은 오직 한 곳, 요단강 나루턱뿐이었다. 그것을 미리 알고 있던 입다와 길르앗 사람들은 바로 그 요단강 나루턱에 먼저 와서 지키면서, 피난민에 섞여 도망가는 에브라임 사람들을 한 사람씩 찾아내어 분노에 찬 칼로 죽이는 이야기가 이어지는데, 이때 두 족속은 외모가 너무나 비슷하여 겉모습만으로는 도무지 누가 에브라임 족속이며 누가 길르앗 족속인지를 분간해 낼 수가 없었다.

그래서 입다와 그 병사들은 요단강 나루턱을 건너려는 모든 사람에게 우선 에브라임 사람인지를 물어보고는 그가 아니라고 하면 '쉽볼렛'이라고 말해 볼 것을 요구한다. 그렇게 말해 보게 한 것은 에브라임 족속은 '쉽볼렛'이라는 소리를 바르게 낼 수 없고 반드시 '십볼렛'이라고 발음할 수밖에 없었기 때문에, 이를 증거 삼아 에브라임 족속과 길르앗 족속을 구분해 내려 했던 것이다. 그런데 이때 '쉽볼렛'이라고 발음하지 못하고

'십볼렛'이라고 함으로써 에브라임 족속임이 탄로나 길르앗 족속에게 잡혀서 죽은 사람의 수가 무려 사만 이천 명이나 되었다는 것으로 이 전쟁 이야기는 끝난다.

성경은 이 전쟁 이야기를 통하여 우리에게 무엇을 말해 주고 싶었던 것일까?

조금만 깊이 들여다보면 고작 1절에서 6절까지밖에 되지 않는 이 짧은 전쟁 이야기 속에 성경은 참으로 기가 막힌 지혜를 숨겨 두고 있음을 알 수 있다. 이제 그것을 현재의 시점에서, 우리 자신을 위해 한번 찾아내 보자. 그리고 그 이야기를 할 때, 그날 요단강 나루턱에서 '십볼렛'이라고 발음함으로써 잡혀서 죽은 사람의 수가 사만 이천 명이었다고 했으니, 그렇다면 사만 이천한 번째 사람부터는 분명히 죽임을 면하고 살았을 것이라고 가정해 보는 것으로 이야기를 시작해 보자. 그러면서, 도대체 그가 무얼 어떻게 했기에 사만 이천 명이나 죽어 나간 바로 그 자리에서 죽지 않고 살아날 수 있었던가 하는 것에 초점을 맞추어 이야기를 풀어 나가 보자. 그런데 바로 여기에 성경의 모든 묘미와 기가 막힌 비밀이 숨겨 있다.

전쟁에서 패한 에브라임 사람들은 전쟁에서 지기도 했거니와, 자신들이 먼저 엉뚱한 시비를 걸어 길르앗 사람들의 분노를 크게 샀기 때문에, 잡히기만 하면 반드시 죽는다는 공포에 떨며 필사적으로 도망을 가고 있었다. 그런데 어찌하랴, 그들이 달아날 수 있는 길은 오직 한 곳뿐이어서, 자신들을 잡아 죽이려는 입다와 길르앗 사람들이 그 길목인 요단강 나루턱을 지키고 있다는 사실을 뻔히 알면서도 거기로 갈 수밖에 없었

266

다. 그런 그들의 유일한 희망은, 자신들의 외모가 길르앗 족속과 거의 구분이 안 될 만큼 똑같아서 어떻게든 길르앗 사람 행세를 함으로써 살아남는 것이었다. 그런데 안타깝게도 아무리 외모를 완벽하게 꾸미고 아무리 길르앗 족속인 것처럼 행세해도 그들이 칼을 들이대며 불쑥 말해 보게 하는 '쉽볼렛'이라는 발음 앞에서는 어쩔 수 없이 자신들의 정체가 탄로나 버렸고, 그래서 에브라임 사람들은 요단강 나루턱을 건너지도 못한 채 그 앞에서 끌려가 끝없이 죽임을 당했던 것이다.

그렇게 수백, 수천 명의 사람이 죽임을 당하는 동안 어느새 요단강 나루턱을 건너기 위해 몰려든 행렬의 뒤쪽에 있는 사람들 사이에는 하나의 소문이 떠돌게 되었다. 즉, 요단강 나루턱을 건너는 사람들 중에 어떤 사람은 살고 어떤 사람은 죽는데, 무엇이 그들을 살게도 하고 죽게도 하는가 하는 것이었다. 그런데 그것이 바로 '쉽볼렛'이라는 발음에 있음을 알게 된 그들은 누구랄 것도 없이 그것을 제대로 발음해 내기 위해 필사의 노력을 하게 된다. 왜냐하면 자신들이 사느냐 죽느냐 하는 절체절명의 문제가 바로 거기에 달려 있었기 때문이다.

그리하여 어떤 사람은 서로 마주 보고 오랜 시간 연습을 하기도 하고, 어떤 사람은 혀와 입 모양을 정확하게 만들기 위해 거듭거듭 훈련도 하고, 또 어떤 사람은 마음을 비우면 제대로 될까 싶어 명상을 하거나 울부짖으며 기도를 하기도 하고, 또 어떤 사람은 무리 가운데에서 길르앗 사람을 찾아내어 그를 스승으로 섬기며 오직 그가 하라는 대로만 따라 하려고 애쓰기도 했다. 그와 같이 에브라임 사람들이 살기 위해 온갖 방법과 모양으로 기울였을 노력과 몸부림은 얼마나 절박했겠으며, 그 하나하나가 얼마나 처절했겠는가.

그러나 아무리 노력하고 훈련하고 다듬어도 그들이 이윽고 입다와 길르앗 사람들 앞에만 서면 그들의 입에서는 오직 '십볼렛'이라는 발음만 튀어나왔기에 그들의 모든 노력에도 불구하고 그날 요단강 나루턱에서 잡혀 죽은 에브라임 사람의 수가 무려 사만 이천 명이나 되었다는 이야기다. 결국 살고자 한 그들의 모든 노력과 몸부림은 조금도 그들을 살려 내지 못했던 것이다.

그러다가, 그 모든 과정을 지켜본 사만 이천한 번째 에브라임 사람은 문득 깨닫는다. 아, 입다와 길르앗 사람들이 자신들을 살려 주기 위해 '쉽볼렛'이라는 발음을 해 보라고 한 것이 아니라는 것을, 그들은 오직 자신들을 죽이기 위해 '쉽볼렛'이라고 말해 보라고 했다는 것을, 에브라임 사람은 결코 '쉽볼렛'이라고 발음할 수 없고 오직 '십볼렛'이라고 말할 수밖에 없음을 입다와 길르앗 사람들은 이미 처음부터 알고 있었다는 것을, 그런데도 에브라임 사람들은 어리석게도 자신들의 노력과 수고로써 언젠가는 '쉽볼렛'이라고 바르게 발음할 수 있게 되리라고 믿었고, 그럼으로써 자신들은 죽지 않고 무사히 요단강 나루턱을 건너갈 수 있을 것이라고 깊이 착각했다는 것을……

아, 그랬구나! 우리에게서는 오직 '십볼렛'이라는 발음밖에 나오지 않는구나…… 그런데도 우리는 오직 '쉽볼렛'으로 살고자 하는 그 마음 때문에 사만 이천 명의 동족이 죽어 나가는 것을 뻔히 보면서도 지금껏 그 사실을 깨닫지 못했구나…… 그렇다면 우리는 지금껏 불가능한 노력만을 되풀이하고 있었다는 말이 아닌가…… 이럴 수가!

마침내 사만 이천한 번째 사람을 비롯한 모든 에브라임 사람들은 '쉽볼렛'이라고 바르게 발음함으로써 살려고 했던 모든 노력을 멈춘다. 그것은 이미 처음부터 불가능했다는 것을 비로소 깨달은 것이다. 그리하여 그들은 이제 아무런 두려움 없이, 자신들을 죽이려고 선 입다와 길르앗 사람들 앞에 나아간다. 그러고는 말하기를, "살고자 하는 그 어떠한 노력과 몸부림도 우리를 살릴 수 없다는 것을 이제 우리는 깨달았노라. '쉽볼렛'이라는 발음은 결코 우리에게서 나올 수 없고, 우리는 다만 '십볼렛'이라고 발음할 수밖에 없음을 비로소 알았노라. 그러니 이제 우리는 더이상 살고자 하지 않노니, 우리를 마음대로 하라. 우리의 목숨은 오직 당신들의 것이다."

그런데 뜻밖에도, 그 말을 들은 입다는 모든 길르앗 사람에게 들리도록 소리 높여 말한다.

"이제 족하도다! 이제 더이상 흘릴 피가 없나니, 병사들이여, 뽑았던 칼을 거두고 이제 그만하라! 이것으로 족하도다. 이제 살육은 끝났다. 그러므로 에브라임 사람들이여, 당신들도 고향으로 돌아가 다시는 다른 종족의 땅을 탐하지 말고, 오직 자족하며 오래도록 평화롭게 살라."

그러고는 그도 요단강 나루턱을 지키던 모든 포위망을 풀고, 지친 병사들을 다독이며 고향을 향하여 발걸음을 돌린다. 단 한 사람의 단 한 순간의 깨달음으로 말미암아, 수없이 많은 사람이 죽고 죽이던 전쟁터의 상황은 급반전되어, 모두가 살 수 있게 되었던 것이다.

성스럽고자 하는 마음을 끊고 지혜롭고자 하는 마음을 버리면
백성들의 이로움이 백배나 더하고,
어질고자 하는 마음을 끊고 의롭고자 하는 마음을 버리면
백성들이 다시 효성스럽고 자애롭게 되며,

정교하고 예리한 존재가 되려는 마음을 내려놓으면

도적이 있지 않게 된다.

이 세 가지는 겉을 꾸미는 데 그칠 뿐이기에,

도에 이르기에는 부족하다.

그렇다. 우리도 '쉽볼렛'이라고 바르게 발음해 보려다가 요단강 나루 턱을 건너지도 못한 채 끊임없이 죽어 간 에브라임 족속들처럼, 성스러움과 지혜(聖智), 어짊과 의로움(仁義), 정교함과 예리함(巧利)으로써 더 충만하고 더 완전한 존재가 되려고 하는 바로 그 마음 때문에, 있는 그대로의 자기 자신—'쉽볼렛'—을 끊임없이 정죄하고 심판하고 비난하면서 지금 이 순간에도 거듭거듭 죽이고 있지 않은가. 살고 싶었던 에브라임 족속의 눈에는 아무리 봐도 '쉽볼렛'만이 자신들을 살리고 온전하게 해 줄 것으로 보였지만, 바로 그 때문에 살기는커녕 오히려 사만 이천 명이나 되는 생명이 무참히도 죽어 나갔듯이, 우리도 성스러움과 지혜, 어짊과 의로움, 정교함과 예리함에 매달리며 그것으로써 자신을 온전케 하려는 바로 그 마음 때문에 얼마나 많은 '내 안의 나'를 죽이고 있는지! 그러나 그러한 것들은 결코 우리를 자유케 해 주지 못한다.

그러던 어느 순간, 사만 이천한 번째 사람이 자신의 입에서는 오직 '쉽볼렛'밖에 나오지 않는다는 것을 문득 깨닫고서 '쉽볼렛'으로 살려던 모든 노력을 멈춤으로써 오히려 온전히 살게 되었듯이, 노자도 이 장을 통하여 우리에게 간곡히 말한다. 살고자 하는 그 마음 때문에 진정으로 사는 길을 끊임없이 놓치나니, 그러므로 사람들이여, 성스럽고자 하는 마음을 끊어 버리고 지혜롭고자 하는 마음을 버려라. 그리하면 '내 안의 백성들'의 이로움은 백배나 더하여, 비로소 삶과 온 존재에 진정한 생명과 질서와 평화가 넘실대리니! 또한 어질고자 하는 마음을 끊어 버리고 의롭고자 하는 마음을 내버려라. 그리하면 그때 비로소 진정한 어짊과 의로움이 저절로 내 안에서 솟구쳐 나와 '나'의 모든 것을 살릴 뿐만 아니라, 끊임없이 어진 사람이 되고자 하고 의롭고자 하면서 비롯된 내 안의 모든 긴장과 경직과 메마름들이 영원히 풀리고 이완되어 마침내 따뜻한 생명의 체온을 회복하리니! 또 그 '중심'에 닿아 진정으로 자신의 영혼을 살찌우고 살리는 것이 아니라 그저 겉을 꾸밀 뿐인, 정교하고 빈틈없고 예리한 사람이 됨으로써 더 완전한 존재가 되려고 하는 그 마음을 버려라. 그것은 다만 있는 그대로의 내가 아닌 남이 되려는 도적의 마음일지니!

그러므로 마땅히 속해야 하는 곳이 있나니,
있는 그대로를 드러내고
다듬지 않은 통나무를 껴안으라.

왜냐하면 있는 그대로의 것―'십볼렛' 혹은 우리 안의 온갖 번뇌―이 바로 도(道)요 보리이며, 다듬지 않은 통나무―때로 짜증내고, 때로 우울하며, 때로 게으르고, 때로 화내며, 때로 슬퍼하고, 때로 온통 잡생각만 하고, 때로 즐겁고, 때로 불안하고, 때로 편안하고, 때로 막막하고, 때로 우유부단하며, 때로 외롭기도 한, 지금 여기에서 매 순간 '나'를 찾아오는 다듬지 않은 이 있는 그대로의 모든 감정, 느낌, 생각―가 바로 진리이고 자유이며 깨달음이기 때문이다.

271

그러므로 진정 사는 길은 '쉽볼렛'을 통하여 넘어가는 요단강 나루턱 너머 저기에 있는 것이 아니라, 지금 여기 이 '쉽볼렛' 속에 있다. 이 있는 그대로의 것이 이미 생명이며 질서요, 이 너무나 보잘것없고 평범한 우리의 하루하루 삶이 그대로 궁극의 삶이요, 절대의 삶인 것이다. 그러니 다시 더 무엇을 원하겠는가?

그리하면 삶은 저절로 질서 잡혀 가리니!

그러므로 '여기' 있으라. 그때에 에브라임 족속과 길르앗 족속 간의 죽고 죽이는 전쟁이 영원히 끝났듯이, 바로 그때에 내 안의 모든 분열과 고통은 영원히 끝나고, 진정한 풍요와 사랑이, 본래부터 있던 무한의 질서와 평화가 '나'를 온전히 사로잡는다. 아, 우리는 지금 이대로 완전하다. 더할 나위 없이!

20장

모든 것은 내 안에 있다

요즘도 나는 계절을 보면 전율할 만큼의
경이와 감동과 감사를 느낄 때가 많다.
그러나 이제는 깊이 안다. 이 세상과 세계와 우주가
만들어 내는 그 어떤 경이와 감동보다도
더 큰 충만이 내 안에 있다는 것을…….

도덕경 20장

배우기를 그치면 근심이 없어진다.

'예'라는 대답과 '응'이라는 대답의 차이가 얼마일 것이며,

좋은 것과 나쁜 것의 차이가 얼마이겠는가?

사람들이 두려워하는 바를 두려워하지 않을 수 없구나.

그 황당함이 끝이 없구나.

사람들은 희희낙락하여 큰 잔치를 벌이는 것 같고

봄날에 누각에 오르는 것 같지만,

나 홀로 무덤덤하여 그런 조짐조차 없는 것이

마치 아직 첫 웃음을 웃어 보지 못한 갓난아기 같고,

어디에도 마음 두지 않음은

마치 돌아갈 곳이 없는 것 같구나.

사람들은 다 여유가 있는데

나 홀로 뒤처진 것 같다.

絶學無憂. 唯之與阿, 相去幾何. 善之與惡, 相去若何.

人之所畏, 不可不畏. 荒兮, 其未央哉.

衆人熙熙, 如享太牢, 如春登臺.

我獨泊兮, 其未兆, 如嬰兒之未孩.

乘乘兮, 若無所歸. 衆人皆有餘, 而我獨若遺.

나는 어리석은 자의 마음이라, 흐리멍덩하구나.

세상 사람들은 밝고 밝은데 나 홀로 어두운 것 같고,

세상 사람들은 잘도 살피는데 나 홀로 번민하는 것 같구나.

담담하기는 잔잔한 바다 같고,

어디에도 머무르지 않음은 마치 높이 부는 바람 같다.

사람들은 다 쓸모가 있는데

나 홀로 완고하고 고루한 듯하구나.

그러나 나 홀로 세상 사람들과 달라서,

만물을 먹여 살리는 어머니를 귀하게 여길 줄 아네.

我愚人之心也哉. 沌沌兮. 俗人昭昭, 我獨昏昏.

俗人察察, 我獨悶悶. 澹兮, 其若海. 飂兮, 若無止.

衆人皆有以, 而我獨頑似鄙. 我獨異於人, 而貴食母.

　나는 한때 심하게 계절을 앓았다. 봄이 오고, 여름이 오고, 가을이 오고, 겨울이 오고…… 그러면 나는 그때마다 마치 홍역을 앓듯이 계절을 아파했다. 얼마나 그 순간들이 저미도록 가슴으로 다가오던지……!

　봄이 되어 따뜻해진 산들바람이 살포시 귓불을 스치고, 그 봄바람에 겨운 듯 물오른 버드나무가 환상적인 연초록의 빛깔로 가만히 춤을 출 때면, 그러지 않아도 벌써 개나리 산수유 벚꽃 진달래 목련들에 취하고, 마악 푸르스름해지기 시작한 느티나무 가로수 잎들에 눈부셔하며 어쩔 줄 몰라 하던 내 가슴은 그만 더이상 참지를 못하고 미친 듯이 가방을 메고 어디론가 떠나야만 했었다. 그렇게 계절 속으로 무작정 시외버스를 타고 어느 시골길을 달려가다가, 차창 밖으로 강기슭에서 자란 작은 잡목들의 연초록 군무(群舞)마저 만나게 되면, 나의 계절앓이는 절정을 이루어 거의 꺼억꺼억 울음 터트리고 말았었다.

　그러다가, 여름 내내 짙게 푸르렀던 잎들이 불타는 듯한 단풍이 되었다가 한 잎 두 잎 낙엽 되어 떨어질 때면, 어느새 나는 또 그 낙엽 아래 휑한 가슴으로 무너질 듯 서서는 무어라 형언할 수 없는 상실감에 몸서리를 치기도 했었다.

겨울엔 또 어땠는가. 톡 건드리면 금세라도 깨어질 듯 투명하게 차가운 겨울 날씨가 너무 좋아 홀린 듯 그 앞으로 달려 나가기 일쑤였고, 모세혈관보다 더 섬세하게 자신의 전부를 남김없이 드러내고 서 있는 마알간 겨울 나무 아래에서는 또 얼마나 따뜻하고 크나큰 위로를 받았던지……. 그렇게 나는 나를 아파하듯 몹시도 계절을 앓았었다.

그러던 어느 날, 그렇게도 오랜 세월 목마르게 찾아 헤매던 나를 만났고, 내 영혼은 비로소 깊디깊은 위로를 받았으며, 내 안의 모든 메마름과 갈증과 헛헛함이 사라져 마침내 자유하게 되었다. 나는 비로소 다시 목마르지 않고 다시 허기지지 않는, 자족(自足)하고 자명(自明)하며 자증(自證)하고 자락(自樂)하며 자존(自存)한 존재가 된 것이다. 그리하여 생애 처음으로 스스로 행복해하며 다시 '현재'로 돌아와, 주어지는 하루하루를 열심히 살기 시작했다.

그런데 참 희한했던 것은, 그날 이후부터 내 안에서는 매 순간 나에게 주어지는 일 이상의 무언가 의미 있고 가치 있는 일을 찾거나 추구하고자 하는 마음이 사라져 버렸고, 그랬기에 새벽 5시에 일어나 부랴부랴 아침밥을 먹고는 일당 2만 5천원을 벌기 위해 하루 종일 뙤약볕에서 공사판의 막일을 해도 그것이 도무지 무의미하게 느껴지거나 허허롭지가 않았으며(예전엔 똑같은 일을 하면서도 단지 먹고 살기 위해 이토록이나 많은 시간과 에너지를 무의미한 노동에 바쳐야 한다는 사실에 얼마나 답답해하며 스스로 억울해했던지!), 때로 일이 없어 아무것도 하지 않은 채 몇 날 며칠을 그냥 가만히 앉아 있어도 전혀 무료하거나 권태롭지 않았다. 그렇기는커 녕 설명할 수 없는 재미 같은 것이 그 안에는 늘 있었고, 그랬기에 나는 도무지 삶의 즐거움과 의미를 위해 무언가를 하고 싶다거나 보고 싶다거 나 어딘가로 떠나고 싶다거나 하는 등의 소위 '~하고 싶다'는 마음들이 조금도 일어나지 않았다. 그뿐만 아니라 어떤 형태의 하루를 살아도 전 혀 에너지의 소모를 느낄 수가 없었다.

그랬으니 나는 자연히 '시간'이라는 것을 잊었고, 계절이 가는 것도 잊 었으며, 세상이 어떻게 돌아가는지도 까마득히 잊고 살았다. 그 대신 끝 없이 솟구쳐 오르는 내 안에서의 어떤 희열이랄까, 기쁨이랄까, 감동이 랄까, 자신에 대한 새로운 발견이랄까 하는 것들에 취해 늘 스스로 놀라 고 스스로 전율하며 살았다. 그렇게 매 순간 나 자신을 행복해하다가 어 느 순간 문득 하늘을 보면 어느새 연초록의 봄은 내 곁에 왔다가 가 버렸 고, 뜨거운 여름 햇살 속을 나는 그냥 땀 흘리며 걷고 있었으며, 잠깐 단 풍이 든 것 같았는데 어느새 낙엽은 다 지고 없었고, 쨍한 겨울 날씨 속 에 하얀 나목(裸木)은 저만치 서 있기만 했다. 그리고 나는 그 모든 것을 단지 바라볼 뿐 아무런 생각도 일어나지 않았다. 그렇듯 나의 그 지독했 던 계절앓이는 어느새 그렇게 온데간데없이 치유되고 사라져 버렸던 것 이다.

어느 날에는 가만히 생각해 보았다. 왜 내가 그토록 가슴 저미며 계절 을 앓았을까 하고. 그것은 나의 끝없는 내면의 공허 때문이었다. 언제나 내가 허허로웠고, 그 텅 빈 가슴속을 휑한 바람만이 먼지를 일으키며 지 나가는 것을 못내 괴로워했었다. 그런 나를 견딜 수 없었고, 그 무엇으로

든 채워야만 했었다. 그래서 나를 채울 그 무엇을 찾아, 이윽고 맛볼 눈부신 충만을 찾아 미친 듯이 계절 속으로, 바람 속으로, 여행 속으로, 책 속으로, 사람 속으로 내달렸던 것이다. 그러나 그것은 언제나 그때 그 순간뿐, 나는 또다시 텅 비워진 메마른 가슴을 만지작거리며 어쩔 줄 몰라 했었다. 아, 그때의 그 기듭된 절망감이란……!

배우기를 그치면 근심이 없어진다.

그러다가 어느 순간 내 안에 어떤 근본적인 변화가 와서 비로소 나 자신을 먹고 마시기 시작했고, 그와 동시에 밖으로의 모든 추구가 끝났으며, 나는 어느새 한없이 촉촉해진 가슴을 안고 기뻐 뛰며 스스로 충만해하기 시작했다. 그런데 그렇게 한 번 내 안에서 열린 이 참생명의 샘이랄까 참나랄까 진리랄까 지복(至福)이랄까 하는 것은 이후 단 한 순간도 끊임이 없이 무한히 솟아오르기만 했고, 그것은 힘들었던 나의 모든 방황과 아픔과 허허로움을 남김없이 위로해 주었을 뿐만 아니라 모든 것을 감사로 바꿔 주었다. 아, 얼마나 놀랍고 또 감사한지! 그렇듯 진정으로 풍성한 모든 것은 내 안에 있었다.

요즘도 나는 계절을 보면 전율할 만큼의 경이와 감동과 감사를 느낄 때가 많다. 그러나 이제는 깊이 안다, 이 세상과 세계와 우주가 만들어 내는 그 어떤 경이와 감동보다 더 큰 충만이 내 안에 있다는 것을…….

'예'라는 대답과 '응'이라는 대답의 차이가 얼마일 것이며,
좋은 것과 나쁜 것의 차이가 얼마이겠는가?

사람들이 두려워하는 바를 두려워하지 않을 수가 없구나.

그 황당함이 끝이 없구나.

그렇다면 나는 어떻게 이러한 근본적인 변화를 맞게 되었을까?

그 길은 결코 멀리 있지 않으며 어렵지도 않다. 여기 노자도 그 길에 대해 다음과 같은 말로 분명하게 우리에게 보여 주고 있다. 즉, "'예'라는 대답과 '응'이라는 대답은 그 차이가 얼마일 것이며, 좋은 것과 나쁜 것은 그 차이가 얼마이겠는가? 사람들이 두려워하는 바를 두려워하지 않을 수가 없구나!"라고. 그에 덧붙여 노자는 안타까운 마음에 자신의 가슴을 쓸어내리며 한마디를 더 한다. "그 황당함이 끝이 없구나!"

노자의 이 말의 뜻을 다음과 같은 이야기로 한번 풀어 보자.

두어 해 전에 중등학교의 몇몇 선생님과 매주 한 번씩 만나 이 도덕경을 같이 읽어 나간 적이 있다. 그때 조금 늦게 합류한 선생님 가운데 유난히도 깡마른 여선생님이 한 분 있었는데, 처음 강의실에 들어설 때의 그 모습을 지금도 잊을 수가 없다. 어떻게 저런 몸으로 걸어 다닐 수가 있을까 싶을 정도로 깡마르고 핏기마저 없었고, 책장을 넘길 때의 그 손가락은 너무나 가늘어 금세라도 끊어질 듯 아슬아슬해 보이기까지 했다. 그분이 어느 날 한참 강의를 듣다간 말고 무언가 생각난 듯 갑자기 이런 말을 했다.

"선생님, 요즘 제가 정말 힘들어하는 게 하나 있어요. 사실 이건 참 오래된 것이기도 하고, 또 아무리 마음을 다잡고 애를 쓰고 노력해도 언제나 다시 나타나 저를 지치게 하고 힘들게 하는 것인데요, 이 문제만 해결

되면 제 인생이 더없이 활짝 펴고 또 참으로 신명나게 잘살 텐데, 그게 참 안 되네요."

그러면서 그분이 들려준 얘기는 바로 자신의 게으름에 관한 것이었다. 그분은 언제나 한 사람의 교사로서 자기 자신과 삶 앞에 그리고 모든 사람 앞에 부끄럽지 않으려고 노력했고, 단 한 번밖에 없는 자신의 생을 언제나 힘차고 당당하고 보람 있게 살려고 애썼다. 그러다 보니 언제나 '성실'이라는 잣대를 엄격하게 자신에게 갖다 댔고, 삶의 단 한 순간도 헛되이 보내지 않으려고 스스로 날을 세우고 있었다. 그럼에도 불구하고 게으른 마음이 자신 안에서 온전히 뿌리 뽑히지 않았고, 그 때문에 때로 무너져 있고 흐트러져 있는 자신을 문득문득 목격할 때면, 몸 안의 모든 에너지가 일순간 다 빠져나가는 듯한 절망감에 사로잡혀 삶을 계속할 의욕마저 잃어버린다는 것이다. 그러니 그 삶이 얼마나 힘들었겠는가.

그래서 내가 간곡하게 말씀드렸다.

"아, 선생님. 성실과 게으름의 차이가 얼마이겠으며, 좋은 것과 나쁜 것의 차이가 얼마이겠습니까? 그것이 선생님이 보시기에는 하나는 생명이요, 다른 하나는 죽음처럼 보일는지 모르지만, 그것은 우리의 오랜 착각이요, 미망이며, 잘못 습득된 가치 분별일 뿐 사실은 전혀 그렇지가 않습니다.

보세요, 선생님이 쉼 없는 결심과 다짐과 노력으로 게으르지 않고 끊임없이 성실하려고만 하는 동안에 선생님의 삶이 정제되고 만인에게 모범적이라는 인정과 칭송을 듣게 되었는지는 모르지만, 선생님 안에는 단 한 톨의 진정한 평화도 자유도 참된 생명력도 없어요. 그렇지 않나요? 그것은 지금까지의 선생님의 삶이 이미 충분한 증거가 되고 있고요. 그런데 선생님 자신뿐만 아니라 모두를 함께 살릴 수 있는 진정한 생명력이란 그렇게 오는 게 아니에요. 선생님이 보시기에는 게으름과 성실은 아무리 봐도 둘이지만, 사실은 둘이 아니라 하나예요.

좋아요, 그렇다면 이제 선생님의 그 오랜 힘겨움에서 벗어나 진정으로 자유롭고 행복하게 살 수 있는 길을 말씀드려 볼게요. 선생님의 삶에서 다시는 게으름이라는 것 때문에 힘들어하지 않을 영원한 길을요. 이렇게 한번 해 보세요.

선생님은 이미 충분히 오랜 세월에 걸쳐 자신의 게으름을 비난하며 끊임없이 성실하려고 노력해 오셨으니, 이제는 인생에 단 한 번만이라도 그 끈을 놓아 보세요. 그리고 반대로 한번 해 보세요. 즉, 삶을 살다가 어느 순간 또다시 게으름이 찾아오고 무료해지고 권태와 무기력이 밀려오거든, 이전처럼 잠시의 틈도 주지 않고 대뜸 자신을 추스르며 열심을 내어 성실 쪽으로 달려가지 말고, 한 템포만 늦추어 그냥 그 모든 것을 있는 그대로 받아들여 한번 게을러 보고 무료해 보고 무기력해 보세요. 인생에 단 한 순간만이라도 그와 같은 결핍을 선생님의 삶에 한번 허용해 보자는 것이지요. 그래서 선생님을 찾아온 그것들이 제 스스로 나갈 때까지, 선생님이 먼저 나서서 그러한 것들을 정리하거나 없애 버리거나 질서 잡으려고 하는 노력들을 멈추어 보자는 것이지요. 왜냐하면 이 길은 결핍을 채우거나 극복함으로써 도달하는 길이 아니라, 결핍인 채로 그냥 그 속에 온전히 머무를 때 비로소 열리는―결핍이란 본래 존재하지 않음을 분명하게 보게 되는―길이기 때문이에요.

선생님이 보시기에는 만약 그렇게 한다면 지금까지 지켜 왔던 모든 것이 엉망이 되고 무너질 것 같지만, 아뇨, 전혀 그렇지 않습니다. 그것은 우리의 생각이 우리 안에서 집요하게 일으키는 착각과 미망일 뿐이에요. 진정한 생명은 그러한 노력과 수고를 통하여 오는 게 아니에요. 오히려 무언가를 이루려는 모든 노력을 멈출 때 비로소 샘솟기 시작하는 거예요.

사실, 우리가 그토록 두려워하며 맹목적으로 피하려고만 하는 게으름, 무기력, 무료함, 권태 등은 결핍이 아니라 에너지예요. 따라서 그러한 것을 피해서는 삶의 진정한 힘이랄까 에너지 같은 것을 결코 맛볼 수가 없어요. 보세요, 선생님의 경우도 마찬가지지요. 그 하나를 피하려다가 얼마나 많은 삶의 시간들이 주눅 들고 힘들어져 버렸나요. 반면에 지금 이 순간 선생님에게 찾아온 이 하나의 결핍을 저항하지 않고 온전히 받아들여 한번 살아내 보면, 그때 선생님 안에는 선생님이 지금껏 경험하지 못한 전혀 새로운 에너지가 깨어나게 돼요. 그게 바로 수고하여 얻는 것이 아닌, 저절로 솟구치는 진정한 생명력이에요. 그것은 지금까지 선생님의 삶에 있었던 모든 힘겨움과 무거움을 하나도 남김없이 해결할 수 있을 만큼 강렬할 뿐만 아니라, 선생님의 주변 사람들까지도 함께 살릴 수 있는 혁명적인 에너지예요. 그리고 오직 그것만이 우리를 진정으로 자유케 할 수 있어요.

아, 선생님. 하나를 피하면 전부를 피해 다녀야 하지만, 하나를 받아들이면 전부가 꽃 피어나는 이 놀라운 길로 선생님의 발걸음을 한번 돌이켜 보지 않으시렵니까? 그러면 그 한 번의 전환이 참으로 많은 것을 선생님에게로 되돌려 놓을 거예요. 그와 같이, 자유란 멀리 다른 곳에 있는 게 아니에요. 선생님이 멀리하려는 바로 그 결핍 속에 있어요. 진실로요."

내 얘기가 너무나 애틋했던지 그 선생님은 눈동자 한 번 움직이지 않고 굳은 듯 가만히 듣고 있었다. 이윽고 이야기를 마치자, 그분은 말없이 고개를 몇 번 끄덕이고는 들릴 듯 말 듯한 목소리로 고맙다는 말을 했다. 그러고는 강의가 끝날 때까지 내내 그 모습으로 앉아 있더니, 다시 한 번 고맙다는 말을 남기고는 총총히 강의실을 빠져나갔다.

네 번의 강의가 더 있고 난 뒤의 어느 날, 그분은 상기된 얼굴로 강의실에 들어서서는, 강의를 듣다간 말고 처음 느닷없이 질문을 할 때와 똑같은 모습으로, 이번에는 수줍은 듯 자기 삶의 변화된 얘기들을 쏟아 놓기 시작했다. 하여간 이제는 뭔가가 보인다는 것이다. 자기 자신도 보이고, 남들도 보이며, 인간관계도 보이고, 왜 자신이 그토록 힘들었는지도 보이고, 까닭 없이 자꾸 기뻐지며, 설명할 수는 없지만 어떤 힘 같은 것이 자신 안에 생겼음을 이제는 느끼겠다는 것이다. 그리고 무엇보다도 자신을 그토록 힘들게 했던 게으름이 어디 갔는지 안 보인다는 것이다. 아니, 더 정확히 표현하면 게으름이 무언지를 이제는 모르겠다는 것이다. 무얼 게으름이라 하는지 모르겠다는 것이다. "다만 삶이 있을 뿐인데!"라며 그분은 힘주어 말했다.

그 밖에도 그분은 참 많은 얘기를 했는데, 봇물 터지듯 쏟아 놓던 그분의 모습을 나는 지금도 잊을 수가 없다. 그리고 한 주에 한 번씩 강의실에서 만날 때마다 그만큼 더 자신 안에서 자라 있는 그분의 모습을 보는 것은 나에게는 더할 나위 없는 감사요 기쁨이었다.

노자는 다시 우리에게 간곡하게 말한다.

"'예'라는 대답과 '응'이라는 대답의 차이가 얼마일 것이며, 좋은 것과 나쁜 것의 차이가 얼마이겠는가?"라고. 그런데 비단 앞에서 얘기한 게으름과 성실뿐이겠는가. 우리가 그토록 부끄러워하고 숨기려 하는 자신의 초라함과 충만한 모습의 차이는 얼마일 것이며, 우유부단과 분명함의 차이는 또 얼마이겠는가. 짜증과 너그러움의 차이는 얼마일 것이며, 분노와 자비, 미움과 사랑의 차이는 또 얼마이겠는가. 또한 경직되고 긴장하는 모습과 당당함의 차이는 얼마이겠으며, 이기와 이타, 불안과 불안하지 않음, 번뇌와 보리, 중생과 부처의 차이는 또 얼마이겠는가. 사람들이 두려워하는 바를 두려워하지 않을 수가 없구나. 그 둘은 명백히 둘이 아니라 하나이건만, 사람들은 끊임없이 하나는 버리고 다른 하나만 취함으로써 자신 안에 평화를 이루려고 하는구나. 그 미망이 끝이 없구나. 그러나 단 한 번 그 발걸음을 돌이켜 결핍 속에 머무름으로써 영원토록 수고하지 않고 풍성히 그 영혼이 배부를 수 있는 것을, 사람들은 결코 그 길로는 돌이키지 않는구나……

> 사람들은 희희낙락하여 큰 잔치를 벌이는 것 같고
> 봄날에 누각에 오르는 것 같지만,
> 나 홀로 무덤덤하여 그런 조짐조차 없는 것이
> 마치 아직 첫 웃음을 웃어 보지 못한 갓난아기 같고,

그도 그럴 수밖에 없는 것이, 그러한 돌이킴으로 말미암아 있는 그대로의 자기 자신을 깊이 만난 사람은 그 순간 어떤 질적인 변화를 맞게 되어 스스로를 먹고 마시게 됨으로써 '바깥'의 것에 대해서는 그다지 큰 흥미를 느끼지 못하게 된다. 무어라 딱 꼬집어 설명할 수는 없지만, 이전에

는 왠지 모르게 헛헛하고 텅 비어 있는 것 같은 자신을 채울 무언가를 찾아 끊임없이 바깥으로 내달렸다면, 이제는 그 어떤 채움이 필요할 만큼 비어 있지 않으니—그렇다고 가득 차 있는 것도 아니다. 그냥 그 모든 것이 다만 목마르지 않을 뿐이다—그냥 무덤덤히 자기 자신을 살 뿐인 것이다.* 그래서 겉으로 보면 그 삶이 참 밋밋해 보이기도 하지만, 그 안에는 세상 사람들이 알지 못하는, 다시 목마르지 않는 잔잔한 풍요가 깊이 흐르고 있는 것이다.

어디에도 마음 두지 않음은
마치 돌아갈 곳이 없는 것 같구나.

그렇듯 있는 그대로의 자기 자신을 깊이 만난 사람은 자신 안에서 혹은 밖에서 일어나는 모든 것이 '나 아님이 없음'을 깊이 깨달은 것이고, 그것은 곧 '지킬 나'가 따로 없음을 안 것이다. 따라서 '나'에 대한 집착이 떨어져 나가 다만 매 순간순간 있는 그대로 존재하게 된다. 이것이 바로 자유요 또한 무아(無我)다. 그러므로 그는 매 순간을 올올이 살되 자기 안팎의 어떤 것도 소유하려 하거나 집착하지 않는다. '나' 혹은 '나의 것'이라고 할 것이 아무것도 없는 것이다. 뒤에 나오는 "담담하기는 잔잔한 바다 같고, 어디에도 머무르지 않음은 마치 높이 부는 바람 같다."는 표현도 이와 같은 뜻이다.

사람들은 다 여유가 있는데

---

* 이를 두고 장자(莊子)는 '무사인(無事人, 할 일 없는 사람)'이라고 했다.

나 홀로 뒤처진 것 같다.

사람들은 다 쓸모가 있는데
나 홀로 완고하고 고루한 듯하구나.

세상 사람들은 내면의 온갖 좋아 보이는 것들로 자신을 채우려고 그 것들을 부여잡고 있으니 모두가 다 여유가 있어 보이고 반듯해 보이건 만, 나 홀로 간택함이 없이 다만 매 순간 있는 그대로 존재하니 더없이 뒤처진 것 같구나. 그래서 더욱 사람들은 다 쓸모가 있어 보이는데, 나 홀로 완고하고 또 고루한 듯하구나.

나는 어리석은 자의 마음이라, 흐리멍덩하구나.
세상 사람들은 밝고 밝은데 나 홀로 어두운 것 같고,
세상 사람들은 잘도 살피는데 나 홀로 번민하는 것 같구나.

이 또한 자신 안에서 일어나는 모든 것을 간택하지 않고 다만 있는 그 대로 존재하는 대자유한 마음을 표현하고 있다. 세상 사람들은 '지킬 나' 라는 것이 있기 때문에 언제나 빠뜨리지 않고 자신을 밝게 살피느라 수 고하고 애쓰지만, 그 '나'라는 것은 결코 지킬 수 없는 것이기에 그 수고 는 헛될 수밖에 없음을 깨닫지 못하는구나.

나 홀로 세상 사람들과 달라서,

만물을 먹여 살리는 어머니를 귀하게 여길 줄 아네.

이때 '어머니'란 무엇일까? 그리고 "어머니를 귀하게 여긴다."는 것은 또 무슨 뜻일까? 분명한 것은, 만물을 먹여 살리는 어머니는 지금 여기 있는 그대로의 '나'와 결코 분리되어 있지 않다는 것이다. 어머니는 따로 어떤 실체로서 존재하는 무엇이 아니다.

그렇다면 어머니를 귀하게 여기는 모습은 구체적으로 어떤 것일까? 그것은 있는 그대로의 자기 자신을 귀하게 여기는 것이요, 있는 그대로의 자기 자신을 사랑하는 것이며, 있는 그대로의 자기 자신으로 사는 것이다. 즉, 결핍 없는 미래의 '나'를 따로 상정해 두고는 끊임없이 그것과 비교하고 간택하면서 지금 있는 그대로의 '나'를 정죄하고 심판하며 닦달하는 것이 아니라, 지금 이 순간의 결핍이 바로 '나'임을 깨달아 온전히 받아들이고 그것과 하나 되는 것이다. 이것이 바로 어머니를 귀하게 여기는 것이다. 그 순간 우리 안에서는 어떤 근본적이고도 질적인 변화가 일어나, 결핍이란 우리의 생각 혹은 분별심이 만들어 낸 허구일 뿐 실재가 아니었음을 깨닫게 되어, 마침내 자유하게 되는 것이다. 그와 동시에 내가 곧 어머니임을, 본래 둘이 아니었음을 분명하게 알게 되는 것이다.

아, 뭔가가 있구나!

그냥 흘러가는 것 같고 아무것도 아닌 것 같은
이 하루하루의 시간들 속에, 이 무수한 만남들 속에
무언가가 있구나! 아니, 오히려 그 '무언가'는
있지 않은 곳이 없고, 있지 않은 순간이 없구나!

도덕경 21장

큰 덕의 모양은 오직 도에서 나온다.

그런데 도라는 것은 있다 할 수도 없고,

없다 할 수도 없는 것.

있는 듯 없는 듯한 그 가운데 모든 형상이 있고,

없는 듯 있는 듯한 그 가운데 만물이 있으며,

그윽하고 깊은 그 가운데 정기가 있다.

그 정기는 심히 참되어 그 가운데 미더움이 있다.

예부터 지금까지 그 이름 사라지지 않아

만물을 다스리나니,

내 어떻게 만물이 그러함을 알았는가?

이로써니라.

孔德之容, 惟道是從. 道之爲物, 惟恍惟惚. 惚兮恍兮, 其中有象.

恍兮惚兮, 其中有物. 窈兮冥兮, 其中有精. 其精甚眞, 其中有信.

自古及今, 其名不去, 以閱衆甫. 吾何以知衆甫之然哉. 以此.

　옛날 어느 자그마한 절에 도오라는 스님이 계셨다. 그에게는 숭신이라는 제자가 있었는데, 숭신은 스승인 도오 스님을 오랫동안 지극 정성으로 섬겨 오고 있었다. 그런데 도오 스님은 수년이 지나도록 숭신에게 불법(佛法)에 관한 가르침은커녕 그 흔한 설법 한 번 제대로 해 주지 않고 있었다. 그래서 하루는 숭신이 섭섭한 생각이 들어 스승에게 따지듯 물었다.

　"스님, 왜 제게는 가르침을 주지 않습니까?"

　그러자 도오 스님은 오히려 황당하다는 표정을 지으며 이렇게 말했다.

　"이놈아, 몇 년 동안 하루도 빠짐없이 가르쳤더니, 이제 와서 무슨 소리를 하는 게냐?"

　숭신은 어처구니가 없다는 듯 퉁명스럽게 쏘아붙였다.

　"뭐라구요? 저를 하루도 빠짐없이 가르쳤다구요? 아니, 도대체 언제

저를 가르쳤단 말씀입니까?"

'허허, 요놈 봐라!'

도오 스님은 그러나 숭신의 표정을 살피며 금방이라도 웃음을 터뜨릴 듯한 묘한 얼굴을 할 뿐 얼른 대답하지 않았다. 그 때문에 숭신은 오히려 더욱 화가 난 듯,

"스님, 대답을 해 보십시오. 언제 저를 가르쳤단 말씀입니까? 저는 도무지 가르침을 받은 기억이 없습니다."

그제야 도오 스님은 붉게 상기된 제자의 얼굴을 빤히 바라보며 이렇게 대답했다.

"아, 이 녀석아, 네가 차를 가져오면 마셔 주었고, 네가 공양을 해 오면 먹어 주었으며, 인사를 하면 머리를 숙여 받아 주지 않았느냐."

숭신은 어리둥절해졌다. 스승이 도대체 무슨 소리를 하는 것인지 알 수가 없었다. 흡사 자기를 놀리고 있는 듯한 느낌마저 들었다.

'설마 스승님이 제자를 가지고 장난치고 있는 것은 아니겠지?'

숭신은 잠시 생각에 잠겨 있었다.

그때 도오 스님이 정색하며 무섭게 나무랐다.

"이놈아, 무슨 생각이 그리 많아! 생각하면 곧 어긋나는 것이야! 있는 그대로 보란 말이다!"

그 말에 숭신이 퍼뜩 깨쳤다고 한다. 그러고는 곧 마음의 모든 왜곡과 억압과 구속에서 풀려나 영원한 자유를 얻었다고 한다.

숭신은 몇 년간을 하루도 빠짐없이 스승에게 차를 끓여 올렸고, 공양을 해 드렸으며, 마주칠 때마다 머리 숙여 인사했건만, 그리고 그때마다 스승은 언제나 응대를 해 주었건만, 그는 아무것도 깨닫지를 못했다. 무

언가 다른 모양으로 가르침을 구하고 있었던 것이다. 그러던 어느 날, 바로 그 모든 것이 불법(佛法) 아님이 없다는 스승의 말을 듣고는 문득 깨달음을 얻어 모든 것을 확연하게 알게 되었다고 한다. 마침내 삶의 참모습을 보게 되고, 있는 그대로의 자기 자신에 대해 편안해지면서 생의 모든 갈증과 의문이 사라졌다고 한다.

그렇다면 숭신에게 찾아온 깨달음이란 무엇일까? 그가 깨달음을 얻은 후에 바라본 세계는 깨닫기 전에 보던 그것과 무엇이 다를까? 그리고 그의 삶은 또 어떻게 달라졌을까?

또 이런 이야기가 있다. 이것은 임제 스님이 사람들에게 설법한 많은 말씀 가운데 한 부분이다.

"도 배우는 이들이여! 불법은 애써 공부할 것이 없고, 그저 평상대로 아무 일 없는 것이다. 똥 싸고 오줌 누며, 옷 입고 밥 먹으며, 피곤하면 눕는다. 어리석은 사람은 나를 비웃겠지만, 지혜로운 이는 알 것이다. 옛 사람이 말하기를, '밖으로 공부하는 사람은 모두 바보들이다.'라고 하였느니라."

여기에서도 보면, 임제 스님은 분명히 "똥 싸고 오줌 누며, 옷 입고 밥 먹으며, 피곤하면 눕는" 이 평상시의 삶 그대로가 곧 불법이요 진리이며 깨달음이라고 말하고 있다. 그 외에 다른 것이 없다는 것이다. 그러므로 지금 여기에서의 이 평상심(平常心) 이외에 다른 무엇을 찾아 길을 떠나는 사람은 모두가 바보들이라는 것이다. 그것은 곧 진리를 버리고 진리를 구하는 어리석음에 지나지 않기 때문이다. 그리고 이런 말을 하는 자신을 두고는 "어리석은 사람은 나를 비웃겠지만, 지혜로운 이는 알 것이다."라고 말하고 있다. 가만히 보면, 임제 스님의 이 말씀도 앞에서 말한 도오 스님의 말씀과 똑같지 않은가?

그런데 참 희한하고 재미있는 것은, 임제 스님의 설법을 들으러 온 수많은 사람도 똑같이 똥 싸고 오줌 누며 옷 입고 밥 먹으며 피곤하면 누웠고, 임제 스님도 언제나 그랬는데, 한쪽은 스승이요, 부처의 반열에 든 사람이요, 지혜자요, 더할 나위 없는 깨달음을 얻은 대자유인인 반면, 다른 쪽은 아직 분별 간택을 벗어나지 못한 어리석은 중생이요, 온갖 마음의 구속에 끌려다니는 사람이요, 진리의 생수를 마셔 본 적이 없는 목마른 자요, 자기 자신에게서 분리되어 떠도는 부초 같은 존재라고 하니, 아니 도대체 이게 어찌 된 일인가? 똥 싸고 오줌 누며, 옷 입고 밥 먹으며, 피곤하면 눕는 이 날마다의 평상의 삶은 똑같건만, 왜 그 둘은 그토록 현격하게 다를까? 도대체 그 둘 사이에는 어떤 차이가 있기에?

그러나 어쨌든 진리는 분명 똥 싸고 오줌 누며, 옷 입고 밥 먹으며, 피곤하면 눕는 이 일상의 삶 그대로인 것 같기는 한데…….

몇 년 전 어느 날이었다. 그날도 도덕경 강의 모임이 있는 날이라 나는 여느 때와 같이 조금 일찍 강의 장소인 전통찻집에 가서 홀로 앉아 있었다. 그런데 아까부터 저쪽 구석진 자리에 앉아 나를 힐끗힐끗 바라보며 무언가 할 이야기가 있는 듯 쭈뼛거리던 아줌마가 있었는데, 이윽고 용기를 낸 듯 조심스럽게 다가와서는 이렇게 말하는 것이었다.

"저, 혹시…… 김기태 선생님이신가요?"

"예, 그렇습니다만……."

"저는…… 아는 사람이…… 여기 가서 선생님을 한번 만나 보라고 해서……."

"아, 그러세요? 잘 오셨습니다. 여기 앉으세요."

그러면서 앞자리를 권하자 그분은 몹시도 수줍어하며 자리에 앉았다. 그렇게 마주 앉아 그분의 얼굴을 바라봤을 때, 약간 나이 들어 보이는 그 얼굴에는 무어라 형용할 수 없는 고통과 슬픔이 가득해 금방이라도 터져 버릴 것만 같았다.

이윽고 주문한 차가 나오자 그분은 김이 모락모락 올라오는 찻잔을 두 손으로 감싼 채 아무 말 없이 몇 모금 마시더니, 어렵게 입을 뗐다.

"선생님, 제게는…… 제 가슴속에는 차가운 얼음덩어리가 가득 들어 있어요. 제 가슴이 온통 얼음덩어리인 것 같아요. 그런데 선생님, 이 얼음은…… 그 무엇으로도 녹을 것 같지 않아요…… 어떻게 하면 좋죠? 이 얼음을 안은 채로는 살 수가 없는데…… 사는 게 너무……."

그러고는 곧 감정이 북받쳤는지 채 말을 맺기도 전에 울컥 울음을 터뜨리기 시작했다. 아, 꺼억꺼억……. 들고 온 자그마한 손가방에서 얼른 손수건을 꺼내서는 온 얼굴을 감싼 채, 살아온 날들의 한과 고통과 눈물을 안으로 삭이며 그분은 얼마나 꺼억꺼억 소리 죽여 울던지! 그렇게 차탁에 엎드려 어깨를 들썩이며 깊게 울음 삼키던 그분의 모습을 나는 지금도 잊을 수가 없다.

손님 없는 찻집이었기에 누구의 방해도 받지 않고 한참 그러고 있는데, 아뿔싸, 몇몇 도덕경 모임 회원들이 그날따라 무슨 즐거운 일이 있었던지 조금 소란스럽게 찻집 문을 열고 들어서고 있었다. 그러고는 나를 발견하자 곧장 그 분위기 그대로 내가 앉아 있는 쪽으로 다가오는데, 미처 내가 그들을 말릴 사이도 없이, 엎드려 울던 그분은 화들짝 놀라며 서

둘러 눈물을 훔치고는 황망히 자리에서 일어서는 것이었다.

"선생님, 죄송해요…… 다음에 제가 연락드릴게요……."

"아니, 잠깐만요!"

그러나 그분은 어느새 아직도 열려 있는 문으로 뒷모습만 남긴 채 달려 나가고 있었다.

그것이 전부였다. 그리고 일 년이 넘도록 그분의 소식을 알 수가 없었다. 그분이 누구인지, 어디에 사는지, 누구의 소개로 오게 되었는지 등에 대해 미처 이야기를 나누기도 전의 일이었으니 말이다.

꼭 일 년이 지난 어느 날, 나는 여느 때와 같이 도덕경 강의를 위해 그 전통찻집의 문을 열고 들어섰다. 그런데 일 년 전의 그 자리에 그 아줌마가 환히 웃으며 앉아 있는 것이 아닌가! 얼마나 반갑던지! 나는 대뜸 그분에게로 다가가 먼저 인사를 건넸다. 그랬더니 그분은 깜짝 놀라며,

"저를…… 기억하세요?"

"그럼요, 기억하구 말구요! 그날 이후 참 자주 생각이 났어요. 어떻게 지내실까, 왜 한 번 오시지 않을까…… 하구요."

그러면서 잠시 그분의 얼굴을 바라보았더니, 아! 그분은 완전히 딴사람이 되어 있었다. 일 년 전의 그 고통과 슬픔이 가득했던 얼굴은 온데간데없고, 참 편안해 보이고 더없이 이완되어 있었으며, 그래서 거의 눈부시기까지 했다. 얼마나 반갑고 고맙던지! 나는 자리에 앉으며 대뜸 물었다.

"그래, 그동안 어떻게 지내셨어요?"

그분이 들려준 그간의 이야기는 이랬다.

일 년 전 그날 그렇게 오열하며 울다가 엉겁결에 뛰쳐나가서 집에 돌아가니 왠지 모르게 마음이 조금 편안해지고 맑아졌다. 그래서 한참을 더 그렇게 앉아 있다가 저녁 시간이 되어 식사 준비를 하고, 학교에서 돌아오는 아이들에게 저녁을 먹이고는 남편을 기다리는데, 그날도 남편은 어김없이 술이 곤드레가 되어 휘적거리며 새벽 세 시가 다 되어 들어왔다. 그러고는 또다시 술상을 봐 오라고 하는데, 이번에는 함께 술을 마시던 다른 두 사람까지 데리고 와 기가 딱 막혔다. 그러나 이때, 조금이라도 싫은 기색이나 언짢은 듯한 표정을 보였다가는 더욱 난리가 나는 줄을 익히 알기에, 두말 않고 시녀처럼 재빠르게 움직여 술상을 봐서는 다소곳한 자세로 남편 옆에 앉았다. 그러고는 그 자리가 파할 때까지 방으로 들어가 쉬지도 못하고, 술이나 안주가 떨어지면 다시 가져오기도 하고, 심지어 술잔을 따르기도 하면서 앉아 있는데, 참으로 묘하고 희한했던 것은, 그날따라 남편이 조금도 밉거나 원망스럽지가 않았고, 오히려 왠지 모르게 불쌍해 보이기까지 했으며, 그 오랜 세월 그와 같은 모양으로 남편에게 온통 짓눌려 숨 한 번 제대로 쉬지 못한 채 살아온 자신이 한탄스럽지도 않았다. 그렇기는커녕 이상하게도 마음속에서는 어떤 뜨거운 기운 같은 것이 자꾸만 목구멍을 타고 올라오는데, 가만히 보니 그것은 남편을 위하여 기도하고 싶은 마음이었다.

"어머나, 내게서 이런 마음이 올라오다니……!"

생전 처음 느껴 보는 그 마음에 스스로도 놀라며 그날의 늦은 자리를 파했는데, 아침에 자고 일어났더니 그 마음이 더욱 생생했다. 그래서 어떻게든 기도는 하고 싶은데, 특별히 믿는 종교도 없었고, 그냥 가벼운 등산을 하다가 가끔씩 산사(山寺)에 들러 몇 번 절을 한 것이 전부였기에 어떻게 기도를 해야 하는지도 모르겠고, 그냥 나름대로 생각한 것이 하루 30분씩 60일간 하루도 빠짐없이 108배를 해야겠다고 마음먹었다. 남편이 변화되기를 간절히 바라는 마음으로……

그래서 바로 다음 날부터 아이들이 학교에 가고 남편이 출근하고 나면 방 안 편안한 곳에 약간 두꺼운 담요를 깔고는 남편을 위하여 지극한 마음으로 절을 하기 시작했다. 처음에는 어색하기도 했고 다리도 아프고 힘도 들었지만, 그리고 여전히 가부장적 폭력을 시도 때도 없이 휘두르는 남편을 보면 저런 인간을 위하여 내가 왜 기도하나 하는 생각도 때로 들었지만, 그럴수록 마음을 추스르며 처음 마음먹은 대로 남편의 변화를 위한 기도를 계속해 나갔다.

그런데 그렇게 절을 하며 하루가 지나고 이틀이 지나고 열흘이 지나고…… 40일이 지날 무렵부터는 이상하게도 자꾸만 눈물이 났다. 처음에는 남편을 위하여 기도하며 절을 했건만, 시간이 지날수록 남편은 온 데간데없고 자꾸만 자신이 보였던 것이다. 자꾸만 어릴 적 상처가 생각나고, 사랑받지 못해 한없이 외로워하던 기억들이 새록새록 떠올랐으며, 그런 자신을 지키기 위해 파리하게 몸부림치며 떨던 지난 시간의 편린들이 다시 아픈 비수가 되어 자꾸만 가슴에 꽂혔다. 그러다가 문득 보니, 한순간 남편이 참 불쌍한 사람이라 생각되어 그를 위해 시작한 기도이건만, 정작 불쌍한 것은 바로 자신이었고, 그 불쌍함이 한이 없어 그런 자신을 껴안고 깊이깊이 울게 되었다.

그렇게 울며 기도하며 50여 일쯤 지나자 이번에는 또 남편과 자신의 얼굴이 자꾸만 겹쳐서 보이는데, 그러면서 또한 깊이 전율하게 된 것은, 언제나 남편이 잘못되었고 자신은 언제나 옳은 줄로만 알았더니, 그것은

298

온갖 좋은 것과 훌륭함과 억울함은 전부 자신에게 갖다 붙여 놓고, 온갖 나쁜 이미지와 부당함과 저급함은 죄다 남편에게 투사해 놓은 왜곡되고 결핍된 마음에서 비롯된 턱없는 오만이었으며, 자신은 그 속에서 온갖 보이지 않는 위선과 우아함과 고상함을 다 떤 반면, 마음 깊은 곳에서는 남편에 대해 한없는 무시와 멸시와 비아냥을 언제나 퍼붓고 있었음을 문득 발견하게 되었다. 그러면서도 남들 앞에서는 또 얼마나 그런 남편에게조차 순종하는 현모양처인 양 했으며, 그들이 대단하다며 추켜세우는 이런저런 칭찬의 말들에 얼마나 우쭐해하기까지 했던지!

그 어이없는 진실들 앞에서 한없이 무너지며 통곡했다. 정작 무릎 꿇고 용서를 빌어야 하는 사람은 남편이 아니라 바로 자신임을 깨닫게 되었고, 결국 남편이 문제가 아니라 자신의 문제였음을 너무도 선명하게 보게 되었다. 그렇게 하나하나, 보이지 않던 많은 것을 자신 안에서 보게 되면서 끝없이 참회의 눈물을 흘렸다.

어느덧 기도의 마지막 날인 60일째가 되자, 무어라 형언할 수 없는 평화와 고요가 마음을 가득 채웠고, 그 은혜 속에서 자신과 하늘과 세상의 모든 것에 무한히 감사하게 되었다. 특히 이러한 진실의 순간을 마주하게 해 준 남편이 더없이 고맙게 여겨졌다. 아, 그가 아니었으면 내 어찌 이런 나를 볼 수 있었으리오!

그날 이후부터 참으로 많이 달라진 삶을 살게 되었다. 남편의 술과 밤늦은 귀가는 여전했지만, 이전과는 다르게 마음을 다하고 정성을 다해 술상을 내놓았으며, 그가 무슨 말을 하고 어떤 모습을 보이더라도 그게 다 이해가 되었다. 그뿐만 아니라 아침에 눈을 뜨고 남편과 아이들의 얼굴을 찬찬히 바라볼 수 있다는 것, 그들을 위하여 부엌에서 식사 준비를 할 수 있다는 것, 그들의 웃음소리와 명랑한 목소리를 들을 수 있다는 것, 간간이 창문을 열면 환한 햇살이 집 안 가득히 들어온다는 것, 그리고 길을 갈 때 가끔씩 아는 사람을 만나면 그들과 반갑게 인사를 나눌 수 있다는 것, 자신이 걷고 있다는 것, 문득 올려다본 눈부신 하늘과 바람과 새와 꽃과 나무가 그토록 가까이 자신 곁에 있다는 것, 그리고 그 모든 것을 보고 듣고 느낄 수 있다는 것, 이윽고 저녁이 되면 다시 사랑하는 식구들을 만날 수 있다는 것, 그들과 함께 저녁을 먹고 텔레비전을 보고 함께 잠들 수 있다는 것, 그리고 또다시 벅찬 가슴으로 시작할 오늘이 있다는 것! 그와 같이 삶에는 온통 감사할 일들밖에 없었다. 그러면서 어느 순간 자신도 모르게 이렇게 외쳤다.

"아, 뭔가가 있구나! 여기 이 삶 속에, 이 일상 속에, 그냥 흘러가는 것 같고 아무것도 아닌 것 같은 이 하루하루의 시간들 속에, 이 무수한 만남들 속에 무언가가 있구나! 아니, 오히려 그 '무언가'는 있지 않은 곳이 없고, 있지 않은 순간이 없구나! 뭐랄까, 썩지 않고 무너지지 않고 그 무엇에도 물들지 않는, 그저 영롱할 뿐인, 그래서 언제나 감사한 그 무언가가 지금 여기 있구나!"*

---

* 이와 비슷한 탄성을 구약성경에 나오는 야곱 이야기에서도 볼 수 있다. "여호와께서 과연 '여기' 계시거늘 내가 알지 못하였도다. 이에 두려워하여 가로되, 두렵도다 '이곳'이여, 다른 것이 아니라 이는 하나님의 집이요, 이는 하나님의 문이로다 하고……" (창세기 28:16∼17) 이때는 야곱이 자신을 죽이려는 형 에서를 피해 황망히 달아나던 때였는데, 워낙 급히 몸만 빠져나오다 보니 먹을 것 하나 제대로 챙겨 나오지 못했고, 잡힐지도 모른다는 두려움 속에서 몇 날 며칠을 걸었으니, 지칠 대로 지쳐 있었다. 더구나 어느 한 곳에 이르러서는 해마저 지고 나니 더이상 걸을 수도 없어, 그냥 땅바닥에 돌베개를 하고 누웠다. 그런데 바로 그 순간, 그 고통과 곤고함과 절망의 순간에 그는 뜻밖에 하나님을 만나게 되는데, 하나님은 그에게 나타나 다음과 같은 엄청난 축복의 말씀을

노자도 말한다.

> 도라는 것은 있다 할 수도 없고,
>
> 없다 할 수도 없는 것.
>
> 있는 듯 없는 듯한 그 가운데 모든 형상이 있고,
>
> 없는 듯 있는 듯한 그 가운데 만물이 있으며,
>
> 그윽하고 깊은 그 가운데 정기가 있다.
>
> 그 정기는 심히 참되어 그 가운데 미더움이 있다.

그리고 그 아줌마는 며칠이 지난 어느 날 상기된 얼굴로, 도덕경 강의가 있어 여느 때와 같이 조금 일찍 전통찻집에 가서 홀로 앉아 있는 나를 찾아와서는 또 이렇게 말했다.

"선생님! 제 가슴속에 그토록 오랜 세월 켜켜이 쌓여 있던 얼음들이 하나도 없어요! 아, 제 가슴이 살아나고 있어요! 36.5도의 따뜻함들이 온몸에서 회복되고 있어요!"

그후 세월이 흐르면서 남편도 조금씩 따뜻하고 자상한 가장이 되어 갔고, 그분도 그림을 그리고 싶어 하던 자신의 오랜 꿈을 되찾아 한국화

쏟아 놓는다. "나는 여호와니, 너의 조부 아브라함의 하나님이요 이삭의 하나님이라. '네가 누워 있는 땅'을 내가 너와 네 자손에게 주리니, 네 자손이 땅의 티끌같이 되어 동서남북으로 퍼져 나갈지며, 땅의 모든 족속이 너와 네 자손으로 말미암아 복을 받으리라. 내가 너와 함께 있어 네가 어디로 가든지 너를 지키며, 너를 이끌어 이 땅으로 돌아오게 할지라. 내가 네게 허락한 것을 다 이루기까지 너를 떠나지 아니하리라." (창세기 28:13~15)
이 말씀을 듣고 야곱은 화들짝 정신이 깨면서 자신도 모르게 "여호와께서 과연 '여기' 계시거늘 내가 알지 못하였도다."라는 탄성을 지르게 된 것이다.

를 그리는 화가로서 활동하고 있다는 얘기를 나중에 어느 지인한테서 들었다.

> 큰 덕의 모양은 오직 도에서 나온다.
> 예부터 지금까지 그 이름 사라지지 않아
> 만물을 다스리나니,
> 내 어떻게 만물이 그러함을 알았는가?
> 이로써니라.

큰 덕의 모양 곧 삶의 진정한 힘은 오직 도에서 나온다. 그렇기에 그힘은 진정 모든 것을 살릴 수 있으며, 영원히 사라지지도 않는다. 그런데도란 무엇일까? 도란 정말이지 있다 할 수도 없고 없다 할 수도 없는 것. 아니, 이름하여 도일 뿐 도라고 할 수도 없는 것. 그리하여 다만 똥 싸고오줌 누며, 옷 입고 밥 먹으며, 피곤하면 눕는 지금 여기에서의 이 평상의 삶이 있을 뿐. 더구나 노자가 "예부터 지금까지 그 이름 사라지지 않아 만물을 다스리나니"라고 했듯이, 도는 단 한 순간도 우리를 떠난 적이없다.*

그런데 그와 같이 단 한 순간도 분리된 적이 없는 도(道) 속에서, 그리고 늘 되풀이해 온 그 평상의 삶들 속에서도 깨달음을 얻기 전의 숭신 스

---

* 이 점에 대해서는 성경에서도 다음과 같이 말하고 있다. "우주와 그 가운데 있는 만물을 지으신 하나님께서는 천지의 주재(主宰)시니, 손으로 지은 전(殿)에 계시지 아니하시고 또 무엇이 부족한 것처럼 사람의 손으로 섬김을 받으시는 것이 아니니, 이는 만민에게 생명과 호흡과 만물을 친히 주시는 이심이라…… 그는 우리 각 사람에게서 멀리 계시지 아니하도다. 우리가 그를 힘입어 살며 기동하며 존재하느니라." (사도행전 17:24~28)

님은 왜 아무것도 몰랐으며, 임제 스님의 설법을 들으러 온 그 수많은 사람은 왜 온갖 번뇌에 끌려다니며 힘겨운 삶을 살아야 했는지, 그리고 창문을 열면 언제나 눈부신 햇살이 집 안 가득 들어왔고 하늘과 바람과 꽃과 나무들은 늘 그토록 가까이 있었으며 새롭게 시작할 오늘은 언제나 다가오고 있었건만, 왜 그 아줌마의 가슴속은 그토록 오랜 세월 동안 차가운 얼음들로 가득했을까? 왜 그들에게서는 도에서 비롯된 삶의 진정한 힘이 솟구치지 않았을까?

그러다가 어느 순간 문득 숭신 스님과 그 아줌마는 어떤 '근본적인 전환'을 맞았고, 마침내 생의 진정한 힘들을 만났으며, 그들의 삶은 완전히 달라졌다. 수십 년 동안 켜켜이 쌓였던 가슴속 모든 얼음이 녹았고, 존재의 깊디깊었던 갈증이 영원히 해소되었으며, 눈앞이 캄캄하여 도무지 아무것도 알 수 없던 무지가 모든 것을 확연하게 아는 지혜로 바뀌었다. 아, 모든 일에 대한 감사와, 깊디깊은 마음의 평화와, 자유와, 한없는 당당함과, 진정한 겸손은 더 말할 나위도 없고……!

그리고는 또 그들은 여전히 똥 싸고 오줌 누며, 옷 입고 밥 먹으며, 피곤하면 눕는다. 도대체 무엇이 달라졌을까? 그들에게 일어난 일은 무엇일까? 그리하여 썩지 않고 무너지지 않고 그 무엇에도 물들지 않는 삶의 진정한 힘은 어떻게 솟구치는 것일까? 노자는 글의 말미에 "내 어떻게 만물이 그러함을 알았는가? 이로써니라."라고 했지만, '이로써'라니? 아니, 도대체 어떻게?

그러나 이것은 아무래도 다음 장에서 이야기해야 할 것 같다. 왜냐하면 노자도 그 이야기를 다음 장으로 넘기고 있기 때문이다.

온전하고자 하는
마음을 돌이켜라

그리고 매 순간 있는 그대로의 '굽은 것' 속에서

진실로 단 한 번만이라도 그냥 굽어 보라.

단 한 순간만이라도 그렇게 굽은 자신을 시인하고 인정하여

굽은 것과 하나 되고 굽은 것 자체가 되어 보라.

그리하면 영원토록 자신 안에서 굽은 것을 보지 않게 될 것이며,

동시에 영원토록 우리의 영혼이 자유하게 될 것이다.

도덕경 22장

굽으면 온전하고,

구부러지면 곧게 되고,

움푹 파이면 채워지고,

낡으면 새로워진다.

적으면 얻게 되고, 많으면 미혹하게 되나니,

그러므로 성인은 하나를 껴안아

천하의 본보기가 된다.

스스로 드러내지 않기에 밝고,

스스로 옳다 하지 않기에 빛나며,

스스로 뽐내지 않기에 공(功)이 있고,

스스로 자랑하지 않기에 오래간다.

오직 다투지 않기에,

천하에 그와 더불어 다툴 자가 없다.

예부터 전해 온 '굽으면 온전하다.'는 말이

어찌 헛말이겠는가.

진실로 온전해져서 도(道)로 돌아가리라.

曲則全, 枉則直, 窪則盈, 敝則新. 少則得, 多則惑.

是以聖人抱一爲天下式.

不自見故明, 不自是故彰, 不自伐故有功, 不自矜故長.

夫唯不爭, 故天下莫能與之爭.

古之所謂曲則全者, 豈虛言哉. 誠全而歸之.

　여러 해 전에 대구매일신문에 나에 관한 기사가 난 적이 있다. 그 기사를 보고 전화를 준 분이 있는데, 그는 작은 회사를 경영하는 50대 초반의 사장님이었다. 한번 만나고 싶다는 그분의 말씀에 어느 날 오후 사장실로 찾아갔을 때, 그분은 내게 대뜸 이렇게 말하였다.

　"저는 선생님의 강의를 듣고 싶습니다. 여기서 저 혼자만을 위해서도 강의를 해 주실 수 있는지요?"

　나는 그분의 느닷없는 말씀에 잠시 의아해하며,

　"아니, 고작 신문에 난 기사 몇 줄을 읽은 게 전부인데, 어떻게 저를 믿고 강의를 해 달라고 하십니까?"

　그러자 그분은 단호하게,

　"그런 건 제게 상관없습니다. 어쨌든 저는 선생님의 강의를 듣고 싶습니다. 그것도 매일 말입니다."

　그렇게 하여 그분과 매일 독강(獨講)이 시작되었는데, 다음 날 아침 약

속한 시간에 사장실 문을 열고 들어섰을 때, 어제까지만 해도 책상 위에 큼지막하게 놓여 있던 '대표이사 사장 ○○○'이라는 명패는 한쪽 구석으로 치워져 있었고, 그분은 손님을 맞을 때 앉는 자리로 내려앉은 채 나를 기다리고 있었다. 그러고는 나이도 훨씬 적은 나에게 자신이 앉던 사장 자리에 올라앉으라고 한다. 나는 극구 사양했지만 소용이 없었다. 그래 야만 한다는 것이다. 그래서 무척 송구한 마음으로 자리에 앉으면서 나는 생각했다.

'아, 이분은 생에 대한 갈증이 깊은 분이구나. 자신 안에 있는 어떤 목마름으로 인해 마음이 꺾일 대로 꺾여 있구나. 그리하여 진정 배우고자 하는 마음이 있구나.'

나는 그런 그분의 모습에 깊이 감동받고 있었다.

그리하여 그날부터 마음을 다해 그분 앞에서 도덕경을 펼쳐 놓고 삶에 관하여, 인간에 관하여, 마음에 관하여, 도에 관하여 이야기를 해 나가기 시작했다. 매일 오전 10시부터 12시까지 단 하루도 빠지지 않고 강의를 해 나갔으니, 참으로 많은 이야기를 했으리라. 그러는 동안 그분은 자신의 어릴 적 상처와 한 맺힌 이야기들을 했고, 그 상처와 한을 영원히 벗어날 수 없을 것 같은 자신의 운명이 너무도 답답하고 아득해 열여덟 살 때 그만 자살하려 했던 이야기, 그리고 문득 눈을 떠 보니 병원이었고……. 그 이후에도 풀리지 않는 삶의 매듭과 자신을 짓누르는 무거운 멍에들을 풀어 보려고 오랜 세월 미친 듯이 몸부림쳤지만, 마흔 살 때 또 다시 믿었던 사람에게 사기를 당해 이번에는 자신의 모든 것을 송두리째 잃어버리고 말았단다.

그때 그분은 참 많이 울었다고 한다. 지지리도 못난 자신의 운명이 불쌍해서 울고, 그러고서도 아직 죽지 못한 채 살고 있는 자신이 서러워서 울고, 그토록 몸부림쳤건만 또다시 빈손으로 덩그러니 서 있어야만 하는 자신의 삶이 너무도 힘겨워서 울고 또 울었단다.

그런데 그렇게 고향 어머니 집으로 돌아가 사나흘을 울고 나니 왠지 모르게 마음이 탁 비워지는 것 같았고, 그래서 바로 다음 날 서울로 올라가서는 두 주먹을 불끈 쥔 채 맨 밑바닥에서부터 다시 시작했다고 한다.

"그래, 죽을 마음이 있으면, 그 힘으로 처음부터 다시 시작하자!"

그렇게 이를 악물고 살기를 10여 년. 그분은 다시 자신의 사업체를 경영할 만큼 보란 듯이 삶 위에 우뚝 섰고, 누구도 부럽지 않을 부(富)도 일구었다고 한다. 그런데 아무리 그렇게 많은 것을 가지고, 아무리 많은 것을 누려 보아도 자신의 가슴속에 오랜 세월 묻혀 있던 허허로움은 도무지 가시지를 않았고, 어떻게든 그것을 해결해 보려고 백방으로 돌아다니며 이런저런 공부를 하거나 사람들을 찾아다녀 보았지만 조금도 시원해지지가 않더라는 것이다. 그러던 차에 우연히 신문에 난 기사를 보게 되었는데, 그것을 보는 순간 이분은 어쩌면 자신에 대한 그 오랜 의문을 풀어 줄 수도 있겠구나 싶어 대뜸 전화를 하게 되었다는 것이다.

그분은 자신의 지난 이야기를 하면서 참 많이 울었고, 어떤 대목에서는 통곡을 하기도 했으며, 그렇게 하루하루 지나면서 우리의 공부가 무르익어 갈 즈음 어느새 도덕경 21장이 끝나 있었다. 그리고 다음 날이면 "굽으면 온전하다."로 시작하는 바로 이 22장을 공부하게 되어 있었다.

그런데 바로 그날, 사장님과의 공부를 마치고 나오면서 나는 또 한 사람으로부터 전화를 받았다. 그분도 신문에 난 기사를 보고 내게 전화를 했는데, 그 즈음에는 중앙일보에도 나에 관한 기사가 나 있었던 것이다. 그는 그 중앙일보를 보고 전화를 했다.

"여보세요, 김기태 씨입니까?"

"예, 그렇습니다만……."

"아 예, 저는 신문을 보고 전화를 했는데요, 여기저기 강의를 하러 다니시는 것 같은데, 저는 강의에는 관심 없고…… 나이가 저랑 비슷한 것 같은데, 소주나 한잔 합시다."

"좋습니다!"

우리는 바로 몇십 분 뒤에 커피를 한잔 하며 마주 앉았는데, 강의에는 관심 없다던 그는 반갑게 인사를 나누자마자 집요하리만큼 내게 질문을 퍼부어 댔다. 그만큼 그는 목이 마른 사람이었던 것이다.

"제가 생각할 때 깨달음의 척도는 '지금 마음이 편안하냐?'입니다. 그리고 만약 그렇다면 '그 평화는 영원한 것인가?'입니다. 어떻게 하면 이런 마음의 평화를 얻을 수 있겠습니까?"

"저는 지금껏 그런 마음의 평화를 찾아 절, 성당, 교회 등등 안 가본 데가 없습니다. 그러나 저는 아직 목이 탑니다. 우리나라의 유명한 큰스님들도 많이 찾아뵈었는데, 대부분 화두(話頭)를 잡으라고 합니다. 제가 생각하기에도 어쩌면 그것이 저의 이 오랜 갈증을 타파해 줄 수도 있을 것 같은데, 정말 화두를 잡을까요?"

"진정한 가르침이란 목마른 자의 갈증을 즉시 해소해 줄 수 있어야 한다고 생각합니다. 그런데 지금껏 어느 누구도 그렇게 해 주지 못했고, 그러는 동안 저는 너무 지쳤습니다. 그래서 사실 아무런 기대도 하지 않고 단지 김 선생님을 한번 만나 보고 싶어서 전화를 드린 겁니다."

그러면서 그는 자신의 오랜 방황과, 타는 듯한 갈증을 영원히 적셔 줄 한 모금의 '물'을 찾아다닌 많은 이야기를 들려주었다.

"좋습니다. 그럼, 나도 한 가지 물어봅시다. 선생님은(실제로 그는 학원에서 수학을 가르치고 있는 선생님이었다) 자신의 그 오랜 갈증을 해소하기 위해 사람들을 찾아다니거나 책을 읽거나 하는 것 외에, 구체적으로 무엇을 해 오고 있었습니까?"

그러자 그는 내게 두 가지를 이야기해 주었다. 하나는 뛰는 것이며, 다른 하나는 술이었다. 그는 아침에 눈을 뜨면 이 긴긴 하루를 또 어떻게 보내야 하나 하는 아득함과 막막함에 가슴이 마구 죄어들어 오는 것 같았고, 동시에 손가락 하나 까딱할 수 없는 무력감이 밀려와 숨마저 멎는 것 같은 세월을 오랫동안 살아왔다는 것이다. 그러면 어쩔 수 없이 물먹은 솜처럼 꼼짝하지 못한 채 한동안 그렇게 누워 있을 수밖에 없지만, 이윽고 이를 악물고 자리를 박차고 일어난다는 것이다. 그러고는 미친 듯이 신발 끈을 매고는 달리기를 시작하는데, 온몸과 마음에 덕지덕지 붙어 있는 무력감과 공허감과 온갖 두려움을 떨쳐 버리고, 어떻게든 하루를 버텨 낼 마음의 힘을 얻기 위해 뛰고 또 뛴다는 것이다.

그런데 이것이 얼마나 처절했느냐 하면, 평지도 아니고 해발 1,193m인 대구 팔공산의 남쪽 봉우리 정상에 자리 잡고 있는 갓바위까지 한 번도 쉬지 않고 뛰어 올라간다는 것이다. 정상적인 산행의 보폭으로라면 한 시간 반 이상은 족히 걸리고도 남을 그 가파른 산길을 그는 30분이 채 안 되는 짧은 시간 안에 미친 듯이 달려 올라가는데, 더구나 정상에 가까워 오면 이미 숨은 턱에 찼는데도 불구하고 의식적으로 더욱 스퍼트를 가하여 뛰어오른다는 것이다. 그러다가 마침내 정상에 오르면 가슴은 그대로 터져 버릴 것만 같고, 숨은 이미 주체할 수 없을 정도가 되어 땅바닥에 그냥 쓰러져 버린다는 것이다.

그런데 그 상태로 숨을 몰아쉬며 한동안 누워 있다 보면 서서히 호흡이 진정되면서 동시에 어떤 희열 같은 것이 온몸을 휘감아 오는데, 그러면 그토록 자신을 힘들게 하던 무력감은 온데간데없이 사라지고, 또 하루를 거뜬히 살아낼 수 있을 것 같은 자신감과 어떤 당당함마저 내면에서 솟구쳐 오른다는 것이다. 그는 그 힘으로 달려 내려와서는 또 하루의 시간들을 버텨 낸다는 것이다.

"그런데…… 그 힘이 오래 지속되던가요? 그리고 그렇게 뛰어갔다 오면 다시는 뛰어오르지 않아도 될 만큼 내면의 공허랄까 무력감이 해소되던가요?"

"아뇨, 정말 안타깝고도 슬픈 것은 그 약발이 12시간밖에 가지 않는다는 겁니다. 그것은 마치 우황청심환과 같아서, 단지 그때뿐 얼마 지나지 않아 또다시 미칠 것 같은 무력감에 사로잡혀 버리게 됩니다."

그래서 그는 나머지 12시간의 공허를 채우기 위해 이번에는 술을 마신다는 것이다. 그는 원래 술을 전혀 못 하는 사람이었다. 그런데 그렇게 겨우겨우 버티듯 하루 일과를 마치고 나면 이번에는 단 한 발짝도 뗄 수 없을 만큼 무거운 허무감이 자신을 짓누르는데, 술이라도 마셔 그것을 잊어버리지 않고서는 밤새 가위눌리느라 잠도 한숨 제대로 자지 못한다는 것이다.

"그러면…… 그렇게 취해서 모든 것을 잊어버리고 잠들고 나면, 다음 날 다시 술잔을 움켜쥐지 않아도 될 만큼 마음의 허무감이 해소되던가요?"

"아뇨, 전혀! 오히려 더욱 목마르게 술을 찾게 돼요. 그러나 어떡합니까, 그렇게라도 하지 않으면 도무지 단 하루도 견딜 수가 없는걸요."

그리하여 그는 지금까지 1천 번 가까이 갓바위를 뛰어오르고 있으며, 거의 매일 술을 마시다시피 하고 있다는 것이다. 그러나 아무리 뛰고 아무리 마셔도 존재의 이 무거움과 갑갑함이 조금도 해소되지 않으니 어떡하면 좋으냐는 것이다.

아, 무려 1천 번씩이나……! 그뿐만 아니라 그는 시간만 나면 나름대로 '영적 성취'를 이루었다는 사람들을 찾아가, 어떻게 하면 이 오랜 갈증을 끝내고 마음의 평화를 이룰 수 있느냐며 묻고 또 물어 왔다는 것이다.

"좋습니다. 그럼 제가 한 말씀 드리겠습니다. 여기, 다시는 목마르지 않고 다시는 갓바위를 뛰어오르지 않아도 되며 다시는 미친 듯이 술잔을 움켜쥐지 않아도 되는, 마음의 영원한 평화에 이르는 길이 있습니다. 그 길로 한번 가 보시겠습니까?"

그러자 그는 화들짝 놀란 듯 마음의 귀를 쫑긋 세우고는 의자를 앞으로 당겨 앉으며 이렇게 물었다.

"정말 그런 길이 있습니까? 아니, 어떻게 하면 되죠?"

나는 간곡하게 그에게 말하기 시작했다.

"거꾸로요……. 단지 거꾸로만 하면 됩니다. 지금까지 선생님이 해 온 방식과는 정반대로 하기만 하면 됩니다. 지금까지 선생님은 아침에 눈을 떴을 때 손가락 하나 까딱하기 힘들 만큼의 무력감이 밀려오면 그것을 못 견뎌 하며 미친 듯이 바깥으로, 갓바위로 달려나갔습니다. 그런 상태로 하루를 산다는 것은 선생님에겐 차라리 지옥보다도 더한 고통이었을 테니까요. 그래서 선생님은 잠시의 무력감조차 자신의 의식 속에 틈입할 수 없도록 미친 듯이 달려야만 했고, 그 속에서 어떻게든 하루를 살아갈 힘을 얻으려고 했던 것이지요. 그러나 그렇게 하기를 1천 번을 거듭했지만 선생님의 갈증은 조금도 해소되지 않았습니다. 그렇지 않습니까?

그러니 이제 그렇게 하지 마시고 그것을 거꾸로 하여, 내일 아침 눈을 떴을 때 또다시 감당할 길 없는 무력감이 찾아오거든 본능적으로 그것에서 벗어나려고만 하지 마시고, 그냥 그 무력감 속에 한번 있어 보십시오. 인생에 단 한 번만이라도 자신 속에서 올라오는 무력감을 정죄하거나 비난하거나 거부하지 말고, 있는 그대로 받아들여 용납해 보라는 것입니다. 그리하여 그 무력감을 벗어나려는 어떠한 노력도 멈춘 채 온전히 그 속에 한번 있어 보십시오. 말하자면, 지금까지는 오직 '무력감'을 버리고 '갓바위'를 택해 왔다면, 이제는 그것을 거꾸로 하여 단 한 번만이라도 '갓바위'를 버리고 '무력감'을 택해 보라는 것입니다.

또한 하루 일과를 마쳤을 때 견딜 수 없는 허무감이 밀려오거든 그 허무감을 잊기 위해 술잔을 들이키지 말고, 그냥 그 허무감 속에 한번 있어 보십시오. 인생에 단 한 번만이라도 그렇게 자신 안에서 올라오는 허무감을 온전히 용납하고, 그것을 떨쳐 버리기 위한 어떤 몸짓도 멈춰 보라는 것이지요. 즉, 앞에서 말씀드린 것과 꼭 마찬가지로, 지금까지는 '허무감'을 버리고 '술잔'을 택했다면, 이번에는 '술잔'을 버리고 '허무감'을 택해 보라는 것입니다.

만약 선생님이 단 한 번만이라도 진실로 그렇게 거꾸로 할 수 있다면, 선생님의 그 오랜 갈증은 즉시 끝날 것이며, 그토록 꿈꾸어 왔던 마음의 평화는 꿈이 아니라 당장에 현실이 될 것입니다. 정말입니다.

사실, 지금까지의 모든 노력은 선생님을 조금도 자유케 해 주지 못했을 뿐만 아니라 단 한 톨의 진정한 평화도 가져다주지 못했습니다. 그렇지 않습니까? 그것은 이미 선생님의 삶이 충분한 증거가 되고 있구요. 그런데도 아직 그 노력의 연장선상에서 영혼의 해방이랄까, 자유랄까 하는 것이 오리라는 기대와 미련을 갖고 계십니까? 그것이 얼마나 큰 착각이고 헛된 미망인지를 아직도 깨닫지 못하십니까? 선생님의 지금의 이 타는 듯한 목마름을 너무나 선명히 보면서도요?

진리는 그렇게 오는 것이 아닙니다. 선생님이 그토록 간절하게 구하는 마음의 진정한 평화는 그러한 노력과 애씀을 통하여 오는 것이 아닙니다. 그것은 정확히, 선생님이 지금까지 해 오던 방식을 정반대로 할 때 옵니다. 그러므로 만약 선생님이 진실로 그렇게 거꾸로 한번 해 볼 수 있다면, 그 한 번의 '돌이킴'이 선생님을 영원토록 해방시켜 줄 것입니다. 정말이지 다른 것은 다 그만두고라도, 이제는 정녕 선생님의 그 오랜 방황과 갈증을 끝내야 하지 않겠습니까?"

나의 애틋하고도 간곡한 말을 미동도 하지 않은 채 진지하게 듣고 있던 그는 이윽고 그 모든 말이 가슴으로 들려온 듯 조용히 입을 열었다.

"어쩌면…… 김 선생님이 말씀하신 그 방법이 제겐 참 쉬울 듯도 합니다. 왜냐하면 저는 지금까지 언제나 밖으로만, 그리고 무언가를 끊임없이 해야만 한다고 생각하고 있었는데, 이건 단지 내 생활 속에서 지금까지와는 정반대로만 하면 되니까요. 정반대로……. 거꾸로……. 좋습니다, 한번 해 보겠습니다!"

그러고는 우리는 곧 일어섰고, 헤어지면서 그는 내게 악수를 청했다. 나도 진실로 그렇게 한번 해 보라는 응원의 마음을 실어 힘 있게 그의 손을 잡자 그는 환한 미소를 지으며 이렇게 말했다.

"김 선생님의 강의를 한번 들어 보고 싶습니다. 그래도 될까요?"

"얼마든지요! 내일 오전에 매일 해 오고 있는 어떤 사장님과의 독강이 있는데, 거기로 오십시오. 그런데 마침 내일은 도덕경 22장을 할 예정인데, 그 내용이 마치 선생님을 기다린 듯합니다. 꼭 오셔서 한번 들어 보십시오. 온전히 선생님을 위한 장입니다."

그리하여 그는 다음 날 아침 사장님의 옆자리에 앉아 "굽으면 온전하다."로 시작되는 이 22장 강의를 듣게 되었는데, 애틋한 마음으로 땀을 뻘뻘 흘리며 열강을 해 나가는 두 시간 내내 그는 눈동자 한 번 움직이지 않고 마치 빨려들 듯 내 말에 귀를 기울이고 있었다. 이윽고 강의를 마쳤을 때 그는 상기된 얼굴로 이렇게 말하는 것이었다.

"어제 김 선생님을 만나고 집으로 돌아갈 때 무언지 모를 기쁨 같은 것이 내 안에서 솟구치더니, 오늘 선생님의 강의는 내 가슴을 너무나 벅차게 합니다. 고맙습니다."

그 후 그는 변했다. 말하자면, 40년에 가까운 오래되고 질긴 영혼의 갈증이 그 순간 끝이 난 것이다. 그날 이후 그는 거짓말처럼 더이상 갓바위를 뛰어오르지 않아도 되었고, 더이상 미친 듯이 술잔을 움켜쥐지 않아도 삶이 공허롭지 않았다고 한다. 그뿐만 아니라 그토록 오랜 세월 자신을 힘들게 하던 무력감과 허무감이 온데간데없이 사라졌고, 대신에 아늑하고 따뜻한 평화 같은 것이 내면에서 깊이 그리고 늘 흐르더라는 것이다. 또한 꿈에도 그리던 삶에 대한 자신감과 당당함은 주체할 수 없을 만큼 치솟아 오히려 그 때문에 사람들에게 오해를 받기까지 했다고 한다. 무엇보다도, 더이상 자기 자신 때문에 삶이 힘들거나 괴롭지 않으니, 그게 너무나 좋아 매일 아침 스스로 감동하며 일어난다는 것이다. 얼마나 감사한지! 그 밖에도 그가 들려준 많은 변화된 삶의 이야기들은 이루 말할 수가 없다.

아, 곡즉전(曲則全)! 굽으면 온전하다!

그는 인생에 단 한 번 '온전하고자' 하는 그 마음을 돌이켜 '굽은 것'을 껴안았던 것인데, 그 한 번의 돌이킴이 그토록 온전히 자기 자신을 살릴 줄이야! 그렇듯 삶과 존재의 진정한 힘은 우리가 늘 추구하는 '온전함'에 있는 것이 아니라 '굽은 것'에 있었던 것이다.

이때 '굽음'을 나타내는 '곡(曲)'이라는 말은, 말뜻으로 보면, 목재로 쓰는 나무가 너무나 구불텅구불텅하여 자나 컴퍼스를 갖다 대지 못할 지경의 모습을 가리키는데, 이를 영적으로 말하면, 너무나 보잘것없고 초라하며 볼품없는 것들투성이인 우리 내면의 모습을 가리킨다. 즉, 앞에서 말한 선생님의 경우는 무력감과 허무감, 공허감 등이요, 우리가 우리 자신 안에서 자주 목격하게 되는 게으름, 우울, 불안, 짜증, 분노, 무기력, 수치심, 미움, 외로움, 우유부단, 경직과 긴장, 말더듬, 강박, 공황장애 등등이 바로 그것이다. 그러한 것들은 우리가 보기에 얼마나 굽었는가? 그래서 우리는 단 한 순간도 그러한 것들 가까이에 가고 싶어 하지 않으며, 할 수만 있다면 영원히 우리 자신 안에서 뽑아내 버리고 싶어 한다. 그러고는 언제나 그 반대편의 자리에서 오직 편안하고만 싶어 하는 것이다. 즉, 우리는 언제나 '굽은 것'을 버리고 '온전하려고'만 한다.

그런데 분명한 사실은 우리는 지금 '굽었다'는 것이다. 우리가 아무리 온전하고자 애를 쓰고 또한 온전한 모양으로 자신을 덮고 가리고 숨겨도, 분명한 것은 우리는 지금 '굽었다'는 것이다. 그렇지 않은가? 다시 말하면, '굽었다'는 것이 바로 지금 우리 마음의 실상(實相)이요 실재라는 것이다.

그런데 우리는 결코 그것을 인정하려 하지 않는다. '굽은' 자신을 결코 있는 그대로 시인하거나 받아들이려 하지 않는 것이다. 그렇기는커녕 오히려 할 수만 있다면 그런 진실을 외면해 버리거나 왜곡해 버리거나 부정해 버리거나 벗어나려고만 하면서, 끊임없이 온전함만을 향해 달려 나가려 하는 것이다. 마치 '굽은' 자신을 단 한 순간만이라도 시인하거나 인정하기라도 하면 자신의 모든 것이 끝장날 것처럼 두려워하면서 말이다.

그러나 아무리 그렇게 한들 '굽은' 자신의 진실과 실상이 바뀌던가? 진실은 결코 그러한 두려움에서 비롯된 노력과 수고에 의해 덮이거나 가려지는 것이 아니며, 있는 그대로의 실상 또한 변하는 것이 아니다. 예수도 말하기를 "오직 너희 말은 옳다 옳다, 아니라 아니라 하라. 이에서 지나는 것은 악으로부터 나느니라."(마태복음 5:37)라고 했건만, 인 것을 아니다 하고 아닌 것을 이다 하는 가운데 온전함을 추구하는 우리의 노력이 과연 우리 영혼을 자유하게 하고 해방시켜 줄까? 정녕 그것이 가능할까?

결코 그럴 수 없다. 오히려 그렇기는커녕 진리는 지극히 단순하여, 인 것은 이다 하고 아닌 것은 아니다 할 때, 있는 것은 있다 하고 없는 것은 없다 할 때 비로소 강물처럼 우리 안을 가득히 적시며 흐르게 되는 것이다.

그런데 사실 우리가 그토록 추구하는 '온전함'은 결코 '굽은 것'을 버리거나 부정함으로써 오는 것이 아니다. '온전함'은 그와 같이 '굽은 것'의 바깥이나 그 반대편에 있는 무엇이 아니다. 그런데도 언제나 꼭 그럴 것만 같이 생각되는 것은 전적으로 우리의 생각 혹은 분별심이 우리 안에서 끊임없이 일으키는 미망―실제로는 없는 것을 있는 것처럼 생각하는 일, 또는 그런 잘못된 생각―이며 착각일 뿐이다.

그러므로 이제 그만하라. 그 미망을 따라 '굽은 것'을 버리고 온전해지려는 모든 허망한 몸짓과 노력을 멈추라. 그리고 매 순간 있는 그대로의 '굽은 것' 속에서 진실로 단 한 번만이라도 그냥 굽어 보라. 단 한 순간만이라도 그렇게 굽은 자신을 시인하고 인정하여 굽은 것과 하나 되고 굽은 것 자체가 되어 보라. 그리하면 영원토록 자신 안에서 굽은 것을 보지 않게 될 것이며, 동시에 영원토록 우리의 영혼이 자유하게 될 것이다. 왜냐하면 굽은 것 그것이 바로 온전함이요, 번뇌 그것이 바로 보리이며, 중생 그것이 바로 부처요, 색 그것이 바로 공이어서, 이미 굽음도 온전함도 사라졌기 때문이다. 모든 것은 다만 있는 그대로일 뿐 아무것도 아닌 것이다. 그리하여 노자도 지금 여기에서 분명하게 말하고 있지 않는가, "굽으면 온전하다."라고!

그 이후에도 그 선생님은 사장님과의 독강에 한동안 함께 출석하여 강의를 들었고, 그러는 동안 사장님 또한 자신에게 그토록 평생의 한이 되었던 어릴 때의 '굽은 것들'을 바라보는 시각이 달라져, 그것들을 있는 그대로 받아들이게 되면서 마침내 그의 영혼에도 쉼이 왔고 삶의 모든 갈증이 끝나게 되었다. 아, 얼마나 감사한지!

굽으면 온전하고,

구부러지면 곧게 되고,

움푹 파이면 채워지고,

낡으면 새로워진다.

구부러지고, 움푹 파이고, 낡은 것이라는 말도 위에서 말한 '굽은 것'과
같은 의미다. 즉, '구부러진 것'은 꾸불꾸불 볼품없이 구부러진 모양을,
'움푹 팬 것'은 소낙비가 쏟아진 뒤에 여기저기 땅이 움푹움푹 패여 들어
간 황량한 모습을, '낡은 것'은 닳고 해어져 더러워지고 초라해진 모습을
뜻하는 바, 영적으로 보면 모두가 우리 내면의 '굽은' 모습들을 가리킨다.
그리고 앞에서 말한 바와 같이, 이러한 것들이 바로 지금 우리 마음의 실
상이라는 것이다. 그렇지 않은가?

그런데 우리는 언제나 우리 내면의 굽고, 구부러지고, 움푹 패고, 낡
은, 있는 그대로의 모습들을 버리고 끊임없이 온전하고, 곧고, 가득 차
고, 새로운 존재가 되려고 애를 쓴다. 그러한 부단한 노력과 애씀을 통하
여 마침내 굽고, 구부러지고, 움푹 패고, 낡은 자신의 모습을 극복한 자
유인이 되고 싶어 하는 것이다. 그러나 그러한 노력은 결코 우리를 자유
하게 하지 못한다. 그럴 뿐만 아니라 오히려 우리 마음을 온전하고, 곧
고, 가득 차고, 새로운 것에 끊임없이 얽매이게 함으로써 또 다른 모양으
로 우리를 힘들게 하고 구속할 뿐이다.

적으면 얻게 되고, 많으면 미혹하게 되나니,

그러므로 노자는 "굽으면 온전하다."라는 말로써 다시 한 번 우리에게
간곡하게 말한다. "인생에 단 한 번만이라도 그 마음을 돌이켜 매 순간
있는 그대로의 굽고, 구부러지고, 움푹 패고, 낡은 것들에 머물러 보라.

단 한 순간만이라도 그러한 자기 마음의 실상을 진실로 시인하고 인정하여 그것과 하나 되고 그 자체가 되어 보라. 그리하면 굽은 것, 구부러진 것, 움푹 팬 것, 낡은 것이 바로 온전한 것, 곧은 것, 가득 찬 것, 새로운 것임을 비로소 깨닫게 되어, 진실로 그 모든 것으로부터 자유하게 될 것이다. 왜냐하면 그것은 결코 둘이 아니기 때문이다. 그러므로 이제는 제발 자신의 수고와 노력을 통하여 '미래의 어느 순간에' 온전하고, 곧고, 가득 차고, 새로운 존재가 되려는 노력을 그만두라. 그보다 더 큰 미망과 어리석음은 없나니, 왜냐하면 우리가 그토록 추구하는 자유는 결코 채워서 가는 길이 아니기 때문이다."라고.

그러므로 성인은 하나를 껴안아
천하의 본보기가 된다.

이때 '하나'란 곧 지금, 여기, 있는 그대로의 굽고, 구부러지고, 움푹 패고, 낡은 것을 가리킨다. 바람이 불어 물결이 일 때 그 물결마다 마루가 있고 골이 있어 엄연히 높고 낮음의 차별이 있는 것 같지만, 그 어떤 순간에도 다만 인연 따라 순간순간 출렁이는 물 '하나'가 있을 뿐이니 말이다. 그리하여 매 순간 그 '하나'를 껴안아 그 자체가 되면 진실로 우리의 영혼은 자유하게 되는데, 이것이 바로 천하의 본보기이며 또한 도라는 것이다. 이렇게 천하의 본보기가 되면, 그것은 곧 평범 이외의 아무것도 아님을 동시에 알게 된다.

스스로 드러내지 않기에 밝고,

스스로 옳다 하지 않기에 빛나며,

스스로 뽐내지 않기에 공(功)이 있고,

스스로 자랑하지 않기에 오래간다.

우리 마음의 실상을 깨달아 진실로 자유하게 되었다면, 거기 어디에 또다시 스스로 드러내며, 스스로 옳다 하며, 스스로 뽐내며, 스스로 자랑할 '나'라는 것이 있겠는가? 그렇기에 그는 진실로 밝고, 빛나며, 공이 있으며, 오랠 수 있는 것이다.

오직 다투지 않기에,

천하에 그와 더불어 다툴 자가 없다.

이제 그는 어떤 분리도 없는 무아(無我)의 자리에서 아무런 다툼 없이 스스로 존재하며, 스스로 밝으며, 스스로 알며, 스스로 만족하며, 스스로 증거가 된다. 그러면서 언제나 모든 것, 모든 사람과 진정한 사랑과 상생의 삶을 산다.

예부터 전해 온

'굽으면 온전하다.'는 말이

어찌 헛말이겠는가.

진실로 온전해져서 도(道)로 돌아가리라.

정말 그렇다! 더할 나위 없이!

부록

도덕경 원문과 번역문

1장

道可道 非常道,	도를 도라고 말하면 참된 도가 아니요,
名可名 非常名.	이름을 이름이라 하면 참된 이름이 아니다.
無名 天地之始,	이름 없음이 천지의 처음이요,
有名 萬物之母.	이름이 붙여지면서 만물이 있게 되었다.
故常無欲以觀其妙,	그러므로 '함'이 없으면 언제나 그 오묘함을 보지만,
常有欲以觀其徼.	무언가를 자꾸 '하려고' 하면 그 가장자리만 보게 된다.
此兩者同, 出而異名.	이 둘은 같은 것인데, 다만 그 이름이 있고 없고의 차이가 있을 뿐이다.
同謂之玄,	이 둘이 같음을 일컬어 신비롭다 하니,
玄之又玄,	신비롭고 또 신비로워
衆妙之門.	모든 오묘함의 문이 된다.

2장

天下皆知美之爲美,	세상 사람들 모두가 아름다움을 아름다움이라고 알지만,
斯惡已.	이는 아름다움이 아니다.
皆知善之爲善,	세상 사람들 모두가 좋은 것을 좋은 것이라고 알지만,
斯不善已.	이는 좋은 것이 아니다.
故有無相生,	그러므로 '있다'고 하기에 '없다'는 것이 생기고,
難易相成,	'어렵다'고 하기에 '쉽다'는 것이 이루어지며,
長短相形,	'길다'고 하기에 '짧다'는 상대도 만들어진다.
高下相傾,	'높다'고 하기에 '낮다'가 있고,

音聲相和,	'음'과 '소리'는 서로 어울리며,
前後相隨.	'앞'과 '뒤'는 서로 따른다.
是以聖人處無爲之事,	그렇기에 성인은 '함'이 없는 자리에서
行不言之敎,	말 없는 가르침을 행하고,
萬物作焉而不辭,	무슨 일이 생겨나든 마다하지 않으며,
生而不有,	온갖 것을 이루지만 자기 것으로 여기지 않는다.
爲而不恃,	하되 했다는 의식이 없으며,
功成而不居.	공(功)을 이루되 거기에 머물지 않는다.
夫唯不居, 是以不去.	오직 어디에도 머물지 않기에 영원할 수 있는 것이다.

3장

不尙賢,	현(賢)을 높이지 않으면
使民不爭.	백성들이 다투지 않게 되고,
不貴難得之貨,	얻기 어려운 재화를 귀하게 여기지 않으면
使民不爲盜.	백성들이 도둑이 되지 않으며,
不見可欲,	욕심낼 만한 것을 보이지 않으면
使民心不亂.	백성들의 마음이 어지럽지 않게 된다.
是以聖人之治,	그러므로 성인의 다스림은
虛其心, 實其腹,	그 마음을 비우게 하고 그 배를 채우며,
弱其志, 强其骨,	그 뜻을 약하게 하고 그 뼈를 튼튼히 하며,
常使民無知無欲,	언제나 백성들로 하여금 '안다'는 것이 없게 함으로써
	무언가를 '하고자' 하는 마음을 멈추게 하여,
使夫知者不敢爲也.	무릇 '아는' 것을 가지고 감히 나서지 못하게 한다.

| 爲無爲則無不治. | '함'이 없으니, 다스려지지 않는 바가 없구나. |

4장

道沖, 而用之或不盈	도는 텅 비어 있어 아무리 써도 차지 않는다.
淵兮, 似萬物之宗.	깊구나! 만물의 근원 같네.
挫其銳, 解其紛,	날카로움을 꺾고 얽힘을 풀며,
和其光, 同其塵.	빛을 감추고 티끌과 하나가 된다.
湛兮, 似或存.	맑도다! 언제나 있는 듯하구나.
吾不知誰之子,	내 그가 누구의 자식인지 알지 못하나,
象帝之先.	하느님보다 먼저인 것 같네.

5장

天地不仁,	천지는 사랑이 없어서
以萬物爲芻狗.	만물을 지푸라기 개처럼 여긴다.
聖人不仁,	성인은 사랑이 없어서
以百姓爲芻狗.	백성을 지푸라기 개처럼 여긴다.
天地之間,	하늘과 땅 사이는
其猶橐籥乎.	마치 풀무와도 같구나!
虛而不屈,	텅 비어 있되 다함이 없고,
動而愈出.	움직이면 더욱 나온다.
多言數窮,	말이 많으면 자주 궁해지나니,
不如守中.	중(中)을 지킴만 같지 못하다.

6장

谷神不死,	골짜기의 신은 죽지 않으니,
是謂玄牝.	이를 일컬어 현묘한 암컷이라 한다.
玄牝之門,	현묘한 암컷의 문,
是謂天地根.	이를 일컬어 천지의 뿌리라 한다.
綿綿若存,	면면히 이어져 있는 듯하니,
用之不勤.	아무리 써도 다하지 않는다.

7장

天長地久.	천지는 영원하다.
天地所以能長且久者,	천지가 영원할 수 있는 까닭은
以其不自生,	스스로 살려고 하지 않기 때문이다.
故能長生.	그래서 영원하다.
是以聖人後其身而身先,	성인은 그 몸을 뒤에 두기에 오히려 몸이 앞서고,
外其身而身存.	그 몸을 돌보지 않기에 오히려 온전히 보전된다.
非以其無私耶.	이는 사사로움이 없기 때문이 아닌가?
故能成其私.	그래서 그 사사로움도 이룬다.

8장

上善若水.	가장 좋은 것은 물과 같다.
水善利萬物而不爭,	물은 만물을 이롭게 하면서도 다투지 않으며,
處衆人之所惡,	모든 사람이 싫어하는 곳에 처한다.
故幾於道.	그러므로 도에 가깝다.

居善地,	좋은 땅에 거하며,
心善淵,	마음은 깊은 연못과도 같이 고요하고,
與善仁,	줄 때는 자신의 모든 것을 아낌없이 내준다.
言善信,	말은 언제나 있는 그대로를 말하며,
政善治,	최선의 다스림을 베풀고,
事善能,	모든 일에 최선을 다하며,
動善時.	움직일 때는 최선의 때를 따라 움직인다.
夫唯不爭, 故無尤.	무릇 다투지 않으므로 허물이 없다.

9장

持而盈之,	잡고서 그것을 가득 채우려 함은
不如其已.	그만두느니만 못하고,
揣而銳之,	헤아려 가며 더욱 날카롭게 해 보지만
不可長保.	오래 보존할 수가 없다.
金玉滿堂,	금과 옥으로 집 안을 가득 채워도
莫之能守.	지킬 수가 없나니,
富貴而驕,	부귀하면 교만해져서
自遺其咎.	스스로 허물을 남기게 된다.
功遂身退,	공(功)을 이루면 몸이 물러나는 것,
天之道.	이것이 하늘의 도이다.

10장

| 載營魄抱一, | 지금 이대로의 모습으로 하나를 껴안아 |

能無離乎.	그것에서 떠나지 않을 수 있는가?
專氣致柔,	기운을 오로지하고 부드러움을 이루어
能嬰兒乎.	어린아이와 같을 수 있는가?
滌除玄覽,	마음의 거울을 닦아 깨끗이 하여
能無疵乎	티 하나 없게 할 수 있는가?
愛民治國,	백성을 사랑하고 나라를 다스림에
能無爲乎.	무위할 수 있는가?
天門開闔,	하늘 문을 열고 닫음에
能爲雌乎.	암컷일 수 있는가?
明白四達,	분명하게 알아 통하지 않음이 없으면서도
能無知乎.	무지할 수 있는가?
生之畜之,	낳고 기르면서,
生而不有,	낳되 소유하지 않고,
爲而不恃,	하되 했다는 의식이 없으며,
長而不宰.	길러 주되 지배하려 하지 않으니,
是謂玄德.	이를 일컬어 현묘한 덕이라 한다.

11장

三十輻共一轂,	서른 개의 바퀴살이 하나의 바퀴통에 모이는데,
當其無有車之用.	그 바퀴통이 비어 있어 수레로 쓰이게 되고,
埏埴以爲器,	찰흙을 이겨서 그릇을 만드는데,
當其無有器之用.	그 그릇이 비어 있어 그릇으로 쓰이게 되며,
鑿戶牖以爲室,	문을 내고 창을 뚫어 방을 만드는데,

當其無有室之用.	그 방이 비어 있어 방으로 쓰이게 된다.
故有之以爲利,	그러므로 무언가가 이로워지는 것은
無之以爲用.	그것이 텅 비어 있을 때다.

12장

五色令人目盲,	다섯 가지 색은 사람의 눈을 멀게 하고,
五音令人耳聾,	다섯 가지 소리는 사람의 귀를 먹게 하며,
五味令人口爽,	다섯 가지 맛은 사람의 입을 상하게 한다.
馳騁畋獵令人心發狂,	말달리며 사냥하는 것은 사람의 마음을 미치게 하고,
難得之貨令人行妨.	얻기 어려운 재화는 사람의 행실을 어그러지게 한다.
是以聖人爲腹不爲目,	그러므로 성인은 배를 위하고 눈을 위하지 않으니,
故去彼取此.	저것을 버리고 이것을 취한다.

13장

寵辱若驚,	사랑을 받음과 비난을 받음에 놀라는 듯하니,
貴大患若身.	이는 큰 병통을 자기 몸처럼 귀하게 여기는 것이다.
何謂寵辱若驚.	어째서 사랑받음과 비난받음에 놀라는 듯하다고 말하는가?
寵爲上, 辱爲下,	사랑을 받으면 기분이 좋아지고 비난을 받으면 언짢아지니,
得之若驚,	이는 얻어도 놀라는 듯하고
失之若驚.	잃어도 놀라는 듯하는 것이다.
是謂寵辱若驚.	이를 일컬어 사랑받음과 비난받음에 놀라는 듯하다고

말하는 것이다.

何謂貴大患若身.	어째서 큰 병통을 자기 몸처럼 귀하게 여긴다고 말하는가?
吾所以有大患者,	나에게 큰 병통이 있는 것은
爲吾有身.	'나'라는 자아가 있기 때문이니,
及吾無身,	만약 나에게 자아가 없다면
吾有何患.	무슨 걱정이 있겠는가?
故貴以身爲天下,	그러므로 천하를 자기 몸처럼 귀하게 여기는 사람에게는
若可寄天下,	천하를 맡길 수 있고,
愛以身爲天下,	천하를 자기 몸처럼 사랑하는 사람에게도
若可託天下.	천하를 맡길 수 있다.

14장

視之不見, 名曰夷.	보아도 보이지 않는 것을 일컬어 이(夷)라 하고,
聽之不聞, 名曰希.	들어도 들리지 않는 것을 일컬어 희(希)라 하며,
搏之不得, 名曰微.	잡아도 잡히지 않는 것을 일컬어 미(微)라 하나니,
此三者, 不可致詰,	이 세 가지는 어떻게 자세히 캐물어 밝힐 수 없다.
故混而爲一.	그러므로 뭉뚱그려 '하나'라고 한다.
其上不皦, 其下不昧,	그 하나의 위는 밝지 않고, 아래는 어둡지 않으며,
繩繩兮不可名,	끊임없이 이어지는데, 어떤 이름도 붙일 수가 없구나.
復歸於無物.	다시 아무것도 없는 상태로 돌아가나니,
是謂無狀之狀,	이를 일컬어 형상 없는 형상이라 하고
無象之象,	모양 없는 모양이라 하며,

是謂惚恍.	또한 이를 일컬어 '있는가 하면 없고, 없는가 하면 있는 것'이라 한다.
迎之不見其首,	앞에서 맞이하여도 그 머리를 볼 수 없고,
隨之不見其後.	뒤따라가면서 보아도 그 뒷모습을 볼 수가 없구나.
執古之道, 以御今之有.	옛 도를 잡고서 '지금'을 다스리나니,
能知古始,	옛 비롯함을 아는 것,
是謂道紀.	이를 일컬어 도의 실마리라 한다.

15장

古之善爲道者,	옛적에 도를 잘 닦은 사람은
微妙玄通, 深不可識.	미묘하고 현통하여 그 깊이를 알 수 없나니,
夫唯不可識, 故强爲之容.	알 수 없기에 억지로라도 그 모습을 묘사해 보면,
豫兮若冬涉川,	머뭇거리는 모습은 마치 겨울에 시냇물을 건너는 듯하고
猶兮若畏四隣,	망설이는 모습은 마치 사방 이웃을 두려워하는 듯하며,
儼兮其若客,	삼가는 모습은 마치 손님 같고,
渙兮若氷之將釋,	풀어진 모습은 마치 녹아내리는 얼음 같다.
敦兮其若樸,	그 질박한 모습은 마치 다듬지 않은 통나무 같고,
曠兮其若谷,	그 텅 빈 모습은 마치 골짜기 같으며,
混兮其若濁.	한데 뒤섞인 모습은 마치 탁한 물과도 같다.
孰能濁以靜之徐清,	누가 탁함으로써 고요하여 서서히 맑게 할 수 있으며
孰能安以動之徐生.	누가 편안함으로써 움직여 서서히 살아나게 할 수

있는가?

保此道者, 不欲盈.	이 도를 지닌 사람은 채우려 하지 않나니,
夫唯不盈,	무릇 채우려 하지 않기에,
故能敝不新成.	해어져도 새로이 이루지 않는다.

16장

致虛極,	텅 빔에 이르기를 지극히 하고,
守靜篤.	고요함을 지키기를 돈독히 하라.
萬物竝作,	그리하면 만물이 무성하게 일어나지만
吾以觀復.	나는 그 돌아감을 본다.
夫物芸芸,	만물은 많고 많지만,
各復歸其根.	저마다 그 근원으로 돌아간다.
歸根曰靜,	근원으로 돌아감을 고요라 하고
是謂復命.	이를 일컬어 본성을 회복한다고 한다.
復命曰常,	본성을 회복함을 참되다 하고
知常曰明.	참됨을 아는 것을 밝다 한다.
不知常,	참된 것을 알지 못하면
妄作凶.	망령되이 흉한 일들을 짓게 되나니,
知常容,	참된 것을 알면 포용하게 되고,
容乃公,	포용하게 되면 공평하게 되며,
公乃王,	공평하게 되면 진정한 주인이 된다.
王乃天,	이 주인 됨이 곧 하늘이며,
天乃道,	하늘은 곧 도요,

道乃久.	도는 영원하나니,
沒身不殆.	몸이 다하도록 위태롭지 않다.

17장

太上, 下知有之,	가장 훌륭한 통치자는 백성들이 그가 있다는 것만 알고,
其次, 親而譽之,	그다음은 백성들이 그를 가까이하고 칭송하는 것이며,
其次, 畏之,	그다음은 그를 두려워하는 것이고,
其次, 侮之.	그다음은 그를 업신여기는 것이다.
信不足焉, 有不信焉.	믿음이 부족하면 불신이 있게 되나니,
悠兮, 其貴言,	삼가 말을 아껴
功成事遂,	공(功)이 이루어지고 일이 완수되어도
百姓皆謂我自然.	백성들은 모두 말하기를, 저절로 그리되었다고 한다.

18장

大道廢,	큰 도가 무너지니
有仁義.	인의가 있게 되었고,
智慧出,	지혜가 드러나니
有大僞.	큰 거짓이 있게 되었으며,
六親不和,	육친이 화목하지 못하니
有孝慈.	효도니 자애니 하는 것이 있게 되었고,
國家昏亂,	국가가 혼란하니
有忠臣.	충신이 있게 되었다.

19장

絕聖棄智,	성스럽고자 하는 마음을 끊고 지혜롭고자 하는 마음을 버리면
民利百倍.	백성들의 이로움이 백배나 더하고,
絕仁棄義,	어질고자 하는 마음을 끊고 의롭고자 하는 마음을 버리면
民復孝慈.	백성들이 다시 효성스럽고 자애롭게 되며,
絕巧棄利,	정교하고 예리한 존재가 되려는 마음을 내려놓으면
盜賊無有.	도적이 있지 않게 된다.
此三者, 以爲文,	이 세 가지는 겉을 꾸미는 데 그칠 뿐이기에,
不足.	도에 이르기에는 부족하다.
故令有所屬,	그러므로 마땅히 속해야 하는 곳이 있나니,
見素抱樸,	있는 그대로를 드러내고 다듬지 않은 통나무를 껴안으라.
少私寡欲.	그리하면 삶은 저절로 질서 잡혀 가리니!

제20장

絕學無憂.	배우기를 그치면 근심이 없어진다.
唯之與阿,	'예'라는 대답과 '응'이라는 대답의
相去幾何.	차이가 얼마일 것이며,
善之與惡,	좋은 것과 나쁜 것의
相去若何.	차이가 얼마이겠는가?
人之所畏, 不可不畏.	사람들이 두려워하는 바를 두려워하지 않을 수가 없구

336

나.

荒兮, 其未央哉.　그 황당함이 끝이 없구나.

衆人熙熙, 如享太牢,　사람들은 희희낙락하여 큰 잔치를 벌이는 것 같고

如春登臺.　봄날에 누각에 오르는 것 같지만,

我獨泊兮, 其未兆,　나 홀로 무덤덤하여 그런 조짐조차 없는 것이

如嬰兒之未孩.　마치 아직 첫 웃음을 웃어 보지 못한 갓난아기 같고,

乘乘兮,　어디에도 마음 두지 않음은

若無所歸.　마치 돌아갈 곳이 없는 것 같구나.

衆人皆有餘,　사람들은 다 여유가 있는데

而我獨若遺.　나 홀로 뒤처진 것 같다.

我愚人之心也哉. 沌沌兮. 나는 어리석은 자의 마음이라, 흐리멍덩하구나.

俗人昭昭, 我獨昏昏.　세상 사람들은 밝고 밝은데 나 홀로 어두운 것 같고,

俗人察察, 我獨悶悶.　세상 사람들은 잘도 살피는데 나 홀로 번민하는 것 같

구나.

澹兮, 其若海.　담담하기는 잔잔한 바다 같고,

飂兮, 若無止.　어디에도 머무르지 않음은 마치 높이 부는 바람 같다.

衆人皆有以,　사람들은 다 쓸모가 있는데,

而我獨頑似鄙.　나 홀로 완고하고 고루한 듯하구나.

我獨異於人,　그러나 나 홀로 세상 사람들과 달라서,

而貴食母.　만물을 먹여 살리는 어머니를 귀하게 여길 줄 아네.

21장

孔德之容, 惟道是從.　큰 덕의 모양은 오직 도에서 나온다.

道之爲物, 惟恍惟惚.	그런데 도라는 것은 있다 할 수도 없고 없다 할 수도 없는 것.
惚兮恍兮, 其中有象,	있는 듯 없는 듯한 그 가운데 모든 형상이 있고,
恍兮惚兮, 其中有物.	없는 듯 있는 듯한 그 가운데 만물이 있으며,
窈兮冥兮, 其中有精.	그윽하고 깊은 그 가운데 정기가 있다.
其精甚眞, 其中有信.	그 정기는 심히 참되어 그 가운데 미더움이 있다.
自古及今, 其名不去,	예부터 지금까지 그 이름 사라지지 않아
以閱衆甫.	만물을 다스리나니,
吾何以知衆甫之然哉.	내 어떻게 만물이 그러함을 알았는가?
以此.	이로써니라.

22장

曲則全,	굽으면 온전하고,
枉則直.	구부러지면 곧게 되고,
窪則盈,	움푹 파이면 채워지고,
敝則新.	낡으면 새로워진다.
少則得, 多則惑.	적으면 얻게 되고, 많으면 미혹하게 되나니,
是以聖人抱一爲天下式.	그러므로 성인은 하나를 껴안아 천하의 본보기가 된다.
不自見故明,	스스로 드러내지 않기에 밝고,
不自是故彰,	스스로 옳다 하지 않기에 빛나며,
不自伐故有功,	스스로 뽐내지 않기에 공(功)이 있고,
不自矜故長.	스스로 자랑하지 않기에 오래간다.

夫唯不爭,　　　　　오직 다투지 않기에,

故天下莫能與之爭.　천하에 그와 더불어 다툴 자가 없다.

古之所謂曲則全者,　예부터 전해 온 '굽으면 온전하다.'는 말이

豈虛言哉.　　　　　어찌 헛말이겠는가.

誠全而歸之.　　　　진실로 온전해져서 도(道)로 돌아가리라.

지금 이대로 완전하다

초판 1쇄 발행 2007년 4월 20일
3쇄 발행 2011년 5월 20일
개정판 1쇄 발행 2013년 8월 17일
3쇄 발행 2019년 1월 22일
재개정판 1쇄 발행 2023년 5월 26일
2쇄 발행 2024년 3월 20일

지은이 김기태

펴낸이 김윤
펴낸곳 침묵의향기
출판등록 2000년 8월 30일, 제1-2836호
주소 10401 경기도 고양시 일산동구 무궁화로 8-28, w
삼성메르헨하우스 913호
전화 031) 905-9425
팩스 031) 629-5429
전자우편 chimmukbooks@naver.com
블로그 http://blog.naver.com/chimmukbooks

ISBN 979-11-980553-6-1 03150